KB249767

대안적 교육행정학

대안적 교육행정학

William Foster 저
주삼환·신붕섭·이석열·
이명주·조상일·명제창 공역

한국학술정보[주]

저 자 서 문

　최근 들어 서로 깊은 관계가 있는 조직이론과 행정이론은 지적 동요를 일으키고 있다. 각각의 이론에 대한 과학적 정밀성의 문제가 제기되고 있고, 이 이론들이 인간을 이해하는 데 의미 있게 기여할 수 있는 능력이 있느냐 하는 논쟁이 계속되어 왔다. 사실, 경영·조직학의 특징이 그런 것처럼 조직이론과 행정이론의 최근 경향은 기술적·공학적 측면을 강조하는 데서 탈피하여 인간생활의 분리될 수 없는 두 가지 측면－문화와 정치－에 토대를 두는 '문화적으로 적절한 접근'의 이론을 개발하는 데로 지향하고 있다.

　금세기에 발전된 행정학은 문화와 정치에 둔감한 반응을 보인다. 즉, 문화와 정치보다는 조직과 행정의 본질에 관한 아주 미묘한 구분을 경시하는 규칙성·예측·법칙적 진술 등과 같은 일단의 '행정행동'으로 불리는 것으로부터 이론을 추상하려 시도한다. 즉, "관리자는 만족스런 직무수행과 구성원의 동기증대를 가져오는 어떤 기술적 절차를 어떻게 운영할 수 있을까?"하는 문제에 관심을 갖는다는 점에서 행정학과 조직이론의 상당 부분은 실제로 경영학의 내용이었다. 교육행정개론서에서 다루고 있는 주제들을 살펴보아도 이러한 경향성은 아주 두드러지게 나타나고 있다. 즉, 교육행정에서 문화·정치·도덕·윤리에 대한 관심은 아주 미미하다.

　조직을 사회적인 동시에 도덕적인 질서－즉, 다른 그 무엇보다 우리의 생활을 제약하는 동시에 이에 영향을 미쳐 온 사회적 제도－로 보는 행정에 있어서 이러한 경향성은 전혀 적절하지 않다. 예를 들어, 사회적 기관으로서의 학교는 개인의 생활에 지대한 영향을 미친다. 학교는 단순히 수업을 받고 학위를 취득하는 그 이상의 것으로서, 모든 사회구성원의 의식의 일부분을 형성하는 문화와 가치의 생생한 표현체이다. 교육행정은 사회의 가장 중심적인 관심대상의 하나이다. 따라서 교육행정 프로그램이 사회적 분석을 경시하게 될 경우 그것은 보다 매력적인 미래를 선택할 가능성을 소홀히 하는 결과가 된다. 이 책은 일반적인 수준에서, 지금까지 상당히 경시되어 온 일단의 이슈나 관심사 그리고 문제를 반성적인(reflective) 행정학 연구자들에게 제시하는 것을 목적으로 한다.

정통적(orthodox) 행정이론의 설명체계는, 우주를 고찰하는 데 있어서 실증주의적 방법을 채택하지 않았기 때문에 학문정신(scholarship)의 체계를 고려하지 못하였다. 이러한 학문정신은 행정이론의 기본적인 전제들을 검토해서 행정이론을 그것이 전개되는 실제에 연결시키려고 노력한다는 점에서 비판적이다. 여기에서 우리는, 행정실제를 사회적 문화적 이슈들과 연결시키고자 하는 노력인 행정의 비판적 이론을 제시한다. 비판이론의 근본전제는 행정 특히 교육행정은 사람들을 교육적이고(educative) 변형적인 (transformative) 방식으로 단결시키는 것과 관계된다는 가정을 취한다. 행정은 예산통제를 통해 국가를 통제하는 것 외에도 가치와 가능성에 대한 진술을 내린다. 물론 행정가란 기술적인 이슈들을 다루어야 하지만, 이러한 이슈들은 실제적 경험이나 다른 행정가와의 공동작업 또는 현직교육에의 참여를 통한 직무수행 중에 더 적절하게 학습될 수 있다. 행정가의 진정한 직무는 관리의 기술적 측면만이 아니다. 오히려 행정가는 조직 내부의 공동체와 문화를 확립하고 조직의 목표와 목적을 분석하는 조직의 자기반성적 능력을 계발하는 것과 관계된다.

후술하겠지만, 이 책은 비판적 사회이론에 의해 밝혀진 관점을 적용한다. 우리는 행정과 교육을 광범위한 사회적 상황 속에서 고찰하는 동시에 이 두 가지 요소간에서 이루어지는 관계성에 대하여 반성적인 비판을 시도하고자 한다. 행정은 우리가 갖고 있는 사회유형에 어떻게 기여하는가? 또한 행정은 어떤 방식으로 우리의 문화적 이상과 가치를 저해하거나 향상시키는가? 이러한 물음들은 그 답이 어려운 문제이기는 하지만 만일 이러한 문제들을 제기하지 않는다면, 우리가 갖고 있는 행정과 교육형태는 교육과 학교교육에 대한 신뢰감의 위기를 초래해 온 동일한 구습에 머무르게 될 것이다. 그러한 위기는 그 자체가 여러 가지 방식으로 나타나지만 교사와 행정가의 자아상에 대한 지속적인 침식을 가져온다는 것이 가장 위험한 일이다. 각종 위원회의 보고서, 학교교육에 대한 연구물, 개혁을 위한 제안 등이 끊임없이 쏟아져 나오는 것을 접할 때 교사와 행정가들은 그러한 신뢰감의 상실을 경험하지 않을 수 없다. 이러한 보고서와 연구들은 초등학교에서부터 대학입학 준비에 이르기까지, 우리의 교육체제가 안고 있는 놀랄 만한 부적절성을 지적하고 있다. 즉, 낙제율, 시간의 허비, 교육과정의 약화, 존경도 점수의 하락 등을 열거한다. 그러나 이러한 연구들은 비판적이기는 하지만, 기본적으로 학교교육이 실패한 원인에 대해 탐구하기를 꺼리고 학교에서의 경험을 보다 광범위한 사회적 관계와의 맥락 속에서 파악하기를 꺼려함으로써 이상하리만치 무반성적(unreflective)이기도 하다. 흔히 학교에서 많은 시간을 보내면 결과도 그만큼 좋을 것이라고 생각한다. 그러나 이러한 형태의 사고는 자체의 비판적인 분석을 필요로 하는 학교교육과 행정이 보다 광범위한 상황 속에서 일어난다는 사실을 무시하는 것이다. 사회적 상황에 대한 분석을 수반하지 않는 상태에서의 우수성(excellence) 추구는 단지 강풍 속에서 부는 바람과 같다.

그러므로 이러한 논리를 제시하는 일차적인 관심은 개혁의 기본적인 인자(因子)인 행정과 교육 모두에 대한 비판적 분석에 있다. 비판적 분석은 실제와 이론의 관계성에 대한 이해를 통해서 가능하다. 교육행정가와 다른 분야의 행정가들은 그들이 실제에 대하여 어떻게 관여하는가에 따라 서로 구별된다. 즉, 실제에의 관여를 통해 그들은 생활하고 호흡을 한다. 많은 사람들은 행정가란 선천적으로 이론을 다루기를 꺼려한다고 주장한다. 그 이유는 이론이란 단지 이론에 불과하다고 생각하기 때문이라고 말한다. 대학에서 연구한 주장들은 우리가 정말로 진리로 여기는 것과는 아주 동떨어진 것이 많다. 다시 말해 많은 경우 우리가 연구한 것들은 현실세계를 충분히 반영하지 못하고 있다는 것이다. 그러나 이론이 직관적으로 개발되었든 아니면 보다 공식적인 연구절차를 통해 개발되었든 간에, 모든 실제는 이론으로부터 나온다는 사실에 주목할 필요가 있다.

이 책에서 우리는 '이론'이라는 단어를 행정학 교재나 연구총서에서 정의되어 있는 대로, 즉 '타당하다고 검증될 때는 행동에 관한 법칙을 생산해 내는 공식적인 명제들의 체제(formalistic set of propositions)'라는 의미로 사용하지는 않는다. 이러한 정의는 인간행동에 대한 검증가능한 법칙들이 있을 수 있다고 가정하는 것이다. 그러나 이 책에서는 그러한 가정은 자연과학을 인간행동에 깊이 생각하지 않고 적용한 것에 불과하다고 본다. 인간행동은 새롭게 형성되고 있는 역사적 상황 속에서 발생된다. 다시 말해 주어진 상황 속에서 인간행동을 예측하는 법칙은 언급할 만한 가치가 없을 만큼 사소한 것일 뿐이다. 그리고 이론이란 인간행동이나 정서에 의해 영향을 받지 않으며, 많은 종류의 무한정한 범위에 걸쳐 존재한다는 가정에 대해서도 문제를 제기해야 된다고 본다. 왜냐하면 이론이 실제를 유도하기도 하지만 실제 또한 이론을 유도하기 때문이다. 그러므로 이론과 실제는 서로에 대하여 변증법적 관계를 갖는다. 말하자면 우리가 '행동'하는 것은 우리의 '사고'에 영향을 미친다. 역으로, 모든 실제는 우주가 어떻게 운행되는지에 대한 몇 가지 이론으로부터 나온다. 따라서 우리는 이 책에서 이론이란 사물을 이해하는 방법, 세계에 대한 관점, 개별적인 인간 삶의 사건들을 의미있게 결합하는 수단을 의미하는 것으로 사용한다. 실제에 관하여 언급할 때, 우리는 이론가가 아이디어에 어떤 형태(form)를 부여하는 것을 이론가의 활동과 행동이라고 본다. 하나가 나머지 다른 하나를 전제로 하거나 또는 요구한다는 의미에서 그들간의 관계는 지속적이고 의존적이다. 즉, 우리가 행동하는 내용은 우리가 그것을 어떻게 이해하느냐에 의존하며, 우리가 어떻게 보느냐 하는 것은 우리가 행동하여 온 바에 의존한다.

그러므로 이론은 중요하다. 다시 말해, 우리가 여기서 사용하는 의미대로 말하자면 이론이란 '인식하는 방법'(way of seeing)'을 제공하는 것이 보다 중요한 것은 더 많은 인식의 방법—더 많은 이론—을 알고 있는 행정가들은 실제행동에 있어서도 더 많은 이용가능한 대안과 선택의 여지를 가질 수 있다는 점이다. 대안적인 이론들을 통해서 우리는 여러 가지 관점과 시각을 제공할 수 있다. 그렇게 함으로써, 우리는 실제적인 행동에 이론적인 통찰력을 결합시키게 되는 반성적 실천(reflective practice)의 가능성을 보다 많이 제공하게 된다.

이 책에서는 '인식의 방법'을 선택하는 데 관련된 많은 이론들이 제시된다. 교육과 행정을 연구하는 교수나 학생, 행정과 조직의 철학적 또는 사회학적 측면에 관심을 갖고 있는 사람들은 이 책을 읽으면 좋을 것이다. 그리고 이 책에는 교육, 행정, 조직의 분석에 대한 보다 정통적인 접근은 물론 마르크스주의자나 신(新)마르크스주의의 전망에 관련된 이론도 담고 있다. 이러한 의미에서 이 책은 두 가지 방향—① 행정분야(절대적인 것은 아니지만 주로 교육행정)의 전통적인 아이디어를 설명하고, ② 그러한 아이디어에 대해 비판적으로 평가하는—에서 읽혀질 수 있을 것이다.

이 책은 변증법적 개념, 즉 ① 인간사는 완벽하게 예측될 수 없으며, ② 변론적 대화(discourse)나 분석은 불가피할 뿐만 아니라 바람직하고, ③ 유일한 최선의 체제는 없으며, ④ 인간은 계속적인 발전과 변화의 상황에 놓여 있다는 것을 전제로 한다. 각 장에서 전개되고 있는 비판적 분석은 인간발달에 있어 본질적인 부분이다. 상충하는 이론들이나 실제가 존재하기 마련이므로, 우리의 가치와 신념을 정당화하는 행동의 전략과 절차를 고안해 내기 위해서 그러한 이론과 실제를 분류하는 것은 행위의 개체로서의 행정가인 우리가 해야 할 역할이다. 비판적 이론은 필요하다. 다시 말해 비판이론은 사람들로 하여금 사상(事象)을 역사적 관점에서 고찰하도록 해 주고, 수용되고 있는 기존 진리의 타당성에 대하여 이의를 제기하고(최소한 우리가 자신의 인간사를 어떻게 이끌어 나가는지에 대하여) 우리의 문제에 대하여 보다 적절한 해결책을 계속적으로 탐색하도록 자극한다. 이 책에서 사용되는 비판이론은 바로 이런 것을 의미한다. 즉, 그러한 노력은 원동력으로서의 가치가 있다는 제안일 뿐이지 해결방안을 제시하는 것은 아니다. 다시 말해 그러한 행동이 필요하고 가치가 있다는 아이디어일 뿐이지 행동을 위한 처방은 아니고, 변화는 아이디어에 대한 반성적 고려를 통해 일어난다는 단서가 될 뿐이지 어떤 공식을 제시하는 것은 아니다. 모든 이론, 모든 구성개념(constructs), 모든 실제가 비판적 반성의 대상이 된다. 어느 한 개인이나 학파가 우주의 비밀을 전유물로 삼지는 못한다. 그래서 실증적 기능적 분석을 통해 개발된 정통적 행정이론은 이 책에서 상당한 비판을 받는다. 그러나 이러한 사실은 신마르크스주의자나 다른 학파가 공격을 받지 않는다는 것을 의미하지는 않는다. 그것들 역시 비판적 반응을 필요로 한다는 것을 전제로 하며, 그러한 세계관을 갖는다.

그러므로 이 책에서 행정가와 행정을 공부하는 학생들에게 제시한 내용들은 어떤 도전과 문제제기를 염두에 둔 것이다. 이러한 시도를 통해서 교육분야에서 장차 행정가가 되고자 하는 사람이나 이미 교육행정을 공부하고 있는 학생들은 잠시 자신이 소중히 여기고 있는 가정이나 사고방식을 재고하게 될 것이다. 마지막으로, 이 책은 행정이라는 개념을 보다 광범위한 사회적 상황 속에서 고찰하도록 하였다. 사실 우리를 통제하고 있는 조직들도 우리의 젊은이들을 의미있게 교육하기 위해 만들어졌다고 할 수 있을 것이다. 그렇다면 우리는 특정한 시간과 공간에 걸쳐 있는 광범위하고 중요한 문제들을 고찰해야 한다. 우리는 역사적인 상황 속에서 살고 있으며 아무리 작은 시간과 공간일지라도 우리가 행동하는 것은 의미가 있기 마련이다.

아주 존경을 받고 있으며 혁신적이고 사려 깊은 이론가이자 교육자인 마취(James March)는 "미국교육의 조직과 행정을 변화시킴에 의해서 미국교육을 개선하려는 어떠한 노력도 회의(懷疑)에 직면할 수밖에 없다. 교육행정을 변화시킴으로써 교육을 변화시키는 것은 애리게니(Allegheny) 산맥을 절단하여 미시시피강의 수로를 변경하고자 하는 것과 같다"(1978, 219)고 하였다. 우리는 그의 견해가 그릇된 것이라고 입증하고자 하지는 않는다. 오히려 우리가 지금까지 사용해 온 다양한 가지각색의 행정모델들은 그의 견해가 옳았다는 가정을 전제로 하고 있다.

조직의 변화에 관한 모델들은 변화가 어떻게 일어나는가에 대한 합리주의적인 생각, 즉 ① 기획위원회의 구성, ② 전략의 개발, ③ 변화의 도입, ④ 변화의 실행을 전제로 하고 있다. 그러나 이러한 절차는 변화가 계획된 방식이나 합리적인 방식으로 일어나지 않기 때문에 그대로 적용되지 않는다. 문화, 상징, 의식, 정치적 성명서까지도 변화과정의 한 부분이 된다. 지도성 또한 마찬가지의 이론적 진공상태에 놓여 있다. 지도성은 관리자가 집단의 응집력이나 생산성을 개선하기 위하여 설계된 전략을 실행하는 소집단의 운영으로 여겨지고 있다. 그러나 이것은 지도성이 아니다. 현실적으로 지도성은 작업자가 관리적 지시에 묵묵히 따를 것이라는 기대하에 지도성이라는 이름으로 '관리적 기능'을 위장하려 한다. 그러나 우리가 설명하고자 하는 지도성은 훨씬 더 광범위한 현상이다. 조직 이론들도 지도성과 같은 운명에 놓여 있다. 따라서 조직이론 또한 탐구될 필요가 있다. 그러므로 마취(March)의 말은 한 가지 의미에서 옳다. 즉, 만일 우리가 계속해서 교육조직들을 표준적인 방식으로 보고 비판이론이나 사회이론이 요구하는 맥락 속에서 교육조직들을 평가하기를 거부한다면, 조직을 변화시키고자 하는 우리의 시도는 정말로 애리게니 산맥을 절단하려고 하는 격이 될 것이다. 우리는 교육행정가나 교육학도들이 일반적으로 차이를 만들 수 있다(그 차이는 약간의 차이이지만 결국에는 구분을 가져오는)고 믿는다. 그러나 그들은 단지 서로 다른 인식의 방법을 선택함으로써만 이러한 차이를 만들 수 있다. 따라서 교육행정에 대한 정통적 관점은 분명히 결함을 갖고 있다.

이 책에서 우리는 정통적 비전이 어떤 중요한 측면을 결여하고 있다는 점을 논증하고자 할 것이다. 정통적 비전은 우리에게 학교조직을 반역사적(ahistorical)인 구성개념, 사회적 세계 속의 주어진 실재로 고찰하는 실증주의적 방법을 제공하고 있기 때문에 우리의 지적인 분석의 대상이 된다. 이러한 실증주의 이론은 각 학교가 서로서로 어떻게 차이가 날 수 있느냐의 문제를 소홀히 하지만, 모든 학교는 여전히 여러 가지 방법으로 사회적 가치들을 보급할 수 있다. 그렇다면 학교는 누구의 가치를 분배·보급하는가? 두 번째로 정통적 관점은 본질적으로 경영실제에 기초한 모델로서의 행정행위를 위한 특정모델을 제공한다. 경영실제에 기초한 행정행위의 관점 그 자체가 나쁜 것은 아니지만, 그것은 교육사업의 성격에 비추어 볼 때 몇 가지 문제점을 갖는다. 우리 사회에서 경영은 이윤을 얻기 위해 존재한다. 그렇다면 교육이 지향하는 바는 무엇인가? 교육체제는 다른 분야와는 근본적으로 다르기 때문에 경영을 위해 만들어진 관리유형의 실제는 교육자들이 성취하고자 하는 바에는 적절하지 못하다. 그러나 교육행정의 상당 부분은 전적으로 관리적·경영적 모델에 의존하여 그 정당성(legitimation)을 확보하려 하였다. 교육행정 분야의 문헌을 고찰하게 되면 전부는 아니지만 부분적으로 사적·이윤지향적 회사와 관련된 이론들을 교육행정의 근본원리로 삼고 있다는 것을 알 수 있다. 그래서 우리는 행정가에게 더 많은 인식을 가져다 줄 대안을 제공하기를 원한다.

마지막으로 정통적 이론은 행정의 잠재력인 지도성에 관하여 상당부분을 왜곡하고 있다. 행정은 지도성이다. 행정은 가능성에 대한 의사소통(communication of possibilities)이다. 이러한 의미에서 볼 때, 정통적 이론의 상당부분은 변화를 요구할 수 있고, 현재의 업무수행방식을 수정시키며, 동일한 대상에 접근하는 다양한 여러 가지 방법들을 고려하는 것으로서의 행정의 능력을 인정하지 않는다. 우리의 관점에서 볼 때, 지도성은 단순한 관리가 아니다. 오히려 지도성은 타인들의 비전과 권력부여(empowerment)에 대하여 의사소통하는 과정이다. 따라서 지도성은 '주어진(given)' 직위에 존재하는 것이 아니라 '획득한(taken)' 직위 속에 존재하는 것이다.

이 책에서 우리는 행정학도들에게 교육과 교육행정에 관한 다양한 사고방식에 친숙해지도록 하며, 연구분야로서의 행정이 성년(成年)의 시기에 도래하였다는 것을 제시하고자 한다. 그러나 행정학의 성숙을 위해서는 도덕과학이나 비판과학으로의 재구조화가 요구된다. 이러한 요구에 따라 이 책은 두 부분으로 구성되었다. 전반부(1장~5장)에서는 전통적 이론의 강점과 약점을 고찰하고 비판적 사회이론에 기초한 대안적 개념을 제시함으로써 비판적 접근의 토대를 제공한다. 따라서 전반부는 이러한 지식이 행정수행에 대해 갖게 되는 유용성을 강조함으로써, 학교교육과 문화적 재생산의 관계성에 대해 분석하면서 끝을 맺는다. 후반부(6장~9장)에서는 행정에서의 몇 가지 주제, 즉 조직·지도성·변화를 고찰하고자 한다. 여기서는 각각의 주제에 대한 전통적 고찰과 비판적 고찰을 다루게 된다. 마지막 장에서는 이 책의 관심사를 실행하는 데 도움을 줄 수 있는 행정행위를 위한 몇 가지 전략을 제안하고자 한다.

이 책을 쓰면서 감사의 마음을 표해야 할 사람들이 있다. 이 책은 샌 디에고(San Diego)대학교의 교수연구기금의 지원을 받아 쓰인 것으로서, 지원을 아끼지 않은 드로치(Edward DeRoche)학장께 감사의 마음을 표하고 싶다. 지도성에 관한 장은 필자가 호주에 있는 디킨(Deakin)대학교에서 지도성에 관한 논문을 쓰면서 연구한 것이다. 이 점에서 필자에게 많은 아이디어를 제공해 준 친구 베이츠(Richard Bates)와, 학문적 자극과 개인적인 도움을 아끼지 않은 디킨대학교의 스미드(John Smyth)교수를 비롯한 여러 교수들께 역시 감사한 마음을 갖고 있다. 또한 여러 해 동안 비판적 도움을 준 동료 로스트(Joseph Rost)와 격려를 해 준 동료교수이자 은사님이신 쿠퍼(Bruce Cooper)와 셸던(Steven Selden)교수께 고마운 마음을 표하고 싶다. 알트바치(Phil Altbach)는 이 책을 쓰도록 자극한 최초의 사람으로, 이 책이 완성될 때까지 필자는 그를 많이 괴롭혔던 것 같다. 또한 버그스트롬(Barbara Konie Bergstrom)은 이 책을 꼼꼼하게 편집해 주었는데 무어라 고마운 마음을 표해야 할지 모르겠다. 그녀는 이 책을 일관성 있게 편집해 준 뛰어난 문필가였다. 마지막으로 이 책을 나의 가족인 어머님과 형님 그리고 키트·폴·크리스틴·제임스에게 바치려 한다.

역 자 서 문

이 책은 William Foster의 『Pardigms and Promises: New Approaches to Educational Administration(Buffalo, New York: Prometheus Books, 1986)』을 번역한 것이다.

어떤 한곳에 푹 빠져 있을 때는 옆을 둘러볼 여유도 없고, 또 다른 세계, 넓은 세상이 어디에 있을 것이라는 상상조차도 해보기 어렵다. 유럽과 미국의 교육행정학이 논리실증주의(論理實證主義)에 바탕을 둔 행동과학(行動科學)의 늪에서 벌써 헤어나 70年代 비판의식시대(批判意識時代)를 거치면서 다양한 패러다임, 특히 현상학, 비판이론적 접근이 강력하게 대두되고 있는데 한국에서는 아직도 행동주의(行動主義)의 사고(思考)에 젖어 있는 것 같은 안타까움에서 교육행정학에 대한 새로운 접근(接近)을 소개하기 위하여 이 책을 번역하게 되었다.

도대체 인간사회(人間社會)는 자연체제(自然體制)인가 아니면 인간(人間)이 만들어 낸 인간고찰체제(人間考察體制)인가? 인간(人間)은 쥐나 비둘기와 같은 객관적(客觀的)인 객체(客體)와 사실적(事實的) 존재(存在)에 불과하고 주관(主觀)과 가치(價値)를 지닌 주체(主體)로는 도저히 볼 수 없는 것인가? 전자가 행동주의의 사고이고 후자가 이 책에서 강조하고자 하는 새로운 접근이다. "교육(敎育)"이란 말 속에는 이미 가치(價値)가 스며들어 있는데도 불구하고 사실과 가치를 분리시키고 가치배제적(價値排除的)인 자연과학(自然科學)의 방법으로 교육현상을 설명하고 해석하고 연구하려고만 했다는 데 문제가 있었다. 교육행정(敎育行政)에 있어서 있는 그대로를 기술(記述)하는 것도 물론 중요하지만 존재하는 것을 어떻게 보고 생각하느냐 하는 주관적 가치(價値)와 윤리(倫理)·도덕(道德)은 더 중요할지도 모른다. 그래서 이 책에서는 교육행정을 하나의 도덕과학(道德科學)으로 생각하고 있다.

이 책을 읽음으로써 우리의 思考를 더 넓힐 수 있다고 본다. 과거의 기능·공학(技術·工學)으로부터 문화·정치·도덕·윤리로, 합리성(合理性)으로부터 정치성(政治性)으로, ‘주어진’ 것으로부터 ‘획득한 것’으로, 사회학·심리학으로부터 정치학으로, 개별적(個別的)인 것으로부터 문화적(文化的)인 것으로, 관료 합리로부터 의사소통 합리로, 탈상황적인 것으로부터 상황적(狀況的)인 것으로, 실증·행동주의(實證·行動主義)로부터 다양(多樣)한 사고(思考)로 폭을 넓힐 수 있기를 기대한다.

교육행정학 연구방법에서도 습관적으로 채택하는 획일적인 수학적 모형·가설연역적 방법, 통계적 방법에 국한되지 않고 사례연구(事例研究), 비교연구(比較研究), 역사적연구(歷史的研究), 민속학(民俗學)·문화인류학적(文化人類學的) 방법(方法)으로 확대되길 기대한다.

이 책은 1990년도에 충남대학교 대학원 과정에서 원서(原書)를 교재로 다루면서 번역한 것을 2년여에 걸쳐 신붕섭 교수와 본인이 수정하고 다듬음으로써 한 권의 책으로 햇빛을 보게 된 것이다. 대학원의 한 코스의 과정에서 이러한 산물이 나오게 된 것을 자랑스럽게 생각한다. 부족한 점은 계속 보완해야 할 것이므로 많은 질정(叱正)을 바라며, 대전전문대 조교 이진희 선생과 김정미 학생 그리고 좋은 책을 만들기에 사운을 건 한국학술정보(주) 출판을 맡아 준 것을 고맙게, 또 기쁘게 생각한다.

2006년 1월
역자 대표 朱三煥 식

차 례

제1장
도덕과학으로서의 행정

행정지도자들은 부분적으로는 자산의 존재를 방어하기 위해, 그리고 부분적
으로는 지위를 확보하기 위해서 자신들의 설명절차(*accounting procedures*)
에서 과학적이라는 표현을 강조하여 왔다. 그들이 교육에서의 진정한 기본적인
문제를 제기하고 이를 해결하는 훈련을 통해서 그러한 과학적 자질을 갖춘 것
은 아니다. 그런데도 그들은 정력적이고 능력 있는 사람이었고, 아무도 가보지
않은 세계로 돌진해 들어갔으며, 아무런 토대가 없는 가운데 전문적 과정이라
는 왕국을 건설하였다.

-칼라한(Raymond. E. Callahan, 1962)-

1. 서 언

학교행정을 연구하는 학생들은 무엇을 공부해야 하는가? 전통적으로 이에
대해서는 단 한 가지의 대답이 있을 뿐이었다. 즉, 행정가가 되고자 하는 사
람들은 의사결정을 위한 과학적 기초를 배우고 행정의 본질에 적절한 행정
의 원리를 제공하고 있는 과학적 연구를 이해하기 위해서 교육행정을 공부
해야만 한다는 것이다. 대학에서는 행정행위에 관한 과학적 연구를 중시하
고, 교사와 학생의 수행에 대한 다양한 연구를 검토하도록 해주고, 교육목적
의 달성을 위한 기법을 제공하는 교재를 통해 장래행정가들을 훈련시킨다.
이러한 접근은 과학적인 방법을 상당히 중시했지만, 불행하게도 행정의 기예
(art)에 대한 인본주의적이고 비판적인 전개를 경시하였다.

본서는 이러한 전통적인 과학적 접근과는 다른 접근을 취하고자 한다. 말하자면, 우리는 본질적으로 교육상황 속의 행정가들은 비판적 인본주의자(critical humanist)들이라고 주장한다. 즉, 교육행정가는 우리의 삶의 일상적 사건과 비일상적인 사건들을 평가하고 인간의 영혼을 계발하고 자극하며 인간영혼을 해방시키는 노력에 참여하기 때문에 그들은 인본주의자이다. 또한 그들은 교육자들이며 현상유지에 만족하기보다는 인간을 더 훌륭하게 변화시키기를 원하고 모든 사람을 위하여 사회적 조건을 개선시키려고 노력한다는 점에서 비판적이다. 이 책은 비판적 인본주의자의 전통에 기초한 새로운 교육행정의 모델을 제공함으로써 실무행정가들의 능력을 향상시키려고 한다. 행정의 과학적 모델은 그것이 과학에 관한 실증주의적 모델에 의존하면 할수록 그만큼 공격을 받게 되는데, 그 이유는 과학적 모델이 우리 사회의 여러 가지 사회적, 문화적, 교육적 문제들을 적절하게 고려하지 않았기 때문이다. 우리는 학교교육에 대한 몇 가지 급진적 평가들을 제시하게 될 것인데, 그 이유는 그것들이 행정가들에게 상당한 가치가 있을 수 있는 색다른 전망을 제공할 것이기 때문이다. 또한 우리는 새로운 학교행정가에게 다양하고 비판적인 일련의 관점들을 제공하고자 하는데, 그러한 관점 역시 행정가들이 비판적 인본주의자가 되는 데 도움을 줄 것이다.

교육행정은 심리학, 사회학, 그리고 그 정도가 약하기는 하지만 경제학, 정치학과 같은 학문들의 하위 전공분야와 같이 사회과학의 범주에 속한다. 예를 들어, 심리학은 직무만족, 직무동기, 조직풍토, 지도성과 같은 문제들을 다룸으로써 행정의 개념적 토대형성에 도움을 준다. 또한 사회학은 역할과 체제의 개념을 다룸으로써 행정에 기여한다. 그래서 행정행동을 설명하고 예측해 주는 이론적 체계인 행정의 '총괄적이론(grand theory)' 탐색을 통해 사회과학과의 이러한 공생적 관계성을 이해할 수 있다. 금세기에 이르러 행정학자들은 우선적으로 행정적·조직적 행동을 예측하는 법칙을 개발하기 위해 노력해 왔으나 동시에 많은 성공을 거두지 못했음에도 불구하고 그러한 행동이론을 개발하려는 시도는 오늘날까지 계속되고 있다. 총괄적이론이 구체화되지 못할 경우 교육행정의 분야에는 어떤 일이 일어나겠는가? 주요 모학문(parents disciplines)의 기본적 가정과 틀은 언제쯤 도전을 받게 될 것인가? 이러한 문제만 해결되면 교육행정의 연구는 완전히 새로운 과정을 따르게 되고 행정을 전통적 학문의 수정된 각색뿐만이 아니라 철학적·역사적 측면에서 행정파악을 할 수 있게 될 것이다. 이 책은 이러한 새로운 접근을 시도하는 동시에, 그러한 접근이 실제로 전문직에 종사하는 사람들의 실제적 삶에 미치는 의미를 강조하게 될 것이다.

핫즈킨슨(Hodgkinson, 1978)이 말한 바와 같이, 행정은 행동철학(philo-sophy-in-action)이다. 이 말에 특별한 주의를 기울여야 할 것이다. 많은 행정가들은 자신들을 철학적 사유(musings)와는 다소 동떨어진 존재로 여긴다. 즉, 그들은 행동, 실천, 상사와 부하사이의 의사소통, 협상, 갈등을 포함하는 어느 정도 질서정연한 체제를 유지하는 일에 더 관심이 있다. 철학은 세계가 구조화되는 방식에 대한 일련의 신념을 포함하며, 행정가들은 알게 모르게 이러한 신념을 실천에 옮긴다. 가령 행정가는 메모를 기록하고 전화를 하는 중에 그러한 신념을 발전시킨다. 그리고 근본적인 가정에 대한 반성과 철학을 통해 자기 이해를 할 수 있고, 나아가 보다 나은 행정을 할 수 있게 될 것이다.

2. 자유민주국가에서의 행정적 상황

행정의 기본적 철학들에 대한 비판적 반성은 학교나 국가의 본질에 대한 평가에 따라 달라진다. 효과적인 행정이 무엇이냐 하는 것은 우리 사회의 학교에 관련된 몇 가지 기본적인 원리와 문제들에 대한 이해를 바탕으로 한다. 우리는 여기에서 교육행정에 대한 대안적인 관점들의 가능성을 탐색하기 위해 몇 가지 학교교육의 원리와 문제점을 소개하고자 한다. 학교는 하나의 목적을 위해 존재하는 공식적 기관이다. 나아가 그 목적은 단기적인 목적과 장기적인 목적의 측면에서 고찰될 수 있다. 단기적인 목적의 측면에서 학교(그리고 학교행정)는 사회에서의 성공에 필수적이라고 생각되는 교과내용을 통해서 특정의 역사적 집단을 교육하는 데 기여한다. 그래서 행정가는 구체적인 학생집단의 수업이 이루어지는 그 조직을 운영하는 데 관심을 갖는다. 장기적인 관점에서 볼 때, 공립학교의 교직원은 현 체제를 거쳐가는 수많은 사람들을 위하여 삶의 양식을 영속화시키고 가능한 한 그러한 삶의 양식을 개선하는 데 참여한다. 이러한 사실 때문에 행정가는 이러한 역사적 체제의 토대와 그러한 체제를 유지시키는 데 있어서 학교가 해야 할 역할을 인식하는 것이 중요하다.

서구식 민주주의는 자유주의적 사회를 말한다. 서구식 민주주의는 중세사회의 몰락과 영국과 유럽대륙의 학문주의(scholarship)의 출현에까지 소급될 수 있는 자유주의적 사고의 전통을 반영한다. 현대의 모든 서양국가는 본질적으로 정치적 자유주의의 모델에 그 기반을 두고 있다. 스트라이크(Strike)와 같은 현대적 자유주의 철학자는 자유주의 이념의 중심적인 관심과 토대를 다음과 같이 설명한다.

① 자유주의자들은 지식은 권위가 아니라 경험의 기능이며, 개인들은 합리적인 자율성을 가질 수 있는 능력과 의무를 갖고 있다고 가정한다.
② 자유주의자들은 사회적 권위에는 한계가 있으며, 개인이 자율성을 행사하는 데 작용하는 사적(私的)인 신념과 행위의 영역이 있다고 가정한다.
③ 자유주의자들은 사회적 특권과 권위가 자연적인 것도 아니며 유산될 수 있는 성질의 것도 아니라고 생각한다. 사회적 지위는 획득되어야(earned) 하고 권위는 정당화되어야(justified) 한다는 것이다(Strike, 1982, 3).

그러므로 자유주의 이념은 개인주의·합리성·평등·사적 자유(privacy)와 같은 우리 사회에서의 기본적인 몇 가지 개념에 관심을 갖는다. 분명한 것은 자유주의적 정치성향이나 보수주의적 정치성향 모두 국가에 관한 자유주의 이론을 변형한 것에 불과하다는 점이다.

자유주의 국가를 분석하는 것은 교육행정가나 다른 분야의 행정가들에게 중요한 일이다. 왜냐하면 우리는 그러한 분석을 통해서 현재 제기되고 있는 학교교육과 국가에 대한 몇 가지 근본적인 딜레마를 알 수 있기 때문이다. 예를 들어, ① 자유주의 철학은 민주적인 정부형태를 지지할 것이며, 이러한 상황에서의 통치자의 권위는 국민으로부터 나온다. 그러나 현대국가들은 그 행정에 있어서, 권위가 전문성으로부터 도출되는 관료제적 경향을 더해가고 있다. ② 자유주의 철학은 최선의 증거에 의거하여 선택을 하게 되는 개인주의적 합리성을 지지할 것이다. 그렇지만 이러한 개인주의적 합리성은 전통에 입각하여 선택을 하게 되는 교회나 가족과 같은 사회기관들에까지 침투되는 경향이 있다. ③ 자유주의 철학은 만민의 평등을 지지하지만, 재산의 사적 소유는 경제적으로 불평등한 체제를 가져온다. ④ 자유주의 철학은 사적 가치들의 개념을 지지하지만, 그 사적 가치란 공적인 체제 속에서는 가르쳐질 수 없다. 이제까지 제시한 내용들은 오늘날 공적 체제의 행정이 직면하는 가장 핵심적인 몇 가지 딜레마에 불과하며, 이러한 딜레마들은 학교에 영향을 주는 몇 가지 표면적인 병폐 속에서 어느 정도로 반영되고 있다. 그래서 자유주의 철학에 대한 비판은 학교가 갖고 있는 주요한 제도적 역할이 여러 가지 문제와 모순들 때문에 어려움에 봉착하고 있다고 인식하는 교육행정가들에게 유용성이 있을 수 있다. 예를 들어, 이러한 비판은 자유주의 철학 속에 내재된 합리주의적, 개인주의적 가정을 지적하는 동시에 이를 논박할 것이다. 뒤에서 논의하겠지만 사회적 관계는 경제적 관계 속에서 이루어지며, 경제적 관계는 바로 자유주의적 자본주의 사회 속에 토대를 두고 있는 계급(class)이다. 이러한 관점에서 볼 때 학교교육은 그 본질적 딜레마를 해결하기보다는 그것들을 영속화시키는 데 기여할 뿐이다. 앞으로 이러한 논의를 구체적으로 전개하겠지만, 우선은 학교 그리고 그 학교 속에 속해 있는 인사(人事)들에 관한 몇 가지 상충되는 인식이 존재한다는 것을 이해하는 것이 중요하다.

그러므로 교육행정가는 현재 우리 사회에서 학교교육과 관련하여 제기되는 많은 문제들이 단순히 어느 한 세대에 국한된 것이 아니라 학교교육 체제에 내재된 본질적인 몇 가지 근본적인 모순과 문제라는 것을 알아야 한다. 어떤 면에서 학교란 정치체제와 경제체제가 주장하는 '요구의 와중'에 빠져들 수 있다. 그러므로 교육행정가들은 이러한 현실을 직시해야만 한다. 새롭고 생명력이 있는 교육행정은 "신행정학(New Public Administration)"에서처럼 기본적인 사회적 딜레마를 수용하는 한편 보다 정의롭고 공정한 제도를 전개하기 위해서 가치입장(value position)을 취해야 한다. 구체적인 상황과 동떨어져서 발전된 행정이론은 학교가 그 목적을 달성하는 데 아무런 도움도 주지 못한다. 그러므로 행정이론은 사회 속의 학교에 대한 보다 거시적인 포괄적 이론으로 그 위상을 정립해야 한다.

우리는 그러한 이론은 자유주의적 신조(tenet)에 대해 비판적인 동시에 지원적인 것이어야 한다고 생각한다. 그러한 자유주의적 가치는 그것이 개인적 자유와 정치적 표현을 허용하는 정도만큼 지지를 받게 될 것이지만, 기회의 평등을 방해하고 직업이나 계층의 이동가능성을 결여하는 점에서는 반드시 비판을 받게 된다.

스트라이크(1982)는 자유주의 그리고 자유주의와 교육과의 관계성에 대하여 정교한 논리를 전개하였다. 그는 "자유주의 국가에서 학교교육의 중심적인 공적 기능은 합리성의 민주적인 배분이다"(1982, 12)라고 제안한다. 그는 합리성을 집단적으로 도출된 규칙과 규범에 따라 행동하고 명백한 사실에 입각하여 확신을 갖는 사람인, 이성적인(reasonable) 시민에 대한 관념을 의미하는 것으로 사용한다. 그러나 스트라이크는 자유주의 국가에서 공립학교들이 시민적 가치를 재생산할 수 없다는 사실을 다음과 같이 설명한다.

공립학교들이 공유하고 있는 일단의 사적 가치에 대한 공통적 헌신을 통해 하나로 통일될 수는 없다. 그러므로 공립학교들은 신뢰와 친밀성에 의해 교육적 관계를 특징짓는 공동사회를 건설할 수 없다. 이러한 이유 때문에 학생들의 가치는 어른들에 의해서 보다는 동료들에 의해 형성되는 사회가 생성되며 아주 공적인 자유주의적 가치를 전달하는 학교의 능력까지도 파괴시키는 사회가 만들어지게 될 것이다(Strike, 1982, 253).

스트라이크의 분석에서 볼 때 자유주의의 이론은 다양한 가치체제들에 대해 평등이 보장되고(표현의 자유), 공립학교를 통하여 자유주의 이론이 재생산되는 것을 필요로 한다. 그렇지만 "사적 가치의 전달이 참된 교육을 위해 필수적"이라는 것을 이해한다고 할지라도, 공립학교들이 사적 가치체제를 채택하였다면 그들 스스로 자유주의 이론을 침해하게 될 것이다(1982, 87). 이러한 관점에서, 공립학교들은 한계를 갖는다. 즉, 종교적 가치와 같은 사적인 가치가 문화의 결정과 보존에 중요하지만 공평성(fairness)과 자유주의적 평등이라는 원칙으로 인하여 학교들은 사적인 가치를 전달할 수 없다. 학교의 문화적 적합성(cultural relevance)은 자유주의의 원칙들로 인하여 침해를 받는다.

이러한 주장은 이러한 주제에 대한 신마르크스주의적 사고에 대하여 그럴듯한 대안을 제공한다. 스트라이크는 아동들이 부모의 경제적·사회적 지위 때문에 불평등한 기회를 갖는 계급의 재생산에 기여하지 않고 성공의 구조에 동등하게 접근할 수 있도록 공립학교가 어떻게 아동들에게 기회의 평등을 제공할 수 있을까에 대하여 탐색한다. 그는 이러한 기회의 평등한 제공은 교육을 소규모의 지역사회지향적 학교로 재구조화하거나 사립학교의 활성화를 보장하지 않고서는 이루어질 수 없다고 믿는다. 그렇지만 이러한 주장은 또한 행정과 수업을 문화적으로 적절한 가치체제의 발전과 유리시키는, 즉 고도로 관료화된 사회와 결부시켜 자유주의적 사고의 문제를 설명하고 있다.

공립학교 교육은 단지 공적인 가치만을 전파할 수 있는 중립적인(neutral) 노력이 아니다. 공립학교는 행정이론과 수업이론 속에서 광범위한 사회의 요구를 반영한다. 스트라이크의 공평하고 세심한 설명도 본질적으로 자유주의적 자본주의 사회가 몰개인적, 직업주의적 제도를 가져오는 운영규칙을 제공하는 방법에 대해서는 주의 깊은 관심을 기울이지 않는다. 스트

라이크가 설명하는 것처럼, 현대 교육이론의 기저가 되는 경험주의자와 실증
주의자들의 프로그램은 인본주의적이고 합리적인 노력을 저해하고 있다. 이
와 동일한 맥락에서 행정에 관한 경험적이고 실증적인 이론들은 행정의 구
조, 그리고 행정의 구조와 자유주의적 민주적 가치와의 관계성에 대한 문제
를 제기하지 못한다. 스트라이크가 경제적, 관료적 구조들과 학교교육과의
관계성을 밝히는 데 실패한 것은 궁극적으로 자유주의적 이론이 체제적 불
일치성(systemic inconsistency)을 효과적으로 다루지 못했다는 데 원인
이 있다. 그러므로 우리는 학교교육과 학교행정에 대한 대안적인 비판적 접
근을 자세히 고찰할 필요가 있다.

3. 도덕과학의 개발

　앞에서의 논제가 교육에만 한정된 것은 아니다. 현재의 통설에 불만을 갖
고 있는 사회과학자들은 일반적으로 사회적 탐구에 비판적 정신을 주입하려
는 시도를 전개하고 있다. 과학적 연구에 의존해서는 자유주의적 문제해결이
어렵다는 결론에 도달되었다. 특히 사회학은 유럽대륙에서 그 기원이 출발하
여 신마르크스주의자의 사고에 의해서 고무된 새로운 전망으로부터 도전을
받고 있다. 인류학자인 히메스(Dell Hymes, 1973) 등은 인류학이 '재고안'
되어야 한다고 제안한 바 있다. 오랫동안 체제모델을 적용하여 정치행동을
연구해 온 정치학은 나름대로 단순하게 인간행동을 '예측하기'보다는 '이해
하려는' 시도를 해 오고 있다. 벤자민은 사회과학의 기초는 역사라고 제
안한 바 있으며, 문(Moon, 1982)은 정치연구는 우선적으로 자유에 관
심을 가져야 한다고 주장하였다. 페로우(Perrow, 1979)가 설명하는 것처럼
조직이론 또한 급진(근본)적으로 변화하고 있다. 교육행정이 속해 있는 공공행
정도 마찬가지의 변화를 겪어 왔는데, 그 결과로써 효율성과 경제성보다는 정의
(justice)와 형평성(equity)에 관심을 두는 '신행정론(New administration)'

이 도출되었다. 간단히 말해, 모든 부류의 사회과학과 그 인접학문들은 정도의 차이는 있지만 극적인 개념적 변화에 의해 많은 영향을 받고 있다.

　이러한 변화는 사회과학과 행정을 고찰하는 데 있어서 종전과는 다른 시각을 제공해 준다. 이러한 새로운 관점에서 볼 때 사회과학은 언제나 '당위(ought)'의 문제와 관련된다. 여기서 우리가 제기하는 문제의 본질은 "무엇이 당위적인 방식인가"의 문제를 전제로 한다. 가치는 사회과학의 본질적 부분이다. 사회과학에서는 주제(subject)를 연구하는 행위 바로 그것이 주제 자체를 변화시킬 수 있다. 사람들은 사물을 '있는 그대로' 연구하라는 강한 압력을 받는다. 행정학과 같은 학문, 나아가 일반적인 사회과학에서의 목적은 기술하는 것이 아니라 이해하고 개선하는 것이다. 그러므로 연구는 실제에 근거해야 하지만 현재의 조건을 변화시키려는 시도를 통해 그 실제에 대해 비판적이어야 한다. 행정은 목적적 활동이다. 즉, 행정은 기관의 목적을 성취하기 위해 계획되어진 것이다. 결코 모든 기관이 유사한 목적을 갖는 것은 아니다. 따라서 행정은 일반적인 것이 아니라 기관의 본질에 따라 다르다. 이윤추구를 목적으로 하는 기관에서의 행정의 기능은 이윤을 창출하는 것이지만, 교육기관에서의 행정의 기능은 교육적(educative)이어야 한다. 그러나 이러한 급진적 개념은 과거 한 세기 동안 전개되어 온 행정이론과는 차이가 있다.

　사회적 삶을 검토하기 위한 현재의 행정적 접근에 대해 갖게 되는 불만은 행정이 가치나 도덕성의 문제를 다루지 않고 있는 동시에 미래전망을 충족시키지 못하고 있는 무능력에서 기인된다. 예를 들어, 그리피스(Griffiths, 1983, 208)는 '정통적 이론'이 조합(union)의 존재를 무시하고 최고 행정직위에 여성과 소수민족의 수가 희소한 이유를 설명하지 못한다고 비판하였다. 에릭슨(Ericson)과 엘레트(Ellett)는 '왜 교육연구가 교육정책에 대하여 현실적인 시사점을 주지 못하는가?'(1982, 497)하는 문제를 제기하면서, 이것은 자연과학의 모델에 기초한 경험주의자들의 연구모델이 이해(understanding)와 해석(interpretation)의 이슈들을 다루지 못했기 때문이라는 결론을 내린다. 이러한 교육연구의 실패로 인하여 연구자는 인간적 조건에 대한 진정한 이해를 하지 못하게 된다. 그래서 에릭슨과 엘레트는 지금이 바로 교육연구를 도덕과학(moral science)으로 다루어야 할 시기라고 주장한다(1982, 511). 또한 행정과학은 도덕적 학문, 특히 비판적인 도덕적 학문으로 발전할 수 있다.

여기에서 '도덕적'이란 용어는 정신적 또는 종교적 의미가 아니라 문화적, 전문직업적, 윤리적 의미로 사용되고 있다. 행정의 도덕적 측면은 보다 광범위한 맥락에서 인간적이라는 말이 무엇을 의미하는가에 관하여 다루어야 한다. 행정이 처한 상황은 행정학이 도덕과학으로 재구조화될 것을 요구한다. 행정학은 경험적일 수도 있지만, 그것은 또한 해석학적 차원(대상을 해석하고 이해하는 학문)과 비판적 차원을 통합시켜야 한다. 사회과학은 도덕적 문제에 의해 지적 기반이 확대된다는 인식이 입증되어 왔다. 그러므로 인간적 문제를 다룰 때에 자연과학의 패러다임을 그대로 적용할 수는 없다. 도덕과학으로서의 행정학은 도덕적 딜레마의 해결에 관심을 갖는다. 행정의 문학적(literary) 모델과 비판적 모델은 그러한 딜레마를 지혜롭게 해결하는 데 필요한 상황적 이해를 제공해 준다.

딜레마라는 개념은 교수행동에 대하여 이러한 맥락을 전개해 온 앤과 버락(Ann & Berlak, 1981)으로부터 차용한 것이다. 행정과 마찬가지로 교수(teaching)는 딜레마의 해결과 그것들의 있을 수 있는 변형을 포함한다. 버락(1981, 7장)은 모든 교사들은 세 가지 영역의 딜레마—① 통제, ② 교육과정, ③ 사회적 측면(societal)—에 직면한다고 제안한다. 첫째, 통제 딜레마는 수업관리와 통제문제, 특히 누가 어느 정도까지의 주도권을 갖는가 하는 문제를 말한다. 통제 딜레마는 주로 다음과 같은 네 가지 문제에 집중되고 있다.—① 교사는 단지 인지적 목표달성에 초점을 맞추어 아동을 학생으로 다루는가, 아니면 보다 광범위하게 지적·심미적·사회적·신체적 차원에 초점을 맞추어 전인(全人)으로 다루는가? ② 누가 수업시간을 통제하는가? 어떤 수업에서는 아동들이 주어진 범위 내에서 자신들의 활동을 계획하는 반면 어떤 수업에서는 아동들이 엄격하게 정해진 시간표에 따라 활동한다. ③ 수업운영과 수업에서 진행되는 것을 누가 통제하는가? ④ 교육의 기준을 누가 통제하고 성공과 실패를 누가 판정하는가?

둘째, 유사한 딜레마들이 교육과정영역에서도 일어나는데, 이는 교육과정이 표준화된 공적 지식인지—교과서 연구를 통해 발견된 종류로서—아니면, 발견이나 실험을 통하여 성취되는 유형의 사적이고 개인적인 지식으로 간주되어야 하는가의 문제와 관련된다. 또한 이러한 교육과정의 문제점은 교사들이 아동을 고객으로 생각하는가 아니면 개인으로 생각하는가의 문제에 따라 달라진다. 고객일 경우라면 아동은 체계적인 지식들로부터 생성된 전문직업적 봉사를 받을 것이고, 개인이라면 자신의 특정한 필요와 상황으로부터 생성되는 인간적인 봉사를 받게 될 것이다.

마지막 딜레마는 아동들이 학교에 들어올 때 갖고 오는 내용과 그들이 학교에 들어온 후 받게 되는 취급방식과 관계된다. 사람들은 교사가 갖고 있는 자원의 배분에 관심을 갖는다. 다시 말해 모든 아동들에게 동등한 자원(시간, 교사의 관심 등)이 제공되어야 하는가? 아니면 재능이 부족한 아동들이 표준적 수준에 도달할 수 있도록 더 많은 자원을 이들에게 배분해야 할 것인가? 그렇지 않으면 재능이 뛰어난 아동들이 그들의 잠재력을 충분히 발휘할 수 있도록 이들에게 집중적으로 자원을 배분해야 할 것인가? 이러한 문제는 정의(justice)의 분배에 관해서도 똑같이 야기되는 문제이다. 수업의 규칙은 개개 아동이 갖고 있는 서로 다른 환경을 고려함이 없이 획일적으로 적용되어야 하는가, 아니면 그러한 규칙의 적용에서 가족의 배경, 경제적 요인, 제반 사회학적 영향력이 참작되어야 하는가? 교사는 공통적인 문화를 강조해야 하는가, 아니면 인종적 차이와 하위문화의 동류의식을 강조해야 하는가?

교수의 많은 부분은 일상적인 학교운영의 과정에서 다양한 결정을 통해서 이러한 딜레마를 해결하는 것과 관련된다. 그렇지만 이러한 결정은 반성적인(reflective) 방식을 통해 일어날 수도 있고 무반성적인 방식을 통해서 이루어질 수도 있다. 무반성적인 방식은 교수를 단지 이용가능한 대안을 고려하지 않은 채로 '가르쳐지는 것'을 의미한다. 한편 반성적인 접근은 "있을 수 있는 가장 광범위한 관점으로부터 해결책에 관한 현재적 유형(현재의 해결책), 대안적 가능성, 현재적 유형과 대안적 유형의 중요성, 현재적 유형의 출발점과 제안된 대안책의 근원에 대한 검토를 포함한다"(A. & H. Berlak, 1981, 237). 그러므로 반성적 교수는 딜레마들이란 단순히 해결되어야 할 필요가 있는 것이 아니라, 더 높은 수준의 전문적 교수지식에 도달할 수 있도록 변형(transformed)될 수 있다는 것을 암시한다.

이와 동일한 논리가 행정에도 적용될 수 있다. 행정은 다양한 딜레마의 해결, 즉 도덕적 결정을 필요로 한다. 행정에서의 한 가지 딜레마는 통제와 관련된다. 즉, 교사들은 학교행정에 얼마나 많이 참여할 수 있는가? 부모와 학생들은 얼마나 많이 참여할 수 있는가? 평가는 누가 하며 평가의 목적은 무엇인가? 행정의 역할은 학생중심인가, 행정당국 중심인가? 다음으로 교육과정영역에도 유사한 문제들이 제기된다. 즉, 학교는 기본적 기술, 전문적 기술, 사회적 기술 중에서 어느 것을 지향하는가? 교육과정은 교사가 만들어야 하는가? 국가적인 수준에서 분배되어야 하는가? 학생평가는 교사평가와 표준화검사 중에서 어느 것에 기초를 두어야 할 것인가? 마지막으로, 부차적인 부류의 딜레마는 사회 속에서의 학교교육의 개념에 관한 것이다. 학교는 일부 학생들이 직면하고 있는 이른바 결핍상태를 개선하도록 해야 하는가, 아니면 학교란 이질적인 문화와 집단을 장점으로 보아야 하는가? 학교를 보다 정의로운 사회의 창조를 지향하도록 하는 변화의 촉진자로 보아야 하는가, 아니면 젊은이들이 현재의 사회구조에 적응하도록 하는 사회화 담당자로 보아야 하는가?

이러한 의미 있는 질문들은 여러 세대에 걸쳐 사회철학자들을 괴롭혀 왔지만, 그러한 질문들은 추상적인 문제가 아니다. 즉, 그러한 문제들은 매일매일의 교수활동과 행정활동을 통해 지속적으로 그 해답이 나타나고 있다. 종종 이러한 문제들은 무반성적으로 그 답이 제시되고 있다. 만일 행정가가 반성적 용어로 이러한 딜레마들을 고찰할 수 있다면, 다시 말해 자아, 역할,

기관에 대한 비판적 평가를 할 수 있다면, 그 딜레마들은 단지 일상적 행동을 통해서 해결되는 것이 아니라 진정으로 변형될 수 있는 것이다. 그렇다면 행정적 지도성은 변형적 행동을 유도해야 하며 실제로 이러한 행동이야말로 지도성이 관심을 가져야 할 분야이다. 변형적 행동은 '도덕적 맥락 속에서 결정을 내리는 것'을 포함한다. 학교교육의 맥락은 교사, 학생, 학부모, 시민과 같은 개인 생활이라는 실(絲)과 집단가치와 문화라는 실, 그리고 정치와 경제라는 실이 서로 얽혀 복잡하게 짜여진 옷감에 비유될 수 있다. 행정적 결정은 도덕적 결정이고, 그렇기 때문에 옷감의 직조방법에 비유되는 방법을 인식해야만 한다. 우리는 실증주의 과학의 아이디어를 부정하는 동시에 '도덕과학으로서의 행정'이라는 입장에서 생각해야 한다. 이제까지 사회과학이나 행정과학에서 당연시해 왔던 것이 이제 의심의 대상으로 바뀌어야 할 것이다.

학자들은 이제 '탈실증주의적(postpositivistic)' 그리고 '탈경험주의적(post-empiricist)' 과학이라는 용어를 사용하고 있다. 한(Haan)은 이와 관련하여 다음과 같이 말하고 있다.

> 사회과학자들의 가치중립성에 대한 주장이 이제 더 이상 지지될 수 없기 때문에, 그리고 사회과학자들이 무심코 사용하는 많은 도덕적 아이이어들이 공개적인 정사(精査)나 전문적인 토론을 거치지 못했기 때문에, 사회과학은 정당성의 위기에 직면하고 있다. 그렇지만 사회과학자들이 자신의 도덕적 토대를 고찰하고 광범위한 합의에 기초한 이론을 만들고 도덕적 이론을 반성적이고 개방적으로 사용하고자 한다면, 그러한 정당성의 문제는 상당히 완화 될 것이다 (Haan, 1983, 218).

교육연구 역시 이러한 도덕적 혁명을 상당히 인식하여 왔다. "광범하게 인식되어 온 교육연구는 경험적, 해석적, 규범적, 비판적이어야 한다"는 솔티스(Soltis, 1984, 9)의 주장은 교육학자들이 점차 교육에서 실증적 과학의 주장이 설득력을 잃고 있다는 사실을 잘 알려 주는 증거가 된다.

많은 교육행정학자들이 새로운 아이디어를 인식하고 있으며 또한 그러한 아이디어들을 수용하고 있음을 알 수 있다. 예를 들어, 컬벗슨(Culbertson, 1983, 20~21)은 "우리는 개인과 집단들이 자신들이 지속적으로 참여하는 활동들을 변화시키고 형성시키기 위해 부단히 노력하고 있으며, 이러한 조건으로 인해 우리는 보편적 법칙을 발견하고 이를 타당화하는 일에 더 많은 회의를 품게 된다는 사실을 전보다 더 날카롭게 인식하게 된다는 것"에 주목하였다. 더 나아가 써지오바니(Sergiovanni, 1984, 274)는 "주류적 사상(main-stream thought)은 사회과학의 학문들과 밀접하게 연계되고 논리실증주의의 원리와 제휴된 행정과학을 건설하려는 전통을 계속 답습하고 있다. ……그러나 행정의 학문적 논의의 큰 흐름 중에서 의미 있는 새로운 지류가 나타나고 있다"고 주장한다. 그는 계속적으로 '규범과학(normative science)'과 '해석과학(interpretive science)'에 대한 새로운 관심이 필요함을 역설하였다.

분명히 사회과학과 교육학에 종사하는 많은 학자들은 '규범'과학이 근거하고 있는 기본적 패러다임에 관심을 갖는 동시에 대안적 사고에 의해 제시되는 가능성에 의해 자극받기도 한다. 이는 사회과학이 나름대로 도덕적 측면을 고려할 필요가 있다는 것을 말해 주는 것이다. 다시 말해 꼭 필요한 경험적 연구라도 해석적 비판적 이해와 균형을 이루어야 한다. 왜냐하면 이러한 해석적 비판적 이해들이 바로 자연과학과 인문과학을 구별되게 해 주는 것이기 때문이다. 다시 말해서, 행정이론은 반성적 비판적 모형에 의해 안내되어야 한다. 행정이론은 행동의 상황과 거기에 포함된 도덕적 문제를 이해하기 위한 수단으로 문헌과 문학적 모형을 참고할 수 있으며, 다른 한편으로 행정행동과 사회적 가치를 결합하기 위해 비판적 모델을 사용할 수 있다.

4. 행정의 새로운 모형

앨리슨(Allison, 1983, 12)은 "어떤 학문 분야가 그 관심대상에 관한 타당한 지식을 생산하는 방향으로 발전할 수 있느냐 하는 것은 오로지 비판적 문헌의 개발을 통해서 가능하다"고 주장한다. 몇 가지 예외가 있기는 하지만 교육행정에는 비판적 문헌이 거의 없었는데, 이는 사회적 문제를 해결하는 데 있어서 과학적 방법에 대해 갖고 있는 기본적인 신념이 비판적 대화 (dialogue)를 전반적으로 꺼려하기 때문이었다. 행정의 상황을 이해하기 위한 모형으로서 문헌과 문학적 비판을 참고하는 것은 이러한 탐구분야에 대해 우리 자신이 갖고 있는 개념에 도움을 줄 것이다. 만일 우리가 행정의 과학적 모형을 탈피하고 문학적 모형을 지향한다면, 우리는 행정을 다양한 방식으로 보게 될 것이다. 나아가 문학적 모형은 우리로 하여금 발전적이고 비판적인 전망을 갖게 할 것이다. 유명한 문학비평가인 프리에(Northrop Frye)는 문헌을 통한 비판의 역할을 다음과 같이 설명한다.

> 비판은 항상 두 가지 측면을 갖고 있다. 하나는 문헌의 구조에 지향된 것이고 다른 하나는 문헌의 사회적 환경을 형성하는 다른 문화적 현상에 지향된 것이다. 이 두 가지는 서로 조화를 이룬다. 그래서 어느 한 가지 요소가 나머지 다른 요소를 배척하게 되면 비판적 전망은 초점을 벗어나게 된다. 그러나 비판이 적절하게 조화를 이루면, 비판적인 이슈로부터 더 넓은 사회문제로 옮겨 가려는 비판가의 성향은 보다 지성적인 것이 된다(Frye, 1973, 25).

이러한 사실은 교육행정에 있어서도 마찬가지이다. 즉, 비판적 문헌은 교육행정이 자체 내의 내적인 자기관심(self-concerns)에만 빠지는 것을 막는다. 다시 말해, 이러한 사실은 행정이 이루어지는 보다 광범위한 사회적 상황을 고려할 필요가 있다는 것을 시사해 준다. 그렇게 되면 행정은 통제체제의 보급에 대한 관심을 줄이고 대신에 지역사회와 문화체제의 발전 및 재건에 많은 관심을 가지게 될 것이다. 그리고 교육행정이 자체의 본질에 입각하여 과학적 학문보다는 비판적 학문과 연합하게 되면, 비판적인 문헌개발의 필요성은 명백해질 것이다.

학교행정가는, 희극과 비극으로 점철된 인간사를 다루고 있는 것은 문학이라는 점에 착안하여, 부분적으로는 자기 직무의 방향을 정하는 데 있어서 과학적 모델보다는 문학적 모델에 주의를 기울여야 한다. 문학적 모델은 어떤 관점을 제공하그 인간역사에 대한 이해를 제공한다. 또한 그것은 인간들이 서로간에 어떻게 관계를 맺으며 사랑하고 속이며 악한 사람이 되기도 하고 덕망 있는 사람이 되기도 하는지를 보여준다. 행정가들은 학교를 자신들의 교과서(text), 사회, 상황으로 삼는다. 그래서 학교를 이해하는 것은 문학작품을 이해하는 것과 동일한 것으로 볼 수 있다. 즉, 학교는 다면적이고 복잡하며, 하나의 줄거리가 있는 이야기를 엮어 나가는 것과 같다. 이야기의 주제는 공동으로 구상되기 때문에 행정가들은 작가가 아니라 비판가가 될 것이다. 문학비평가로서의 행정가는 주제의 일관성, 주제의 의미, 줄거리와 인물의 전개에 대해 반성적으로 사고한다. 문학비평가들이 자신들이 고찰하는 주제의 도덕성에 대해 비판하듯이 행정가는 나름대로의 도덕적 정직성에 따라 주제의 일관성, 의미, 줄거리와 인물의 전개에 대해 비판할 수 있다. 이러한 비유적 표현을 계속하자면, 문학적 비평가로서의 행정가는 기관의 도덕적 분위기와 문화적 표현, 그리고 상황적 전후관계(contextualism)에 주의를 기울여야 한다. 사실 이것은 행정가들이 지금까지 처신해 온 여러 가지 방식에 대한 적합한 비유이다. 여기에 부가되어야 할 필요가 있는 것은 행정 그 자체가 이루어지는 보다 광범위한 사회적 상황이다. 도덕적 결정을 위한 기회를 제공해 주는 상황으로서의 보다 광범위한 사회적 상황에 대한 분석은 행정이론이 반드시 관심을 가져야 할 사항이다. 도덕적·비판적 실제에 봉사하고 기여하고, 변화를 주지 못하는 이론이라면 그것은 아무런 쓸모가 없다.

우리는 행정이론을 더 높은 차원에서 정립할 필요가 있다. 즉, 우리는 학교교육에 관한 개별적(individualistic) 이론들보다는 문화적 이론과 문학적 이론을, 수단적이고 관료주의적인 합리성보다는 의사소통적(communicative) 합리성을, 탈상황적(decontextualized) 체제보다는 상황을 강조하는 체제를, 실증적이고 행동주의적 어휘보다는 우리 생활의 다양한 측면을 포괄하는 어휘를 필요로 한다.

　행정연구를 위한 하나의 삼층적(三層的) 모형이 필요하다. 층(層,tier)으로 된 새로운 모형이란 한 층은 지각된 현실과 경제적·정치적 구조에 대한 기술을 통해 조직과 행정에 대한 경험적 연구와 관계된 것이다. 우리는 이러한 자료를 통하여 사회조직과 사회분업을 이해할 수 있을 것이다. 두 번째 층은 현실에 대한 개인적 의미구성과 해석을 이해하는 것과 관계된다. 사회적 현실은 상호작용적으로 생성된다. 즉, 사상에서 의미를 발견하려면 탐구와 이해를 필요로 한다. 따라서 행정을 공부하는 학생들은 '무엇' 그 자체(1층)뿐만 아니라 '그 의미가 무엇인가?'(2층)를 캐물어야 한다. 문학적 모형은 모든 상황을 독특하게 다루며, 모든 이야기를 사적으로 다룬다. 소설작품과 마찬가지로 모든 사회적 상황이 장면을 설정하고 일련의 인물을 등장시키며, 그런 다음에 사람들로 하여금 이러한 세계에 참여하도록 하며, 그 세계를 현실적인 것으로 인정하도록 요구한다. 그리고 문학적 모형을 사용하는 행정가는 나름대로 상황을 효과적으로 '간파해야' 한다는 것을 인식한다.

　세 번째 층은 기술과 이해만으로는 충분치 못하다는 점을 전제로 한다. 이해는 정보와 통찰을 제공하지만 진보와 변화를 가져오지 못한다. 세 번째 층은 학문세계의 모든 구성원들로 하여금 진정한 민주적 참여를 성취하도록 지향시키는 비판적 대화(dialogue)를 포함하는 반성적 과정으로서의 비판적 탐구이다. 이러한 의미에서의 행정이론의 모형은 인간의 자유를 목적으로 한다. 첫 번째와 두 번째 층에서의 조직과 행정에 대한 기술과 해석은 사회적 문제에 대한 비판적 고찰과 아주 밀접한 관계를 갖는다. 그러한 비판적 고찰은 단순히 현재의 상황에 주의를 기울이는 것으로는 획득될 수 없는 통합적인 비전과 목적의식을 제공한다. 다시 말해 행정적 지도성이라는 개념은 인간은 현재 상황에 대해 반성하고 비판하는 능력을 가질 수 있으며, 타인들을 움직이는 대안을 개발할 수 있다는 것을 의미한다. 써지오바니(1984, 278)는 "사회질서를 개선하는 일은 교육행정에서 탐구·분석·실제가 중요한 부분이 되어야만 하는 규범적 질(quality)을 제공한다"고 말하는 가운데 이점을 언급한다. 간단히 말해서, "교육행정은 현존하는 상황을 더 좋은 상황으로 변화시키는 것을 목표로 하는 행위절차를 설계하는 과학이다"라고 말한 것은 바로 그런 측면을 뜻하는 것이다.

행정의 합리적, 비판적 그리고 의사소통적 토대는 행정연구에서 관료적인 측면보다는 민주적인 측면에의 강조를 의미하는 것이다. 베이츠(Bates, 1983, 39)는 이를 다음과 같이 말하였다. "내가 생각하기로는 교육적 행정이론을 구성하고 지식의 관리를 위한 적절한 제도적 구조를 구축하는 데 있어서 반드시 참작해야 할 네 가지 이슈가 있다. 그것들은 사회적 관계의 민주화·지식의 민주화·의사소통의 민주화·문화적 관심의 민주화가 바로 그것이다."

베이츠는 행정연구에서 지배적인 관료주의적 체제이론을 강조하는 것은, 교육적으로나 정치적으로 적합한 행정적 실제와 이론을 개발해야 할 필요성을 간과하는 것이라고 주장한다. 교육행정이 참된 교육적 관여를 하려면, 민주적 정치이론이 학교나 학교행정에 대해서 제시하는 시사점을 고려해야 한다. 행정이론은 학교교육이 다른 경제적 계급에 기초한 사회적 관계를 어떻게 고착시키는지에 대하여 관심을 가져야만 한다. 그것은 또한 학교교육 내에서 지식의 분배가 계급 구성원간의 강력한 관계성을 형성시키는지를 알아보기 위하여 지식의 분배문제를 고찰해야 한다. 그것은 또한 참여적 민주주의란 자유로운 표현에 기초한다는 이해를 통해서, 행정과 다른 조직구성원들 사이에 일방적으로 이루어지는 의사소통의 문제를 다루어야 한다. 마지막으로, 행정이론은 민주적이고 비강압적인 형태의 통치를 촉진하는 학교문화의 형성과 재활성화에 관심을 가져야 한다. 이러한 관심사를 통합시키는 행정이론은 노동과 자본의 사적인 점유에 기초한 통제체제의 정당화가 아니라 제도를 합리화하고 개인적 자유를 찬양하는, 진정으로 교육적이고 민주적인 시도가 될 것이다.

교육행정은 기존의 조직구조를 건설하고 분석하는 데 있어서 조직구성원들을 관련시켜야 한다. 만일 우리가 조직이란 기본적으로 "실제(reality)의

사회적 구성이다"(Berger & Luckmann, 1971; Greenfield, 1985)라는 명제를 수용한다면, 행정의 한 가지 역할은 그러한 구조를 통제하는 것뿐만 아니라 그것을 탈신화화(demystify)할 수 있어야 한다. 신화화(mystification)는 조직이 그 자체의 고유한 실체를 갖고 있다는 것을 의미한다. 다시 말해 조직은 개인에 의해 창조되는 역사적 실체가 아니라 인간행동 외부에 존재하는 '대상'으로 보는 것이다. 구성원들의 마음속에 구체화되고 견고히 존재해 온 조직이 그 조직을 보다 인간적이고 정의로운 곳으로 변화시키려 한다면 그 구조에 대한 비판적 분석이 있어야 한다. 그리고 구조의 신비를 벗기는 데는 조직의 내용과 그 정의에 대한 분석이 수반되어야 한다.

행정이 존재(existence)의 조건들과 권력의 구조를 변증법적으로 심사숙고하는 능력, 즉 비판이라는 지적 터전을 가져야 한다는 것은 바로 이러한 결정적인 도덕적 관심으로부터 도출된다. 이렇게 사용되는 의미로서의 변증법은 모든 명제들을 정반대의 입장에서 보는 능력을 의미한다. 예를 들어, 우리가 학교교육제도를 갖는다는 것은 학교교육제도를 갖지 않는 것 역시 고려될 수 있는 또 다른 대안일 수 있음을 의미한다. 우리는 행정, 특히 교육행정이란 권력부여(empowerment)에 관심이 있음을 제안하고자 한다. 사람들은 일상적으로 규정된 교육을 통해서 뿐만 아니라 결정형성의 무대(decision forming arenas)에 대한 접근과 계서 내에서의 자신의 입지에 대한 분석을 통해서 권력을 부여한다. 이러한 권력부여는 구조를 통제하려는 요구와 개인을 해방시키려는 필요로부터 제기되는 긴장을 줄이도록 행정에 대하여 비판적 접근을 할 것을 요구한다. 이러한 명제는 그 설계에 있어 급진적이다. 행정가들은 자신을 종종 권력을 분배하고 제공하는 사람이 아니라 권력을 쥐고 있는 사람으로 생각한다. 그러나 권력은 그것을 넘겨줘야 생겨나는 것이다. 역설적으로 말해서 문학비평가의 역할은 행정가로 하여금 권력이 없는 케이스를 찾고, 권력을 가지지 못한 학생, 부모, 개개의 교사들에게 권력을 부여하도록 자극하는 것이다.

그러므로 행정은 학교교육 그 자체와 그 현실 모두를 이해하기 위하여 가능한 모든 탐구 유형을 사용하는 도덕과학이 될 수 있다. 조직이론, 재생산이론, 변화이론, 비판이론 모두 새로운 행정가들로 하여금 도덕적 의미로서의 행정의 딜레마에 직면하게 만든다.

도덕과학은 따라야 할 손쉬운 해답이나 처방을 의미하는 것이 아니며, 과학적이거나 다른 부류의 행동을 안내하는 비법도 아니라는 것을 의미한다. 사회과학을 일반적으로 소개하고 있는 유명한 경제학자 히르쉬만(Hirschmann, 1983, 31)은 우리에게 "도덕성은 정책제안의 설계를 약간 수정함에 의해 확보될 수 있는 공해감소(pollution abatement)와 같은 것이 아니다. 오히려 그것은 우리가 하고자 하는 연구의 중심부가 된다. 그래서 만일 사회과학자들이 생명력이 있고, 그들 자신이 도덕적 관심사에 접하게 되면 그들은 의식적이든 무의식적이든 간에 도덕적으로 의미 있는 연구를 하게 될 것이다"라고 말했다.

행정이 도덕과학으로 간주 되려면 행정가는 도덕적 딜레마를 다루어야 한다. 그리고 모든 결정은 단순히 기술적 시사점을 갖기보다는 도덕적 시사점을 가져야 한다. 이러한 이해는 기술관료(technocrat)와 행정가를 구별해 준다. 모든 행정적 결정은 그 속에 인간적 삶의 재구조화를 포함해야 한다. 다시 말해, 도덕적 딜레마의 해결이 행정의 중심문제이다. 그러므로 새로운 행정가는 그 분야에 대한 연구뿐만 아니라 이해와 비판적 탐구를 강조하는 일단의 가치들에 따라 움직여야 할 것이다.

제2장
행정이론의 역사에 대한 비판적 고찰

1. 서　언

　　금세기의 행정이론가들은 행정에서 비과학적인 차원을 배제하는 일에 우선적인 관심을 두었다. 학문분야로서의 행정은 금세기 초반의 철학적 운동인 논리실증주의(logical positivism)의 정신으로부터 도출된 과학적 설명들을 통해 밝혀진 이론적 틀에 의존하여 왔다. 논리실증주의는 원칙적으로 '증명될 수 있는' 과학적 지식만이 진정한 지식이며 논리적으로도 '진(眞)'의 형태로 표현될 수 있다고 주장한다. 물론 이러한 논리실증주의는 인간사 중 상당히 많은 것들을 '진리의 세계'로부터 제외시켜 왔다. 따라서 논리실증주의에서는 가치, 윤리 그리고 도덕성 등은 단순히 개인의 주창(assertion) 또는 기호(嗜好)의 대상으로 여겨질 뿐이다. 이와 아울러 논리실증주의는 인간관계의 구조를 은폐시켜 온 신비적 형이상학적 사고를 배제하는 것을 목적으로 한다. 동시에 논리실증주의는 가치의 문제는 과학적으로 무의미한 것이기 때문에 그것들은 고려할 필요나 당위성이 없는 관심사라고 밝힘으로써 인간 가치의 문제에 대한 깊은 탐구를 허용하지 않는다. 이러한 사고방식으로 인하여 가치의 진술은 과학적인 증명이 불가능하다고 본다. 따라서 논리실증주의에서 볼 때 가치진술은 과학적 체계 내에서는 어떠한 의미도 갖지 못한다. 진이고 증명가능한 지식을 제공할 수 있는 유일한 체계는 과학이라고 본다.

　　행정이론은 이러한 지적 토대에 근거하여 정립되었으며 그래서 오늘날까지도 논리실증주의는 행정에 접근하는 지배적인 방법이 되고 있다. 많은 시간에 걸쳐 우리의 제도는 논리실증주의에 의해 생성된 인간과 아이디어에 관한 가정을 무비판적으로 인정해 온 행정훈련프로그램의 구조를 구축하여 왔다. 결과적으로 실무행정가들은 자신들이 일하는 분야에서 가장 중요하며 역동적인 부분—도덕적, 윤리적, 가치적 차원—에 대한 이론적 사고로부터 단절되어 왔다. 행정과 관계가 있는 기술들은 그 자체가 행정적 세계에 대한 이러한 평가적 접근에 기초를 두고 있다. (지지가) 튼튼한 경험적 연구도 우리가 속하게 되는 사회적·교육적 체제의 본질에 대한 이해를 통해 확립된 상황 속에서 평가되어야 한다. 행정이란 기술적 기능(technical skill)만은 아니다. 행정은 일단의 가치와 신념에 따라 세계에 대하여 질서를 부여하는 한 가지 방법이다. 행정은 여러 가지 상황 속에 존재한다. 즉, 행정은 ① 조직의 운영에 관심을 갖는 관리적(managerial) 상황, ② 자원의 배분과 획득에 관심을 갖는 정치적(political) 상황, ③ 기관과 그 기관에 속한 사람들이 발전하고 변화하는 데 관심을 갖는 지도성(leadership) 상황, 그리고 ④ 행정의 본질과 우리의 사회적·문화적 체제 내의 제도들에 관심을 갖는 사회문화적(social and cultural) 상황 속에서 존재한다. 마지막 상황인 사회문화적 상황은 교육행정의 연구에서 자주 무시되어 왔으나 행정과업에 대한 적절한 이해를 위해서는 아주 중요한 상황이다.

2. 이론의 발전과정

여러 가지 행정상황을 이해하기 위해서는 먼저 행정학의 이론에 대한 역사적 현재적 위상을 이해하고 현재의 정통적 이론에 대한 비판을 전개하는 것이 필요하다. 현행의 교육행정은 심리학, 사회학, 경영학으로부터 차용된 다양한 아이디어들에 의해 지적으로 성숙되어 왔다. 여기에서는 교육행정에 대한 이들 아이디어들과 그것들이 갖는 이론적 시사점은, 특히 학교교육의 조직(organization of schooling)에 대립되는 것으로서의 학교의 행정

(administration)에 주요한 영향을 미쳐온 이론들에 초점을 두고 평가될 것이다. 교육행정의 역사에 대한 이해는 현재의 행정상황에 대한 행정가들의 반성적 이해에 필수적이기 때문에 먼저 학교에서의 행정적 행위의 과학적 이론화 운동의 바탕이 된 행정학과 경영학의 역사적 발전과정을 제시하기로 한다.

(1) 과학적 관리

금세기 초부터 널리 통용되어 온 아이디어의 소유자인 테일러(Frederick Winslow Taylor)는 행정학의 체계를 세우는 데 영향을 미친 개념체계인 과학적 관리(scientific management)의 시조로 간주될 수 있다. 테일러리즘으로 알려지기도 한 과학적 관리는 행정의 직관적, 예술적 방법을 배제하고 그 대신에 행정을 엄격한 자료와 실제적 사실들에 의해 정보가 주어지는 관리과학(science of management)으로 대치하고자 하였다. 과학, 시간, 동작 그리고 효율성은 이러한 접근의 대표적 특징이다. 테일러는 산업공학분야에 상당한 공헌을 하였으며 관리에 대한 그의 아이디어는 곧바로 다른 영역으로도 확산되었다.

테일러는 모든 직무에는 가장 효율적으로 수행될 수 있는 한 가지 최선의 방법이 있다고 주장하였으며, 테일러리즘이란 바로 그 방법을 찾는 데 몰두하는 것이라고 말하였다. 테일러리즘은 생산성을 증대하기 위한 가장 효율적인 동작을 결정하기 위해 열성적이고 때로는 집요하게 스톱워치를 사용하여 왔다. 이런 경우에 관리의 역할이란 과업을 가장 효율적으로 수행하는 방법을 찾고 그럼으로써 근로자들이 자신들에게 맡겨진 잡일(chores)을 수행하는 방식에서 선택의 재량권을 갖지 못하도록 가장 세세하고 구체적인 훈련을 제공하는 데 있다. 이것은 역으로 가장 효율적인 생산스케줄과 근로시간의 가장 효율적인 사용을 가능케 하는 원인이 될 것이다. 즉, 효율성의 증대는 보다 높은 생산성, 보다 나은 수익 그리고 그 결과로 불만 섞인 논쟁의 종식과 더 높은 보수를 가져오는 원인이 될 것이다(Taylor, 1947). 본질적으로 테일러리즘은 작업장(workplace)을 표준화하기 위해 계획된 기계적 체제(mechanistic system)였다. 테일러리즘은 노동(조)지도자들로부터 엄청난 호전적인 반응을 받았으나 기업으로부터는 시행되기도 전에 호평을 받았다.

테일러리즘은 작업장의 효율성을 향상시키기 위한 몇 가지 원칙들로부터 나왔다. 예를 들어, 테일러는 과학적 관리는 열세 개의 주요원칙에 의존한다고 제시하였다. 칼라한(Callahan, 1962, 28~34)은 열세 개의 원칙들을 다섯 개의 주요 요소로 요약 제시한다.

① 시간동작연구－특정작업을 완수하는 데 필요한 구체적인 시간과 신체 동작의 발견
② 직무의 표준화－모든 근로자가 따를 수 있는 특정의 반복적인 작업순서의 발견
③ 하루 동안에 수행할 만한 특정 과업의 분류와 기록
④ 기능적 십장제의 개발－근로자들의 일일과업을 파악하고 효과적으로 감독할 감독자의 훈련
⑤ 조직 속에서 직무를 분석하고 그것들을 과학적 관리의 원칙에 맞도록 개발하는 기획부서의 설치

브레이버만(Braverman, 1974)은 어떻게 해서 테일러리즘이 많은 현대의 관리이론과 관리실제의 토대가 되었는가를 설명한다. 그는 테일러리즘은 개개 근로자가 갖고 있는 기예적(craft) 지식을 포함하고 있으며, 이를 구성부분으로 분할하여 체계화시켰으며 그런 다음에 각 부분에 대한 관리의 전권을 통제함으로써 개개 노동자를 '단순숙련화하는(deskilling)' 결과를 가져오도록 하였다고 주장한다. 따라서 일단 노동자가 습득한 것－기예에 필요한 기술, 기법 그리고 지식—은 관리자의 소유가 되며, 노동자의 유일한 역할은 관리자의 지시에 따라 생산하는 것이다.

테일러리즘은 교육에 중요한 영향을 미쳤다. 시카고대학의 교육행정학 교

수인 보비트(Franklin Bobbitt)와 스탠포드대학교의 교육학과장이자 교육행정분야의 많은 저술을 한 큐버레이(Ellwood Cubberley) 두 사람은 테일러의 원칙들을 열성적으로 교육에 폭 넓게 적용하려 하였다. 그들의 견해에 의하면 교육체제도 기업조직의 운영과 아주 유사하다. 즉, 노동자에 대해 교사, 생산품에 대해 학생 그리고 관리자에 대해 행정가를 대비시킬 수 있다. 그러므로 강력한 과학적 관리는 베들레헴(Bethlehem) 강철회사에서처럼 학교에서도 그 효과를 볼 수 있다고 보았다. 큐버레이(Cubberley)는 다음과 같이 주장한다.

> 학교의 감독자들이 현재 전개되고 있으며 시행되고 있는 형태의 기준들과 단위들을 통해서 자체의 약점과 강점의 지표가 될 수 있는 학교체제에 대한 조사를 하고 그 결과로부터 더 좋은 방법과 절차들을 이해하는 것이 가능하다. 시간이 흐르면서 어떤 학교체제도 학교의 효율성 전문가들이 만든 검사를 통해 학교 직무의 모든 단계에 대한 계속적인 연구를 수행하고, 그럼으로써 직무수행 중에서 자주 나타나는 약점을 막는 것이 가능할 것이다(Cubberley, 1916, 325).

보비트는 교육에 대해서도 유사한 접근을 취하면서, 특히 교육과정의 개발에 특별한 관심을 가졌다. 그는 학교행정은 장래의 생활에서 요구되는 학교체제의 "산출"이 무엇인가에 대하여 관심을 가져야 한다고 믿었다. 이를 위한 구체적인 기술들의 목록을 확인하기 위해 기업조직의 지도자들을 연구해야 할 것이며 그런 다음에 행정은 이러한 기술을 교수하기 위한 구체적인 목적을 설계할 수 있을 것이라고 보았다. 보비트는 과학이 교육에 미치는 영향을 알아보는 데에 폭 넓은 주의를 기울였다.

> 현재 교육의 모든 중요한 측면에 대해서 과학적 방법이라는 기법이 개발되고 있다. 실험연구소와 학교는 교육과정을 측정하고 평가하는 다양한 형태의 정확한 방법을 개발하고 있다. 미국교육측정국은 결과를 분석하고, 구체적인 상황을 진단하며, 나아가 처방을 내리는 과학적 방법을 개발하고 있다. 과학적 방법은 예산편성,

성적평가와 진급제도 등의 분야에도 적용되고 있다(Bobbitt, 1924, 41).

이들 교육학자와 1910년에서 1930년 사이에 책을 저술한 많은 사람들은 장래의 행정가를 교육시키거나 책과 논문을 출판하며, 나아가 다양한 학술대회의 연설 등을 통해 이 분야에 중요한 영향을 디쳐왔다. 이를 요약하면,

> 교육행정분야의 신진교수들은 대학에서 연구한 기준을 갖고 "누가 좋은 교육위원인가"에 관한 엘리트적 가정과 학교조직의 협력적 모델에 대해 평가하였다. 그들은 학교체제의 투입과 산출을 측정하는 과학적 방법들을 관리의 도구로써 개발하고자 시도하였으며, 학교가 새로운 산업적 사회적 조건들에 부응하도록 자체의 구조와 교육과정이 합리화될 수 있는 방법을 탐색하고자 하였다(Tyack, 1974, 136).

이들 교육학자의 관점은 아직도 교육분야에 강력한 영향력을 행사하고 있으며 교육과 교육행정에서 나타나고 있는 많은 연구들을 지배하고 있다. 그러나 1930년대에 이르러 이러한 접근은 수정되어야만 하였다.

(2) 인간관계 운동

일반적이면서도 약간은 부정확한 인간관계운동이라는 명칭은 웨스턴전기회사의 호손공장에서 1920년대 후반에 시작된 일련의 연구프로젝트에 의해 생성된 이론적 관점에 적용되는 말이다. 본래 이 연구는 생산성 증대의 원인이 되는 산업조건들을 조사함으로써 테일러의 연구를 확대시키는 데 목적이 있었다. 최초의 연구는 근로자들에게 제공되는 조명의 수준에 관심을 가졌다. 즉, 하나의 실험에서 한 집단에게는 조명을 일정한 수준으로 유지해 주었고, 또 다른 집단에게는 조명의 수준을 감소시켰다. 연구자들은 조명의 강도 변화에도 불구하고 실험집단과 통제집단 모두에서 생산성이 올라갔다는 사실을 발견하였다. 후속연구에서는 이러한 변칙성을 설명하기 위해 하버드

대학교 교수인 메이요(Mayo)와 뢰스리스버거(Roethlisberger)가 생산성 증가의 원인이 무엇인가를 알아보기 위해 실험 집단의 근무조건을 조작하였다. 일을 하고 있는 여섯 명의 여공을 관찰하는 가운데, 연구자들은 휴식시간을 늘려 보기도 하고 줄여 보기도 하였으며, 또한 여공들의 근무환경을 변경시키기도 하였다. 연구자들은 근무조건을 원래대로 환원시키는 등 근무환경을 조작하였으나 그 어떤 것도 생산성에 영향을 주지 않는다는 사실을 발견하였다. 연구자들은 최종적으로 연구자들의 주의의 대상이 되고 있는 바로 그 사실, 즉 통제집단 속에서 나타나고 있는 사회적 관계성의 형태와 결부된 사실들이 집단의 산출에 영향을 미쳐왔다고 결론지었다.

호손연구들은 직무상황에서의 사회적 관계의 형태들이 일차적이지는 않더라도 대단히 중요하다고 결론지었다. 배선실을 대상으로 한 최종연구는 동료와의 상호작용이 근로자의 산출을 통제해 왔음을 밝혔다. 예를 들어, 성과급제도가 실시 중일 때는 근로자들은 관리자가 평균적인 산출에 대해 불만족해 할 정도로 다른 사람이 초과생산하지 못하도록 각 사람의 산출을 규제하는 규범을 정하는 경향이 있었다. 그러므로 비공식적 집단과 비공식적 지도성 구조라는 개념이 사회과학에 소개되었다. 이러한 개념들은 지금도 문헌에서 자주 나타나고 있으며 일관된 보편적인 관리개념이다. 많은 사회학자들은 때때로 관리자들이 비공식적인 구조를 통제하기 위한 관리적 시도를 통해 근로자들을 다스리기 위한 수단으로, 이들 개념들을 어떻게 사용하여 왔는가를 논의하였다.

호손연구들은 연구의 결과, 연구의 방법론 그리고 연구에서 가정된 목적의 측면에서 비판을 받아왔다(Carey, 1967을 참고). 어떤 의미에서 사회심리학자들은 호손연구들을 작업장에서의 심리학적 지식에 근거를 둔 관리개입(intervention)의 이론을 발전시키기 위한 토대로 삼았다. 본질적으로 호손연구는 인간심리학의 관점에서 직무에 대한 단순한 경제적 접근은 부적절하며 잘못된 것이라고 주장함으로써 테일러리즘 운동의 관점을 변경시킨다. 나아가 호손연구진들이 적용한 모델은 그 후 연구의 주요 초점에 영향을 준

사회체제 이론의 전단계적 모습(번안)을 제시하였다(Burrell & Morgan, 1979, 이러한 논쟁을 전개). 이러한 계통의 연구는 작업장의 근로자들을 여러 가지 요소들로 구성된 한 체제 내에서 평형상태와 불평형상태가 공존하는 예시(exemplars)로 보았다. 다시 말해 작업장 내의 여러 가지 조건들(사회적 조건, 물리적 조건, 가족의 배려 등)이 근로자에게 영향을 주기 때문에 생산성은 증가하기도 하고 감소하기도 한다. 이것은 단순히 원인-결과의 관계성이라고 볼 수 있지만, 실제에 있어서 원인이 되는 조건들은 아주 복잡할 것이다. 여러 가지의 상호작용이 동시적으로 발생하였고, 그래서 호손연구들은 그러한 상호작용 중 몇 가지를 발견하고자 시도하였다. 요즘에는 근로자의 수행, 직무만족, 작업장에서의 생활의 질, 의사결정시 근로자의 참여, 그리고 지도성에 관한 연구 등을 자주 접할 수가 있게 되었는데 그것들은 모두 호손연구들과 이러한 연구변인들과의 관계성을 추적하는 것이다.

인간관계운동은 과학적 관리의 '정(正)'에 대한 공식화에 필요한 '반((反, antithesis)'을 제공하였다. 인간관계운동은 조직의 구성원들 사이에서 나타나는 비공식적 조직의 중요성과 문화적 체제의 형태를 강조하였다. 또한, 조직에서 인간적 요소의 중요성을 지적하고 그럼으로써 테일러리즘의 기계주의적 개념을 반박하였다.

그럼에도 불구하고 인간관계운동도 단순히 노동자들을 통제하기 위한 또 다른 도구로 작용해 온 일단의 개념들을 관리에 제공하였다. 에치오니(Etzioni, 1964, 40)가 지적하다시피 "많은 인간관계론의 저술 속에 함축된 의미는 사회과학자들이 할 일은 관리가 모든 당사자들의 이익에 사회적 공학(social engineering)이라는 기예(art)로써 어떻게 개입하는가를 밝혀주는 것임을 암시하고 있다." 즉, 인간관계운동은 관리에 필요한 강력한 개념들을 개발하였다. 말하자면 비공식적 조직을 통제할 수 있다면 본질적으로 생산, 결근, 품질의 질 등에 관한 규범을 설정하는 동료들간의 의사소통망을 통제할 수 있다는 것이다. 생산, 보수 그리고 다른 요소들의 측면에서의 근로자들의 정당한 요구는 결코 강조되지 않는 대신, 오로지 어떻게 하면 추가적인 관리비용을 들이지 않고서도 기업의 생산성이 증가될 수 있는가를 파악하는 데 강조점을 둔다.

이러한 관리적 편견에도 불구하고 인간관계운동은 행정이론에 중요한 영향을 미쳤다. 인간관계론이 조직발전과 조직변화에서 중요한 주제로 남아 있다 할지라도, 인간관계운동과 현재의 행정적 의사결정의 초점들은 점진적이고 체계적으로 테일러리즘의 기본적인 업적—즉, 관리(자)의 수중에 통제권을 집중—을 강화시켜 왔다고 주장하는 것은 일리가 있을 것이다. 현재의 모델들은 육체노동자와 정신노동자간의 테일러적 구분을 계속하고 있다. 말하자면 우리들 중 대부분은 육체적 노동을 한다.

3. 현대의 사회과학이론

(1) 바나드

초기의 테일러리즘과 인간관계학파들은 생산성을 증가시키기 위하여 작업장의 조건을 개선할 것을 강조하였다. 그 후의 이론들은 행정의 '과학적' 연구와 행정가들이 조직상황에서 어떻게 행동하게 되는가에 더 많은 관심을 가졌다.

바나드(Chester Barnard)는 이러한 양자간의 노력을 중개한 연결자로 간주될 수 있다. 그가 1938년에 처음 출판한 『행정가의 기능』(The Function of Executive)이라는 책은 조직문헌에 지배적인 영향을 준 것 중의 하나이다. 바나드는 전체조직을 상호관련된 부분들로 구성된 복합체제(complex system)로 고찰하는 예지를 가졌다. 그의 공헌은 학계의 학자들에 의해 생성된 많은 후기 조직이론의 일부분으로 통합되었다.

미국 뉴저지주에 있는 벨(Bell)전화회사의 사장인 바나드는 자신의 직업에 대해 신중한 사고를 하였으며, 행정과 조직의 이해에 대한 아주 현대적인 접근을 제공하였다. 그는 그가 내린 조직의 정의 속에서 반영되고 있는 것처럼, 체제 속에서의 행정적 요소들과 인간적 요소들에 주의를 기울인다. 즉, 그는 "조직은 ① 공통의 목적을 달성하기 위한 ② 행동에 공헌할 의지가 있는 ③ 다른 사람들과 의사소통할 수 있는 사람들이 존재할 때 조직은 출현한다고 본다. 그러므로 조직의 요소는 ① 의사소통, ② 봉사하고자 하는 자발적 의지, ③ 공통의 목적이다"(Barnard, 1968, 82)라고 본다. 따라서 바나드는 이후의 행정이론가들에 의해 확대되는 몇 가지 발생적(generative) 아이디어들을 개발하였다.

행정에 대한 바나드의 견해 중에서 많은 부분은 현재에도 아주 널리 통용되고 있다. 예를 들어, 그는 행정가의 일차적인 역할은 조직에서 도덕적 지도성을 확립함으로써 협동체제를 발전시키는 데 있다고 주장하였다. 여러 가지 면에서 바나드의 연구는 현재 강조되고 있는 조직문화의 씨앗을 뿌린 셈이다. 그는 조직의 지도자들은 보상과 벌에 강조점을 두는 테일러리즘에서 탈피하여 상호적 노력과 협력이라는 문화를 창조할 책임이 있는 존재들이라고 보았다.

그러나 바나드의 조직이론이 문제가 없는 것은 아니었다. 특히 그는 권위와 회사 내에서의 사회적 관계에 관하여 문제가 될 수 있는 이론을 전개하고 있다. 바나드는 권위는 명령을 받아들이고 순응하려는 추종자들의 의지에 달려 있다고 주장한다. 이것은 실제 조직 내에서의 모든 행동은 자의적이고, 추종자는 명령에 따를 것인가 아닌가를 결정하는 데 있어서 넓은 자유를 구가한다는 것을 의미한다. 이것은 실제 추종자가 명령을 거부할 때 상사가 가할 수 있는 보복(대응)이 존재하고 있다는 사실을 무시한 것이다. 이러한 권위의 재분배(retribution)는 상황을 아주 극적으로 변화시킨다. 바나드는 조직을 각자가 자체의 일을 하고 조직효과성에 동등하게 공헌하는 협력적 요소들로 구성된 하나의 사실적인 체제라고 보았다. 그러나 조직의 실체들은 ㅡ그것들의 갈등, 협상 그리고 정치ㅡ이와는 아주 서로 다른 것으로 보인다.

(2) 싸이몬

경제학 분야에서 노벨상을 수상한 싸이몬(Herbert Simon)은 최초의 현대적인 행정과학자로 간주될 수 있다. 비록 바나드의 초기연구에 힘입은 바 크지만, 싸이몬의 저서 『행정행위』(Administrative Behavior, 1965, 최초의 출판은 1945년)는 과거의 행정연구에 대한 그의 비판, 그리고 조직에 대한 행동과학적 설명의 전개로 인하여 명성을 얻었다. 초기의 많은 관리이론가들은 가령 "행정효율성은 집단간의 과업의 전문화에 의해 증대된다", "행정효율성은 확고한 권위계층 속에 집단구성원을 배열시킴으로 증가된다", 나아가 "행정효율성은 어떤 시점에서는 계층 내에서 소수의 사람들에게 통솔 범위를 한정시킴으로써 증대된다"는 등과 같은, 일반적으로 수용되는 아이디어를 포함한 조직운영의 원칙을 발전시켜 왔다(Simon, 1965, 20~21). 그러나 싸이몬은 그가 이름붙인 것처럼, 초기 행정가들의 '행정원리', 특히 규릭(Gulick)과 어윅(Urwick)의 연구(1937)를 몹시 비판했다. 각각의 원칙에 대한 반대예증을 통해서 싸이몬은 행정이론의 '재구성'이 필요하다고 생각하는 중에 자기 자신을 하나의 주요세력으로 설정하였다. 그의 주요한 공헌점은 행정이론을 권위의 연결망, 통솔범위와 같은 외적 구조들의 분석으로부터 행정가의 내적, 인지적 의사결정과정을 검토하는 것으로 그 방향을 재조정한 데에 있다. 그가 말하는 것처럼 "문제는 '행정의 원리들'을 행정적 상황을 기술하고 분석하는 단 하나의 기준으로 취급한 데서부터 비롯되었다. ……행정조직을 운영하는 것과 마찬가지로, 행정조직을 설계하는 데 있어서 전반적(over-all) 효율성이 일차적 기준이 되어야 한다"(Simon, 1965, 35~36).

이것이 싸이몬이 수행한 대부분의 연구주제이다. 효율성(efficiency)−자원의 현명한 활용−과 효과성(effectiveness)−조직목적의 달성−에 대한 바나드의 개념구분에 기초하여 싸이몬은 첫째로, 개개 구성원이 완벽하게 합리적인 결정을 내릴 수는 없다는 능력의 한계, 둘째로 개인적 의사결정을 내리는 데 필요한 가치조건(value condition)과 구조를 설정하는 데 있어서

조직이 더 넓은 능력을 가져야 하고 그것이 필요하다는 것을 강조하는 조직
수행(organizational performance)에 대한 사회적 심리적인 강조점을 전
개한다. 그러므로 개인들은 조직의 의도와 목적의 한계 내에서만 합리적인
결정을 내릴 수 있다. 따라서 그러한 결정은 최소의 노력을 통한 최대이익이
라는 조직효율성의 원칙에 의해 판정을 받기 마련이다.

싸이몬은 이러한 노력을 통해 장래 행정학도들이나 조직학도들을 양성하
기 위한 대원칙을 설정하였다. 그는 행동과학(behavioral science)에 기반
을 둔 행정학을 강조하였으며 "행정이론의 새로운 지평을 열었다"(Etzioni,
1964, 30). 조직은 단지 과업수행—즉, 종업원은 어떤 일이든지 간에 자신
들에게 하도록 되어 있는 직무수행—뿐만이 아니라 의사결정—상급자는 생
산에 직접 참여하지 않으나 생산에 관한 결정을 내림—으로 이루어진다는
것을 지적함으로써, 싸이몬은 조직이론화의 새로운 차원을 열었다. 합리성에
관한 이론을 전개하면서 싸이몬은 다시 조직분석을 첨가하였다. 말하자면 그
는 의사결정자는 최선(best)의 결정을 할 수는 없으며 그들이 결정과정에서
접근할 수 있는 대안들에 인지적으로 한정되어 있기 때문에, 단지 특정상황
하에서의 최선의 결정에 '만족해야(satisficed)' 한다고 생각하였다. 이러한
개념은 심리학과 조직이론 모두에서 중요하게 받아들여졌다.

그러나, 싸이몬의 공헌점 역시 올바른 판단력을 갖고 보아야 한다. 그가
조직과 행정을 설명하기 위해 사용하고 있는 특정 체계 내에서 보면 그의
이론이 빛날지 모르겠으나 그 체계 자체는 논쟁이 있을 수 있다. 싸이몬은
자신의 행정적 견해의 토대로써 철학적 입장을 의식적으로 정립한 그리 많
지 않은 사람 중의 하나로 간주될 수 있다. 말하자면 그는 논리실증주의라는
철학을 이용하였다. 논리실증주의 철학은 윤리적 진술들은 전혀 의미 있는—
증명가능하고 검증가능하다는 의미에서의 '의미 있는'—내용이 없다고 주장한
다. 증명할 수 있는 진술들만이 논리적으로 진(眞)이거나 경험적 사실과 일
치한다는 것이다. 그러므로 과학은 가치 또는 윤리의 문제를 결정하는 데 관
심을 갖는 것이 아니라 단지 사실을 기록하는 데 관심을 갖는다. 싸이몬은

이러한 입장을 취함으로써, 그 자신이 이 책의 나머지 부분들에서 도전을 받게 될 명제인 "과학의 체계 내에는 윤리적 주장의 여지가 없다"고 말하다시피(Simon, 1965, 253), 행정학은 윤리적인 내용에 관심을 갖는 것이 아니라 단지 사실적 진술에 관심을 가져야 한다고 결론을 내렸다.

본질적으로, 싸이몬은 행정연구에 대한 당대의 접근을 위한 한 단계를 설정하였다. 싸이몬이 행정학에 미친 괄목할 만한 영향은 다음과 같은 진술들로 요약될 수 있다.

① 행정은 자연과학과 대등한 과학이 될 수 있다.
② 행정학은 논리실증주의에 기반을 둔다.
③ 행정학은 탈가치적(value free)이며 객관적이다.
④ 행정학은 정확한(correct) 결정에 대한 연구와 정확한 결정을 내리는 과정에 관심을 갖는다.
⑤ 행정학에서 합리성이란 목적을 달성하기 위한 수단의 선택으로 정의된다.
⑥ 달성해야 할 목적은 행정학자들의 관심사가 아니라 정책형성집단들에 의해 설정된다.

이러한 주장들은 행정가들은 그들의 결정에 영향을 주는 가치에 신경을 써서는 안되고, 행정은 일단의 기술적인 명제들로 변형될 수 있으며, 따라서 행정은 오로지 효율성을 유지하는 데 관심을 가져야 한다는 것을 의미한다. 우리는 이러한 주장에 동의해서는 안된다.

(3) 현재의 접근들

현대의 교육행정이론은 테일러리즘, 인간관계론 그리고 근대적 사회과학의 관점들이 결합된 것으로 볼 수 있다. 1950년대의 교육행정이론의 본질은 최근까지 계속되어 그에 대한 논의가 확대되고 있는 몇 가지 주제가 되었다. 본질적으로 싸이몬이 제안한 계열을 따라 교육행정학을 전개하느냐의 문제를 둘러싼 논쟁이 전개되어 왔다.

1930년대부터 1970년대까지의 교육행정이론은 본질적으로 정반대의 방향을 취해 왔다. 한 가지 이론은 학교의 상황으로부터 전개된 실제적 관심에 대한 것이었다. 이것들은 테일러와 테일러 이론을 교육에 보급한 사람들에 의해 제안된 과학적 분석의 형태를 적용할 가능성이 있는 것으로 기대되었다. 이러한 노력은 자료수집을 강조해서 학교가 보다 효과적으로 관리될 수 있도록 행정의 실제를 합리화시키려고 시도하였다. 그러나 수집된 자료들은 단정적인 결과를 산출해 내지 못하였다. 미국교육연합회(NEA)의 11차연감은 교육연구는 기본적 이슈의 많은 것을 아직껏 해결하지 못했다고 주장하면서 더 연구해야 할 다음과 같은 몇 가지 주제를 제안하였다.

① 현재의 대학입학 자격조건은 타당한가?
② 중등학교 교육과정은 미국 청소년의 욕구를 충족시키도록 개정될수 있는가?
③ 성인교육의 방법들은 초등교육의 방법들과 어떻게 다른가?
④ 태도는 측정될 수 있는가?
⑤ 교수능력은 예측될 수 있는가?
⑥ 직업교육은 언제가 효과적인가?
⑦ 학교는 어느 정도로 아동에게 미치는 가정의 영향을 조절할 수 있는가?
⑧ 직업적 훈련은 언제 제공되는 것이 수익성이 가장 좋은가? 그러한 훈련은 학교에서 효과적으로 제공될 수 있는가?(NEA, 1933, 311)

그러나 1950년대 후반에 이르러 두 번째 조류가 나타났다. 교육행정의 연구는 행정에 관한 설명적(explanative) 이론을 거발하는 데 도움이 될 것으로 생각되는 자료를 축적하는 것에 지향되고 학교체제의 일상적 문제를 해결하는 데 별로 지향하지 않았다. 싸이몬은 이처럼 교육행정 연구의 강조점을 이행시키는 데 있어서 중요한 인물이었다. 나아가 일반적인 환경은 서양세계의 기술적 발전, 엄격한 이론적 분야로 인상이 지워진 성공, 그리고 사회과학의 선호적(preferred) 정당성을 갖는 것으로서의 +논리실증주의의 우월성의 영향을 받았다. 새로운 교육행정학도들은 행정학자, 심리학자 그리고 사회학자들이 개발한 새로운 아이디어에 의해 영향을 받은 사람들이기 때문에, 이러한 지적인 분위기에 젖어들었다. 그들의 연구는 공리적 법칙에 기반을 둔 적출의 과학(legitimate science)을 구축하는 데 혼신을 다하는 운동인 교육행정의 '이론화 운동(理論化 運動, theory movement)'을 일으켰다.

켈로그(Kellogg)재단으로부터 재정지원을 받은 많은 주요 대학들은 교육행정과학(science of educational administration)을 발전시키는 데 있어서 주도권을 잡으려고 노력하였다. 이들 대학들은 당시에 불신 받고 있는 행정의 원리나 개념들의 제거와 적절한 학문적 토대의 발전을 요구해 온 지도자들인 겟젤스(Jacob Getzels), 핼핀(Andrew Haipin) 그리고 그리피스(Daniel Griffiths) 같은 이론가들에게 연구할 수 있는 안식처를 제공해 주었다. 이론화 운동은 여전히 오늘날의 교육행정교수들의 일차적 초점이 되고 있다. 교육행정의 교재들은 이러한 사실을 입증하고 있다. 예를 들어, 실버(Silver, 1983); 호이와 미스켈(Hoy & Miskel, 1982). 크네제비치(Knezevich)는 행정과학의 전개에 대하여 다음과 같이 논평한다.

> 교육행정은 결코 물리학과 같은 자연(hard)과학의 특성인 엄격하게 구조화된 이론을 획득할 수 없다. 다시 말해 인간의 행동은 전자(電子)의 움직임이나 무생물적 대상들과는 달리 정서(情緖)에 의해 좌우될 수 있으며 시·공간적 선행사건과 자극에 의해 더 영향을 받는다. 그럼에도 불구하고 최소한의 확률적 수준에 입각하여 조직 또는 다른 분야에서의 인간행동의 선행사건과 결과간의 일단의 함수적 관계성을 설정하는 것은 가능한 일이다. 이러한 접근은 행정적 결정에서 나타날 수 있는 오류의 한계를—완전히 제거시킬 수는 없을지라도—줄이는 것을 가능케 해 준다(Knezevich, 1984, 135).

비록 크네제비치가 행정과학은 결코 사회물리학(social physics)이 될 수는 없다는 것을 인정할지라도, 행정과학의 유용성을 호의적으로 수용한 것은 그가 주장한 내용의 효과를 감소시키지는 않는다. 우리가 여러 가지 측면에서 바위, 야생사과 그리고 전자와 인간을 구별시켜 주는 것이라고 생각되는 정서가 이러한 이슈들을 혼탁하게 한다. 다시 말해, 아마도 우리가 이러한 정서적 중복(overlap)을 제거할 수 있었다면, 행정행위의 실제적 깊이를 탐사할 수 있었을 것이다. 행정과학이 무엇인가에 관한 이러한 행동주의적 실증주의적 분석은 몇 명의 사상가들과 분리하여 설명할 수 없다. 이것은 대개의 학문에서 그렇다. 마찬가지로 초기의 교육행정 교수들도 그 당시 새로운 아이디어들을 자극했던 것이 무엇인가를 밝힘으로써 행정분야에 도전하였고, 연구와 이론에서 통용되고 있는 내용의 부적절성을 지적함으로써 이를 비판하였다. 컬벗손은 이론화 운동의 토대가 되는 기본적인 아이디어들을 다음과 같이 요약한다.

① 행정가들 그리고 조직은 '무엇을 해야만 하는가(ought to do)'에 관한 진술은 과학 또는 이론 속에 포함될 수 없다.
② 과학적 이론은 현상을 '있는 그대로(as they are)' 다룬다.
③ 효과적인 연구는 이론 속에서 출발하며 이론에 의해 유도된다.
④ 가설-연역적 체제는 이론의 가장 좋은 예이다.
⑤ 사회과학은 이론개발과 훈련에서 필수적으로 활용되어야 한다.
⑥ 행정은 모든 형태의 조직에 가장 잘 적용될 수 있는 일반적인 개념으로 간주될 수 있다(Culbertson, 1983, 15).

이들 학자들은 학문으로서의 행정은 "내가 교육위원회를 어떻게 관리해야 하는가"식의 문제로부터 보다 추상적이고 일반화될 수 있는 관심사로 나아가는 것이 필요하다고 지적하였다. 행정의 실제와는 대조적으로 행정과학은 행정이 어떠해야 하는가(ought to, should be)를 기술하는 것이 아니라 행정은 무엇인가(what is)를-마치 생물학이 대합조개란 무엇인가를 기술하는 것이지 그것을 먹는 방법을 기술하는 것이 아니라는 것에 비유하여-기술하였다. 과학자는 또한 상당한 정도로 실제로부터 이론을 분리시켜야만 한다.

왜냐하면 이론은 관련된 모든 상황에 추상적이고 일반화가 가능한 반면 실제는 구체적인 상황에 국지적(局地的)이기 때문이다. 그러므로 이론은 실제로부터 출발해서 상황적 이해를 도모하기보다는 가설을 세워서 주로 계량화(計量化)된 연구를 통하여 그 가설을 검증함으로써 잘 도출된다. 이렇게 하기 위해서 교육행정이론가들은 심리학, 사회학, 그리고 어느 정도는 경제학에 주의를 기울여야 한다고 본다. 마지막으로 이러한 논쟁에서 행정은 학문간의 교류를 통해 연구될 수 있는 생성적인(generic) 분야라는 것을 말해 준다.

핼핀은 자기 자신의 이론에 대한 확실한 동조세력을 얻지는 못했을지라도, 그의 연구는 이론화 운동의 최선의 예를 제공한다. 새로운 이론의 개발을 예증적으로 설명한 1966년의 『행정의 이론과 연구』(Theory and Research in Administration)에서, 그는 교육행정의 연구를 안내하기 위한 '패러다임'을 구체화시킴으로써 그의 연구의 서막을 열었다. 그 패러다임은 새로운 운동에서 요구되는 모든 차원을 갖고 있다. 즉, ① 조직의 과업, ② 지도자의 행위, ③ 지도자의 행위와 연결된 변인, 그리고 ④ 효과성의 기준에 주의를 기울인다(1966, 42~43). 핼핀(1966, 44)은 연구에 필요한 다음과 같은 기준을 설정한다. 즉, "① 우리의 탐구를 행위 또는 행위의 산출 속에서 정의 가능한 참조물을 갖고 있는 개념에 국한하는 것이 바람직하다. ② 행위에 대한 기술(記述, description)과 행위에 대한 평가(evaluation)를 구분하는 것이 중요하다." 그리하여 핼핀은 행정이란 무엇을 해야만 하는(ought to do) 것이 아니라 행정이 하는 일이 무엇인가(what is), 그리고 그들의 직무상황 중 행위적 측면을 검토함으로써, 행정행위라는 새로운 사회과학의 기준을 순순히 따른다.

그러나 이러한 아주 괄목할 만한 책의 후반부에서 핼핀은 학교행정가는 진정으로 예술(arts)과 인문학의 훈련을 받아야 한다고 제안함으로써, 실증주의적 접근에서 벗어난다. 핼핀은 광범위한 문학작품을 인용함으로써 행정가가 당위적으로 해야 할 일이 무엇인가에 대한 자신의 진정한 관심을 표명한다. 핼핀은 이론화 운동의 옹호자들이 직면하는 특정의 문제에 대해 웅변적 변론으로 자신의 인간성(humanity)을 보여준다.

여기서 나는 내가 생각하기로, 감독자와 과학자 양 진영으로부터 나를 소외시키는 것에 대해 최후의 일격을 날릴 것이다. 나의 중심사상을 되풀이하면, 만약 우리가 관찰하는 방법—'외부' 대상이 무엇인가를 알기 위한 방법—을 알고자 한다면, 우리는 감독자들과 과학자들 모두가 어리석게도 무시하여 왔던 풍부한 유산, 즉 인문학(humanities)의 유산을 이용할 수 있었으면 좋았을 것이라고 나는 제안한다. 인간조건의 복잡한 수수께끼를 검토하고 기술하는 것 이상으로 그 무엇이 시인, 극작가, 소설가의 기능일 것인가? 창조적인 예술가보다 그 누가 인간을 '총체적으로' 잘 설명할 수 있을 것인가? 그러나 문학가들은 경제시장에서 신뢰를 받지 못하여 왔다. 교육자로서의 우리도 경제시장의 기준을 채택한 만큼, 역시 문학가들을 불신하였다. 경제시장의 기술적 전문화의 증대를 찬양해 왔고, 그래서 대학들은 소비자에게 그들이 원하는 것을 정확히 제공하려는 열성적인 세일즈맨의 결정에 잘 부응해 왔다(Halpin, 1966, 296).

핼핀은 이론화 운동의 기본적인 결점을 간결하게 설명한다. 즉, 아주 복잡한 철학에 기초한 복잡한 설계조차도 결국은 인간존재의 실체를 파악할 수 없다. 논리실증주의가 갖는 형식주의적 한계는 인간존재의 실체를 포착할 수도 없고, 일반적인 사회과학의 계량화(計量化)된 방법론에 적합한 것도 아니다. 사회물리학과 동등한 학문을 만들기 위해 추상하고 시도하는 것으로서의 이론화 운동은 무엇 때문에(why), 무엇을(what), 누가(who) 그것을 하느냐를 묻는 데 실패하였다.

1970년대가 되면서 이론화 운동은 자체 내에서 조차 많은 비판이 일기 시작하였다. 1979년에 그리피스(Griffiths)는 이 분야에 대한 '지적 반란(intellectual turmoil)'을 기고하였다. 핼핀(1970)은 행정이론을 개발하는 데 있어서의 '밝지 않은 횃불(fumbled torch)'을 말하였다. 에릭슨(Erickson, 1979)은 행정이론을 재개념화해 줄 수 있는 새로운 패러다임을 주장하였다. 또 다른 사람들도 날카로운 비판을 가하였다. 이러한 비판들은 교육행정에만 한정된 것은 아니었으며 사회과학에 전반적으로 영향을 주었다.

이론화 운동에 대한 반작용은 여러 가지 요인에 기원을 두고 있는데, 그 중의 한 가지는 이론 그 자체의 추상성과 내용의 빈약성이다. 이론화 운동은 행정의 중심적인 몇 가지 딜레마에 해답을 주지 못했다. 말하자면 이론화 운동은 교육에 대해 전혀 얘기하는 바가 없다. 이러한 실패로 인해서, 학자들은 행정과 교육을 연구하는 데 있어서 보다 실용적인 관심사, 예를 들어 교육의 정치학, 학교 내에서의 성적, 인종적 공평성, 그리고 학교교육의 경제학에 눈을 돌렸다. 나아가 『과학적 혁명의 구조』(The Structure of Scientific Revolutions, 1967)라는 쿤(Kuhn)의 책은 사회과학에 엄청난 충격을 주었다. 비록 자연과학에서의 지식습득의 본질을 연구하는 데 관심을 기울인 것이지만, 쿤의 연구는 과학은 연구자들의 세계에서 공유되는 패러다임들에 의해 지배된다고 제안하였다. 그의 논의는 사회과학의 실제에 대해 관점을 달리하는 것으로 생각되어 온 사회과학자들에게서 공감적 견해를 발견하였다. 행정에 적용하여 볼 때, 쿤의 아이디어는 예측적이고 탈가치적인 단일의 행정이론을 추구한다는 것은 허무맹랑한 것임을 제시해 주었다. 행정분야의 어떤 학자들은 실증과학의 우월성에 도전할 만한 명확하고 잘 진술된 대안적 입장을 명료화하기 시작하였다. 결과적으로 비로소 현재의 행정학도들은 행정이론을 검토하는 데 있어서 다양한 관점과 패러다임을 인정할 수가 있다.

제3장

패러다임과 전망 – 행정이론의 재검토

> 권력구조의 합리화라는 우리의 유일한 희망은 정치권력으로 하여금 비판적 대화(*dialogue*)를 통한 사고의 전개를 촉진하도록 하는 조건을 만들도록 할 수 있느냐에 달려 있다. 반성적 권력의 회복(*redeeming power of reflection*)은 기술적으로(*technically*) 탐구가능한 지식의 확장으로 대신될 수는 없다.
>
> —위르겐 하버마스(Jurgen Habermas, 1970)—

1. 서 언

2장에서 개관한 교육행정에 관한 사고의 역사는 1950년대와 1960년대의 이론화 운동에서 극에 달하였다. 이론화 운동은 조직세계에서 검증될 수 있는 이론적 구성개념(theoretical construct)을 개발함으로써 심리학 또는 경제학처럼 교육행정을 확고한 이론적 토대 위에 정립시키려는 시도였다. 그러나 모든 것을 충족시키는 총괄적 이론은 결코 발견되지 않았다. 학교교육과 행정의 한 가지 측면이 그럴듯한 지적 토대를 구축한 것처럼 보일 때, 다른 측면으로의 더 깊은 연구가 시작된다. 자연과학의 이론과 사회과학의 이론간의 연속성을 발견한다는 생각은 허구로 입증되었다. 행정학은 우리가 조직을 이해하고 더 나은 방향으로 이를 변화시키는 데 도움이 될 수 있도록 하는 객관적인 사실의 축적 그 이상을 추구할 필요가 있다. 그래서 우리는 과학, 학교 그리고 조직에 대한 우리의 인식은 그것들을 논의하기 위해 사용하는 언어, 즉 우리가 사용하는 패러다임과 은유에 의해 지배된다는 사실을 깨닫기 시작하였다. 바로 이러한 패러다임이나 은유가 우리의 실제를 조직하는 개념적 틀, 관점 그리고 방법을 제공한다. 이 장에서는 이러한 개념들에 대하여 살펴보고 학교와 학교행정을 검토하기 위해서 다양한 개념체계 또는 관점을 사용할 수 있다는 것을 제안하고자 한다.

2. 패러다임과 은유

쿤(Kuhn, 1967)은 과학은 인식(seeing)의 패러다임 또는 개념적 틀(framework) 그리고 방법들에 의해 지배된다고 주장하였다. 결국 패러다임은 연구가능한 문제가 무엇이고 받아들일 수 있는 해답이 무엇인가를 정의해 준다. 다시 말해 패러다임은 관심영역에 대한 탐구의 경계를 제공한다. 자연과학의 정통적 패러다임에서 보면 과학자는 기존의 용인된 방법으로 훈련을 받게 될 것이고 정통의 교재를 읽고 그럼으로써 점진적으로 지식을 축적한다. 예를 들면 뉴우튼이 우주를 시계처럼 운행되는 체제라고 생각하였기 때문에, 그는 다른 과학자들로 하여금 그러한 패러다임의 한계 내에서 우주라는 현상을 시계체제에 비유하여 정확하게 예측할 수 있는 법칙을 발견하도록 하였다. 그러나 계속적인 연구가 진행되어 그러한 패러다임이 갖는 설명력의 한계를 면밀히 분석하게 될 때, 대답하기 어려운 문제가 제기되었다. 그러자 이단자(반대론자)들은 뉴우튼의 전체 패러다임의 타당성을 의문시하기 시작한다. 그 시점에서 쿤(1967)의 과학적 혁명이 나타나고, 아인쉬타인의 상대성 이론이 뉴우튼의 역학을 대체하였던 것처럼 패러다임은 변형된다. 보다 중요한 것은 여기에서 패러다임의 변형(paradigm shift)은 '빛을 인식하는' 과정, 즉 빛의 전환(conversion)과정에 이르는 것과 관계된다.

이러한 견해는 기본적으로 과학은 사실을 축적하고 지식을 개발함으로써 점진적으로 진보한다는 환상에 도전한다. 많은 과학철학자들은 아주 급진적이다. 헤이러벤드(Feyerabend, 1978, 306)는 과학과 여타의 지식추구간의 구분은 "인위적일 뿐만 아니라 지식의 진보에 이롭지 못하다. 만약 우리가 자연을 이해하고자 한다면, 우리를 둘러싼 물리적 환경에 정통하기를 원한다면, 우리는 모든 개념, 모든 방법들—그것들의 적은 부분만을 발췌할 것이 아니라—을 사용해야 한다"고 주장한다. 나아가서 '과학'이라는 개념은 이데올로기적이 되고 그래서 그러한 과학자들이 하고 있는 일은 실상(實相)과는 별개의 것이 된다고 주장한다.

> 과학자들은 마법의 지팡이—방법론 또는 합리성에 관한 이론—를 갖고 있기 때문에 문제를 해결하는 것이 아니라 그들은 하나의 문제를 오랜시간 동안 연구하여 왔고 그 상황을 너무 잘 알고 있으며 너무 떠들어 대기 때문에……그리고 어느 일단의 과학적 학파가 부각되면 거의 언제나 이에 상응하는 다른 학파가 등장하기 때문에 문제를 해결한다(이 밖에는 과학자들은 자신들의 문제도 거의 해결하지 못하며, 너무 많은 실수를 범하고, 그리고 그들이 제시한 많은 해결책들은 전혀 쓸모가 없다). 기본적으로 하나의 새로운 과학적 법칙이 발표되는 과정과 사회 속에서 하나의 새로운 법칙이 통용되는 과정간에는 거의 어떠한 차이도 없다(Feyerabend, 1978, 302).

많은 사람들은 훼이러벤드의 견해는 극단적이기는 하지만, 이것은 곧 과학적 활동은 복잡한 인간적 활동이라는 것을 시사해 준다고 주장한다. 말하자면 자연현상에 관한 객관적 지식은 종종 주관적 탐구나 그 우주를 인식하는 방법의 변경을 통해 획득된다는 것을 시사해 준다.

패러다임과 패러다임의 변형에 관한 이러한 견해들은 사회과학에 철저하게 적용되어 왔다. 패러다임이라는 개념은 조직과 행정의 실체를 이해하는 다양한 방법들을 분류하는 데 도움이 되었다. 특히, 교육행정에서는 어떤 패러다임이 옳고 어떤 패러다임이 잘못된 것인가에 대한 논쟁이 나타났다. 이것은 교육행정이 자체를 보는 방법에서의 변화를 나타낸 것이다. 조직사회학과 행정의 이론화를 통해 이제 사회실체를 바라보는 데 이용할 수 있는 다양한 패러다임을 갖고 있다. 연구자들이 채택하는 패러다임은 주로 자신이 받은 훈련과 경험에 의존한다. 패러다임이라는 개념은 사물을 이해하는 한 가지 지배적인 방법 그 이상으로 우리의 의식을 일깨워 준다.

예를 들어, 부렐과 모간(Burrell & Morgan, 1979)은 조직사회학은 조직을 바로 보는 네 가지 주요한 패러다임을 갖고 있다고 말하였다. 이러한 패러다임들이 사회이론, 조직연구 그리고 교육행정에서 수행된 대부분의 연구를 설명해 준다. 간략하게라도 이들 네 가지 패러다임을 살펴보는 것이 교육행정 분야에 영향을 주는 지배적인 문제들을 이해하는 데 도움이 될 것이다.

첫째는 기능주의적 패러다임(functionalist paradigm)이다. 기능주의 패러다임은 '사회적 세계는 객관적, 실제적 그리고 구체적이다'라는 가정을 받아들인다. 따라서 특정 세계의 외부에 존재하는 과학자들도 이에 관한 사실을 기록할 수 있고 축적할 수 있다는 것이다. 기능주의 패러다임에서는 모든 사물은 기능적이며, 어떤 궁극적인 관심(ultimate interest)에 기여한다고 본다. 그러므로 학교는 그 자체가 외부세계를 위해 젊은이들을 가르친다는 한에서 사회체제들에 대해 기능적이다. 기능주의는 사회적 질서에 도전하기보다는 차라리 사물은 현재의 '있는 그대로가 옳다'는 가정을 취한다. 그러므로 과학자는 단지 사회적 구조를 지배하는 기본적 규칙성을 발견하기만 하면 된다. 교육행정과 조직이론에서 수행된 대부분의 연구들은 성격상 '기능주의적'이라고 명명될 수 있다. 기능주의는 본질에 있어서 특히 인위적(artificial)이다. 다시 말해 기능주의는 조직을 그 조직에 속한 사람들의 개인적인 삶과는 무관하게 존재하는 '구체적인 실체'로 다루며, 이론이 조직을 재구조화할 능력이 있다는 것에 대해 아주 낙관적인 견해를 취한다. 교육행정에 관한 대부분의 교재들 속에서 기능주의적 패러다임은 (조직에 대해) 어떤 비판적인 분석을 필요로 하지도 않고 그러한 분석을 가치 있게 생각하지도 않은 채 조직을 '주어진' 실체로 다루는 체제이론, 역할이론 그리고 여타의 탐구방법으로 표현된다.

두 번째 패러다임은 해석적(interpretive) 탐구형태를 다루는 것이다. 해석적 패러다임에서는 조직을 사회적 구성체로 간주한다. 다시 말해 조직은 객관적 실체이기보다는 사람들에 의해 공유되는 아이디어(개념, idea)일 뿐이다. 이러한 해석적 패러다임에서는 개인들이 실체이다. 즉, 공통적으로 형성된 합의적 의미가 행위를 지배하며, 조직생활의 대부분은 의미를 구성하고 해석하는 것과 관계된다. 해석적 관점에서 사용되는 방법론은 자연적인 구조와 사건을 의문시하고, 개인으로서의 우리가 어떻게 타인을 이해하는가를 탐구하는 것과 관계된다. 이러한 견해에서 보면, 사회적 조직은 사실을 본떠서 구성된 것에 불과하다. 말하자면, 우리는 각자가 저마다 활동이나 사건에 관여하고 나서 합리적 행위라는 측면에서 그러한 관여(engagement)를 기술한다. 여기에서 중요한 관심사항은 관련된 행위자들 스스로가 의미체계를 구성하는 데 어떻게 참여하는가의 문제이다. 이러한 측면에서 볼 때 해석적 패러다임은, 과학자를 사회적 사실에 관한 객관적이며 중립적인 관찰자로 보고 있는 기능주의적 패러다임 개념과는 다르다. 그 대신에 해석적 패러다임은 과학 그 자체는 사회적 구성의 원인이 되는 상식적인 실천(common sense practices)들로 구성된다고 주장한다. 그렇다면, 여기서 관찰자가 해야 할 적절한 역할이란 인간상호작용의 토대를 형성하는 상식적 의견과 기본적인 가정들을 이해하려고 시도하는 것이다(Giddens, 1976, 52~53).

세 번째 패러다임은 급진적 인본주의(radical humanism)로서, 많은 부분에서 해석적 패러다임과 맥을 같이 한다. 급진적 인본주의 패러다임은 사회적 자료를 해석하는 데 있어서 기능주의자와 실증주의적 접근을 거부하는 한편, 사회적으로 참조된 구조들은 또한 물적 관심(material interest)에 기여한다고 주장함으로써 해석적 패러다임을 확대시킨다. 구조란 과거와는 전혀 다르게 새롭게(de novo) 창조되지는 않는다. 즉, 구조들은 어떤 사람이 다른 사람을 지배하는 형태를 야기해 온 차이, 즉 '권력의 차이'를 파생시켜 온 역사적 실체를 갖고 있다. 급진적 인본주의 패러다임에서 볼 때 개인들은 분명 자기 자신의 세계를 창조하지만, 그러한 세계는 지배(domination)가 중요한 요소가 되는 권력의 무대가 그 속에 자리 잡는 역사적 구조를 반영한다. 개인들은 결코 다른 사람들과 조화를 이루는 자신의 실체를 구성하지 못한다. 다시 말해 그들은 자유로운 의식을 제한하고 단지 몇 사람의 이익에만 이바지하는, 역사적으로 결정된 사회적 구조의 맥락 내에서 자신의 세계를 창조한다. 그러므로 급진적 인본주의는 권력의 형식과 표현에 주의를 기울이고 보다 공평하고 정의로운 사회구조의 창조라는 궁극적 목적을 갖는다.

부렐과 모간은 네 번째 패러다임을 '급진적 구조주의(radical structuralism)'라고 명명한다. 이 패러다임은 어떤 가정, 특히 사회적 구조는 다소 '외재적(out there)'이며 탐구의 대상이라는 가정을 취한다는 점에서는 기능주의 패러다임과 맥을 같이 한다. 그러나 급진적 패러다임은 그러한 구조가 물적인 관심으로부터 나오는 동시에 지배적인 세력이 된다고 주장한다는 점에서 기능주의와는 다르다. 급진적 구조주의자들은 사회를 질서정연하고 조화로운 것으로 보기보다는 '상충하는 이익들의 구체적인 표현'으로 본다. 이러한 패러다임을 사용하는 연구들은 대부분 자본주의체제가 발생시킨 불평등을 분석하는 데 목적을 둔 마르크스주의자의 성격을 내포한다.

이들 네 가지 패러다임이 전개되어 온 과정을 추적하는 일은 조직에 관한 사회학적 이론들에서 나타나는 몇 가지 중요한 차이를 소개하는 데 효과적인 방법이다. 그러나 이러한 패러다임들도 모든 분류론(taxonomy)이 갖는 동일한 약점―즉, 폭 넓고 다양한 문헌들을 엄격하게 정의된 집단으로 고정시킴으로써 개개 문헌들의 의미를 상당히 감소시키는―을 갖고 있다. 나아가서 네 가지 인식의 방법을 제시함으로써 그 패러다임들 자체가 한 가지 인식의 방법을 형성한다. 여기에서 기본적인 가정은 사람들은 각각의 패러다임을 합리적으로 평가할 수 있고 나아가 자신의 관심과 일치하는 패러다임을 선택할 수 있다는 것이다. 그러나 이것은 오류이다. 엄격하게 하나의 패러다임을 사용하는 것은 사진기의 렌즈에서처럼 많은 맹점이 있기 마련이다. 객관적인 측면에서 한 가지 패러다임이 어떤 다른 패러다임보다 반드시 좋은 것이라고 말할 수는 없으며, 각 패러다임은 주관적으로 다른 것에 비해 좋은 것이라고 말할 수 있다. 다시 말해, 어떤 특정의 패러다임을 채택하느냐, 채택하지 않느냐의 여부는 자신의 정서적 관여, 훈련 그리고 경험에 의존한다. 패러다임은 합리적이고 중립적인 평가와 선택을 통해서가 아니라 통찰, 발견 그리고 개조 등을 통하여 "변형된다".

또한 패러다임은 연구분야에서 사용되는 지배적인 은유를 결정한다(Morgan, 1980). 은유적 구성개념(metaphoric construct)들을 비교해 보면 이러한 사고체계들간의 차이를 극명하게 알 수 있다. 모간(1980)에 따르면, 금세기에 나타난 기계와 유기체의 은유는 조직에 관한 기능주의적 패러다임을 지배해 왔다. 조직 또는 일반적인 사회구조를 이해하는 데 있어서 기계 은유의 방법은 조직을 기계주의적으로 검토하도록 한다. 즉, 조직의 각 부분들은 서로서로 어떤 형태의 관계성을 갖고 그 무엇을 생산하기 위해 전체적 기능에 협력한다. 기능주의를 지배하는 또 하나의 지배적인 은유인 유기체 은유는 종종 여러 가지 형태의 변론적 대화(discourse)에서 나타난다. 이러한 유기체적 은유는 사회구조를 환경적 영향을 변화시키고 이에 반응하는 체제로 본다. 다시 말해 부분들이 전체를 구성하고, 전체는 독자적인 삶(의 방식)을 갖고 있는 기능적인 단위로 취급된다. 비록 이들 기본적인 은유적 참조체제(reference)가 여전히 존재하고 있을지라도, 최근에 '이완체제'(Weick, 1976)와 '조직화된 무질서'(March & Olsen, 1976)와 같은 용어들은 이러한 지배적인 은유들을 수정하였다. 그러나 보다 새로운 이러한 지향들은 조직을 기계학 또는 생물학의 원리에 따라 행동하는 합리적, 목적추구적 단위로 보는 환상을 '탈신비화(demythologize)'(Benson, 1983)하는 데 기여한다.

모간(1980, 615)은 또한 여러 가지 패러다임들을 설명해 주는 두 가지 은유에 대해 논의한다. 첫째는 '언어게임(language game)' 은유인데, 이것은 해석적 패러다임을 제시한다. 철학자 비트겐스타인(Wittgenstein)의 연구로부터 도출된 언어게임 은유는 우리가 '행하(行)는 것은 곧 우리가 말하는 것'이라고 본다—즉, 서로 다른 형태의 활동은 서로 다른 언어에 의해 특징져지며 언어들은 게임과 같이 자체의 규칙을 갖는다는 것을 의미한다. 그러므로 언어를 이해하는 것은 그 세계를 해석하는 데 결정적이다. 이러한 경우에 실체(reality)의 사회적 구성은 언어를 통한 구성이며, 거기에 연합된 은

유들은 '구성', '정립(building)', '틀(frame)' 등(Hanson, 1985, 참고)의 용어와 관련된다. 모간은 '급진적 인본주의 패러다임'의 특징을 설명하기 위하여 심리적 수인(心理的 囚人, psychic prison)이라는 은유를 선택한다. 이러한 은유는 인간은 전적으로 자신의 결단에 관계없이 어떤 실체 속에 갇히게 되고, 특정의 사회구조 속에서 무의식적으로 사회화되며, 그래서 그러한 구조는 자연적이고 불가항력적이라고 믿게 된다는 생각을 떠올리게 한다. 사회구조란 어째서 이렇게 되어야 하며 이러한 사회구조로부터 누가 이득을 보는가의 물음은 거의 제기되지 않는다.

패러다임의 개념 그리고 이와 관련된 은유는 미국 사회과학의 특징인 실증주의적 사고체계의 독주(지배)에 도전해 왔다. 사실 테일러에서 싸이몬 그리고 현대의 이론가들로 이어지는 실증주의적 행동주의적 사고학파는 경험적 연구의 산물일 뿐 아니라 언어의 산물이었다. 행정을 이해하기 위해 사용되는 패러다임과 이에 관한 논의를 전개하기 위해 개발된 은유들은 행정가들이 학교교육을 어떻게 생각해야 할 것인가에 관하여 상당한 영향을 주어 왔다. 행정의 연구와 이론을 지배해 온 기능주의적 패러다임은 현금에 이르러 해석적 입장과 비판적 입장으로부터의 도전에 직면하고 있다. 교육행정가들은 패러다임이라는 개념을 잘 알아야 할 뿐만 아니라 어떤 패러다임이 교육행정에 관한 사고를 지배하는가를 이해할 필요가 있다. 이러한 점에서 교육행정이론가들에게 영향을 주는 세 가지 중요한 패러다임 또는 틀이 있다.

3. 행정에 관한 세 가지 사고체계

(1) 기능주의

교육행정이론에 관한 현재의 논의는 행정의 연구와 실제에 관한 세 가지 서로 다른 접근－(1) 기능주의적 관점, (2) 현상학적 대안, 그리고 (3) 비

판적 모델-에 집중되고 있다. 행정에서의 기능주의(기능주의적 행정이론)
는 정통적 또는 주류적 이론이라고 불려질 수 있는 이론들로 대변된다. 기능
주의적 행정이른은 테일러리즘, 인간관계론 그리고 체제이론으로부터 이어져
내려온 것으로, 이러한 체계 내에서의 연구는 실증주의적이고, 객관적이며,
자연적인 경향이 짙다. 교육행정에서 이루어진 이론적이고 연구중심적인 저
작의 대부분은 기능주의적 사고체계를 반영한다. 예를 들어 그리피스
(Griffiths)는 교육행정에서의 저명한 연구자들의 연구물을 검토하고 나서
"과거나 현재의 이론가들 모두 구조적 기능주의(Structural functionalist)
이론 내에서 연구하고 있는 것으로 언급될 수 있다. 현재에는 그 정도에 있
어서 덜 열성적이라 할지라도 그들이 지지하는 이론의 본질에 있어 과거와
현재간에 실제적으로 별 차이가 없다"(1983, 217)고 설명한다. 일반적으로
교육행정의 주류적 이론가들은 학교조직에 대한 구조적-기능적 분석으로부
터 도출된 행동벋주(category of behavior)들을 탐구하는 양적 연구를 신
봉한다. 이들의 문헌은 의사소통유형, 역할구조, 학교풍토, 동기유형 등의
연구로 가득 차 있다. 이러한 모든 연구들은 조직이란 역할행위자들이 생활
하고 있는 구체적인 실체이며 이들 실체에 대해 체계적으로 연구하면 신빙
성 있고 예측 가능한 지식을 산출할 수 있을 것이라고 가정한다. 여기에서는
바람직한 결과를 얻을 만한 충분한 양의 경험적 연구들이 결국에 가서는 실
제를 합리화시킬 수 있는 진리라고 증명되거나 아니면 최소한도로 부정되지
는 않는 지식체계를 축적할 것이라는 기대하에, 철학이 아닌 과학이 지배한
다(중심을 이룬다). 즉, "이론이 논리적이고, 합리적이고, 명백하고 그리고
양적인 체계에 근거할 때 역시 실제도 합리적일 것이다"(Hoy & Miskel,
1982, 28)라고 본다. 기능주의 패러다임에서의 일반적인 가정은 현행의 실
제는 가치와 감정에 의해 초점이 흐려지고 있으며 단순히 다소 무합리적
(nonrational)이라는 것이다. 실천가들은 자신들을 보호하기 위해 기능주
의에 근거한 행정학을 필요로 한다. 행정에서의 기능주의에 대한 이러한 평
가가 지나친 면이 있다고 할지라도, 대안적인 관점들로부터 도전을 받아 온

거물급 학자들도 솔직히 자신들의 입장을 재고하고 있다. 간혹 이것이 패러다임의 변형을 가져오기도 하지만 어느 때는 기능주의자의 방법을 열성적으로 고수하는 결과를 가져오기도 한다. 두 가지 대안적인 접근인 현상학적 접근과 비판이론적 관점은 행정학에서 많은 논쟁을 불러일으켜 왔다. 이 두 가지 접근은 교육행정가들과 교육행정 이론가들에게 새로운 틀을 제공한다.

(2) 주관주의적 입장

그린필드(Greenfield)는 1974년에 영국의 브리스톨(Bristol)에서 연설을 하였는데 그 연설은 지난 10여 년 동안 큰 반향을 불러일으켜 왔다. 그린필드는 특히 학자들이나 연구자들이 조직이라는 개념을 객관화하려는 학문적 성향에 초점을 맞춰 조직과 행정에 관한 지금까지의 지배적인 개념에 이의를 제기하였다. 그린필드가 말하다시피 조직은 객관적으로 나타나는 실재적 현상이 아니라 개인적 합의의 산물인 구성체(construct)이다. 다시 말해 조직은 사회적으로 구성된 것이다. 이것이 사실이라면 조직은 물리적 대상은 (누군가에 의해) 주어질 수 있다는 의미와 동일한 논리로 우리에게 '주어진 것'은 아니다. 그러므로 조직은 물리적 대상을 연구하는 방식으로는 연구될 수 없다. "조직은 인간의지의 산물인 인간고안체(human creations)이다. 따라서 조직에 대한 연구는 당연히 인간의 의도, 존재 그리고 역사에 관심을 가져야 한다. 그린필드는 조직은 인간들이 살아가기로 선택한 −그럼으로써 그것들이 자신의 의지와 노력을 통해서만이 실재가 되는− 주관적 이해(subjective understandings)"(Greenfield, 1984, 3)라고 생각한다. 그는 이러한 자신의 입장을 다음과 같이 명료화한다.

교육행정의 지배적인 이론은 관찰자와는 무관하게 독립적으로 존재하는 실재적인 세계가 존재하며 그 속에서 조직은 '나무', '호랑이' 그리고 '진리'처럼 아주 견고하고 명료하며 거부될 수 없는 것으로 존재한다고 가정한다. 그러나 비트겐

스타인과 일단의 주관주의적 철학자들이 지적한 것처럼 특정의 관찰자가 보는 것은 그것을 다른 사람이 본 것과는 다르다. 이런 의미에서 조직은 자아(self)가 거기에 적응되어야만 하는 객관적, 외부적 실체라기보다는 자아의 반영체이다. 현대의 교육행정이론이 실패한 것은 실제적 척도로 조직을 객관화하고 객체화하는 데 있어서 주로 이러한 주장에 기인하고 있다는 것이다. 이러한 오류의 대가가 바로 독특하고, 독자적이며, 의지가 있고, 변화하기 쉽고, 실수가 있을 수 있는 존재로서의 인간이 조직에 기여할 수 있는 공헌점을 교육행정이론에서 포착하지 못하는 결과를 초래하였다(Greenfield, 1984, 17).

그린필드는 교육조직의 실체에 대한 주관주의적 입장, 즉 "조직은 그 내부에 인간이 존재하며 그 내부에 속한 인간들이 실천적 세계에서 자신들의 행동을 통해 자신들이 생각한 아이디어를 실현하는 것으로 정의된다"(Greenfield, 1983, 1)는 입장을 나타낸다. 그가 '무정부적 조직이론(anarchistic theory of organization)'(1982)을 전개하면서 지적한 요점은 아주 도전적인 내용을 갖고 있기 때문에 주의를 기울일 필요가 있다. 그린필드는 조직과 행정에 관해 자신이 내린 주요 명제를 다음과 같이 정의한다. 첫째, 행위를 하는 주체는 개인이다. 다시 말해 조직이라는 용어의 일반적인 정의 속에는 행위자들이 존재하지 않기 때문에 조직은 행위를 할 수가 없다. 조직은 자체의 생활을 갖고 있는 유기체가 아니다. 차라리 조직은 구성체이다. 둘째, 그린필드는 "인간은 서로 분리된 실체 속에서 산다. 어떤 사람에게 진리인 것처럼 보이는 것이 다른 사람에게는 진리가 아닌 것으로 보인다"(1982, 5)라고 주장한다. 그러므로 각 사람은 조직을 서로 다르게 지각하며, 합리성이란 보는 사람의 눈에 따라 다르게 평가된다. 교장이 조직을 보는 것은 학생들이 조직을 지각하는 데 영향을 미치는 요인들과는 다른 여러 가지 요인들에 의해 결정되며, 교장들에게 합리적인 것이 학생들에게는 비합리적인 것으로 보일 수 있다. 셋째, 조직에 대한 이해는 개인의 의도-개인들은 왜 그처럼 행동하는가?-에 대한 이해에 입각한다. 개인의 동기는 다양하지만 개인들이 왜 그렇게 행동하는가에 대한 이해를 하지 못한다면 어떻게 행정을 이해할 수 있을 것인가? 나아가서, 우리는 객관적 사실과 주관적 가치를 분리시킴으로써 기능주의 이론이 관심을 두지 않는 주제인 개인적 가치(individual value)를 이해할 필요가 있다. 어떤 사건이나 조직을 의미롭게 하는 것은 인간의 삶 중 가치의 측면이다. 사실에 대한 탐색은 서양적 사고로서의 체계적인 논리와 합리성을 전개함으로써 결정되지만 그러한 사고체계는 그 자체가 논리적 모순들로 가득 차 있다. 다시 말해, 그러한 사고체계는 자체의 내적인 일관성은 있으나 그것들의 기본적인 타당성을 인정하기 위해서는 그러한 사고체계 이외로부터도 동등한 신뢰를 받아야 한다. 논리적 또는 합리적 명제들의 인정 여부는 궁극적으로 문제가 되는 그 체계의 진실성에 대한 믿음에 의존한다. 그린필드에게 있어서는 언어가 결정적이다. 즉, "언어는 힘"(1982, 8)이다.

 우리가 범주, 사건 그리고 인간을 정의하는 방법은 바로 그것들이 우호적으로 취급될 것이냐 아니면 억압적인 것으로 취급되느냐의 차이를 가져올 수 있다. 즉, 언어가 구조를 구성한다.

그린필드의 명제는 교육행정에 대한 연구와 행정가의 양성에 의미심장한 시사점을 제공하고 있다. 두 가지 극단적인 예비적 모델들이 이러한 시사점을 제시한다. 과학적 방법에 익숙해지고 결과를 양화하는 데 관심을 갖는 '과학자로서의 행정가'는 사회과학의 연구결과들을 자신이 할 수 있는 최선의 것으로 채택하며, 그래서 여러 가지 필수적인 모든 과학적 또는 유사과학적(類似科學的)활동을 수행함으로서 학교의 발전을 가져온다. 반면, 예술과 과학의 분야에서 훈련을 받고 세계의 여러 방면에 경험이 있는 '인본주의자로서의 행정가'는 교육행정에 감정과 직관을 도입한다. 정통적 이론은 과학자의 모델을 인정하나 인본주의자의 모델이 효과적인 행정가란 무엇인가에 관하여 보다 정확한 설명을 제공할 수도 있다. 사실 그린필드는 역사와 법률은 이러한 학문들이 개인들의 실패와 성공 두 가지 모두를 인정하고 우리의 삶을 안내하는 사건의 과정에 대한 관점을 제공하기 때문에 행정가를 양성하는 데 적절한 학문이라고 주장한다(1982, 7).

그론(Gronn, 1983; 1984)도 강조하는 점이 약간 다르기는 하지만 역시 해석주의적 관점에서 서술한다. 그도 행정과업을 구조화하는 데 있어서 언어의 사용을 검토함으로써, 종래의 지배적인 체계에 도전한다. 그론에게 있어서 대화(talk)는 직무(work)이다. 예를 들어 학교에서 교장의 직무는 주로 대화적인 직무이다. 교장은 직무시간의 높은 비율을 대화하는 데 보낸다. 따라서 대화 자체는 학교의 환경을 통제하는 수단을 제공한다. 그러므로 행정에 관한 연구는 직무상황과 역사와 대화의 재구성에 관한 언어적 분석을 필요로 한다. 개개 행정가의 역사(이력)는 그것이 의도와 의미를 이해하는 데 필요한 상황맥락을 제공하기 때문에 중요하다. 다시 말해 대화에 대한 언어적 분석은 언어를 통해 지시되는 것으로서의 학교의 생활에 대한 주관적 이해를 설명해 주는 한에서 중요하다(Gronn, 1984). 행정에 대허 그론이 취하는 접근의 기초가 되는 대화와 역사의 두 가지 원리는 과학적 관리적 접근과는 근본적으로 차이가 있다. 그론은 행정가들 자신들이 하고 있는 일의 본질에 관한 공통의 이해를 도모하고 그들이 상호작용하고 있는 특정의 환경을 통제하고 관리하기 위한 수단을 발견하기 위해서 다른 행위자들과 상호작용할 것이 (자신들에게) 요구되는 특정의 직무들에 신경을 쏟는 인간적인 행위자로 본다.

요약하자면, 이러한 주관적 해석은 개인들이 사회적 망(網)을 구성하고, 우리가 조직이라고 명명하는 각종의 구성체는 개인들에 의해 공등으로 형성된 것이라 주장한다. 조직에 관한 주관주의적 해석은 단지 개인들이 실체를 만들며, 우리가 현재 조직을 생각하고 있는 공통적인 방법은 아주 허상에 불과하다고 주장한다. 그러므로 주관주의적 입장은 조직 그 자체를 하나의 객관적인 단위로 간주하고 있는 기능주의를 거부한다. 부연하자면, 주관주의적 행위, 경력(경험) 그리고 언어를 존중한다. 그러나 기능주의적 행정가들은 '전체로서의' 조직의 기능에 더 많은 관심을 갖는다.

조직이 저마다의 가치를 갖고 생각하는 존재인 거인들에 의해 조직이 어떻게 구성되는가에 강조점을 두는 그린필드와 그러한 조직들이 어떻게 언어사용과 언어게임을 특징으로 하는가에 강조점을 두는 그론은 조직이론에 대한

정통적 기능주의적 접근과 그에 대한 해석주의적 대안간의 중심적인 차이를
설명해 준다.

(3) 비판이론

　정통적 행정이론은 영국, 독일 그리고 프랑스의 비판적 사회사상가들의 연
구에 의해 밝혀진 관점으로부터 또 다른 도전을 받아 왔다. 이들의 연구가
학교행정에 적용될 때, 교육행정의 비판이론이라고 명명되어 왔다. 비판이론
은 이론적 반성과 실제적 시사점의 측면에서 논의될 수 있다.

　교육행정의 비판적 이론의 이론적 토대는 실증주의에 대한 비판, 행정에서
의 가치－사실분리와 가치중립성에 관련된 아이디어에 대한 비판, 행정의 원
칙 속에 구체화된 현대적 합리성에 대한 비판, 그리고 행정의 관심사로서의
권력과 해방이라는 개념에 대한 관심의 집중과 관계된다. '사실과 가치'의 분
리는 오로지 사실만이 정당한(legitimate) 과학적 지식의 구성요소가 된다
는 실증주의의 주장으로부터 출발한다. 이러한 관점에서 과학적 지식은 수학
적 논리와 일치하는 진술로서의 '진(眞)'의 진술로 소급될 수 있는 지식이다.
가치는 이런 종류의 변형에 적합하지 않기 때문에 과학의 범위 밖에 존재하
며, 그래서 과학자들에게 무의미하다. 이런 원칙에 입각한 행정학은, 예를
들어 "인구의 몇 퍼센트가 'x'를 믿고 있다"라는 일련의 사실에 대한 기록에서
는 가치의 차원을 고려하지 않는다. 그러므로 행정가의 역할은 옳은(right),
또는 좋은(good), 또는 현명한(wise) 결정(가치)을 내리는 것이 아니라 다
른 사람들이 설정한 어떤 목적을 달성하는 데 필요한 효율적인 결정(가치)
을 내리는 데 있다. 행정의 비판이론은 첫째, 행정이 너무 과학적 영역에 한
정된 관점을 나타내며, 둘째, '사실－가치'의 분리는 인위적이며 잘못된 것이
라고 주장한다. 사실은 우리의 가치를 통해서만이 사실로 규명된다. 다시 말
해, 행정가는 어떤 종류의 결정을 내림으로써 어떤 사람들의 가치를 증진시
키는 것이다. 무엇이 사실인가에 대한 모든 결정은 또한 무엇이 당위인가

(what ought)에 관한 진술이다. 예를 들어 학교를 폐교한다는 결정은 학교 체제는 자원을 절약할 필요가 있다는 실제적인 사실의 표현일 수가 있으나, 이것은 또한 가치와 우선순위에 관한 진술-즉, 다른 대안적 선택이 실행 가 능하지 않기 때문에 이 학교는 당연히 문을 닫아야 한다-이다.

행정을 단지 사전에 결정된 목표를 달성하기 위한 수단으로 취급하려는 실제 때문에 비판이론은 보다 진보적인 관심을 갖는다. 도구적 합리성(instrumental rationality)은 합리성이란 주로 수단과 목표와의 연결작용-즉, 어떤 행동 이 어떤 결과를 성취한다면 그 행동은 합리적이다-으로 간주된다는 것을 의미한다. 그러므로 합리적 행동은 도구적이다. 그러나 모든 행동이 이런 방 식으로 취급된다면, 무엇이 그 목표 자체를 추구하는가? 공식적 합리성 또 는 실체적 합리성(formal or substantive rationality)은 실체적이고 정 치적인 측면에서의 바람직하고, 가치로운 결과를 추구하는 데 관심을 갖는 다. 특히, 행정적 사고 그리고 일반적인 사회에서는 실체적인 문제들을 전혀 문제시하지 않는다. 그것들은 '주어진 것'으로 인정된다. 시민들은 부의 분배 와 정책개발과 같은 이슈의 측면에서 학교체제가 수행되는 방식에 대해 제한된 투입을 갖는다. 행정은 목표의 민주적인 결정에 모든 시민의 참여를 유도하는 것이라기보다는 엘리트 결정가들에 의해 수립되고 기술적 절대성(technical imperatives)이 요구되는 정책을 실행하기 위한 수단으로 작용한다.

행정이론에서, 합리성은 개인보다는 조직 또는 조직체제의 점유물이다. 합 리성은 도구적인 의미에서 볼 때 목표를 달성하는 수단으로 간주될 뿐이다. 개인들은 그러한 목표를 달성하는 데 필요한 모든 대안적인 수단을 고려할 능력이 없기 때문에(Simon, 1965에서, 개인들은 "합리성에 한계가 있다"라 고 표현), 그들은 완전히 합리적이지는 못하다. 개인들이 모인 집단들을 포 함하는 조직은 많은 사람들의 합리성을 끌어들일 수 있기 때문에 합리적이 다. 개인 각자는 한계가 있지만, 조직화된 이들 개인들은 서로를 보완해 준 다. 그럼으로써 하나의 단위로서의 조직은 조직 속에 속한 어떤 일정한 개인 보다 더 합리적이다. 행정의 비판이론에서는 이러한 '조직에게로 합리성을 위임하는 것'을 탐탁하게 생각하지 않는다. 이렇게 합리적 행동의 책임이 개인으로부터 조직으로 옮겨지게 됨으로써 개인은 목표와 수단에 관한 결정능력을 상실한다고 본다.

우리는 이러한 논의를 통해 조직적 또는 사회적 목표나 목적은 비판적 틀의 전개에 아주 중요하다는 것을 이해할 수 있다. 비판적 접근에서는 추구해야 할 목표는 무엇이며, 그것으로 인해 누가 이득을 보고 누가 해를 보는가, 그리고 그러한 목표가 사회적 비전에 어떻게 공헌하는가의 문제가 결정적인 문제이다. 이것은 프락시스(praxis)라는 개념에 대한 숙고를 의미한다. 행정이론과 여타의 사회이론은 이론이 행위에 어떻게 정보를 제공할 수 있으며, 행위가 어떻게 정의(justice)에 이를 수 있는가를 보여주기 위해서는 단순한 기관적 구조에 대한 분석에 그쳐서는 안 되고 이를 초월해야만 한다. 그렇다고 할지라도 프락시스는 '주어진 것'이 아니다. 다시 말해 이것은 계속이고, 비판적으로 도전을 받고, 재구성되며 또다시 도전을 받는다는 점에서 변증법적이다. 그러므로 비판이론은 또한 실천적인(practical) 이론이 될 수 있다.

의사소통적 실천(communicative practice)은 비판이론의 또 다른 관심사이다. 합리적이고 자유로운 변론적 대화(discourse)는 민주사회의 보증수표격이지만, 권위주의적이고 관료적인 구조들이 종종 그러한 표현을 방해한다. 권위의 계통과 불평등한 지위분화는 의사소통을 제한하고 공적인 문제를 왜곡하는 데 작용한다. 마지막으로, 문화적 관심(cultural concerns)은 행정에 관한 비판적 틀의 일부가 된다. 학교조직은 문화를 갖고, 그 문화는 공통의 전설, 신화, 관습 그리고 상징을 포함한다. 또한 문화는 행정행위를 합리화하고 정당화하는 데 기여하며, 그럼으로써 학교 내에서의 권력과 이슈에 민감한 경향이 있다. 비판적 행정이론은 주로 프랑크푸르트학파에 토대를 두고 있다. 프랑크푸르트학파에 대해서는 다른 장에서 논의할 것이다. 행정가들에게 있어서, 이러한 관점은 앞에서 급진적 인본주의적 접근이라고 논의한 것과 일치한다. 기본적으로는 그린필드 등의 해석주의적 접근과 동일한 점이 많지만, 비판적 행정이론은 구성된 사회실제 그 자체가 어떻게 실재(real)로 보여지는 동시에 한 사회에서 권력이 분배되는 방법을 일정하게 하는가를 분석함으로써 해석주의 관점 그 이상을 추구한다. 이러한 이론은 소위 객관적인 조건들을 파헤치고 미래의 가능성을 제시하는 데 도움이 되는 분석과 교육에 관심을 갖는다.

이상에서 논의한 세 가지 이론적 틀, 즉 (1) 기능주의 이론, (2) 해석주의적 이론 그리고 (3) 비판이론은 조직과 행정을 개념화하는 데 있어서 세 가지 서로 다른 방법을 제시한다. 기능주의가 행정에 관한 예측과 법칙유사적(lawlike) 규칙화를 가능케 하는 규칙성(regularity)을 발견하는 데 목적을 두는 반면, 해석주의는 의미가 어떻게 만들어지고 어떻게 선택이 강요되는가에 주목한다. 비판이론은 세 가지 목적을 갖는데, 첫째는 즈직과 행정에 대해 경험적으로 토대를 두는 비실증주의적 연구를 전개하는 것이고, 둘째는 의미의 해석에 몰두하고, 셋째는 사회적 구조 내의 개인들에게 권력을 부여하거나 권력을 박탈하는 잠재적인 사회구조를 평가하는 것이다. 이들 세 가지가 비판이론의 경험적(empirical), 해석학적(hermeneutic) 그리고 해방적(emancipatory) 관심사이다.

4. 조직상황에서의 비판이론

교육과 문학에서 비판의 역할은 뚜렷한 역사를 갖고 있는데, 이것은 듀이(Dewey)와 같은 미국의 사상가들과 칸트(Kant), 헤겔(Hegel), 마르크스(Marx) 등의 유럽 철학자들에 의해 발전되었다. 그러나 논리실증주의의 영향을 받은 과학에서는 비판의 역할이 전무하였고 탐구체제의 구조 내에서 그 위치를 확보하지 못하였다. 실증과학은 기존의 패러다임 내에서 사실에 관한 점진적인 수집과 문제의 해결을 목적으로 한다. 그럼에도 불구하고 사회과학은 자료의 집적(集積) 그 이상을 수행한다. 즉, 사회과학은 본질적으로 역사에 관한 일련의 가능성, 즉 비판적 사고를 제공한다. 사회과학은 사실(what is)에 초점을 맞춤으로써 가능성(what could be)을 지시해 주며, 나아가 가능성을 지시함으로써 이들 학문들은 초보적이나마 최소한 사실에 관한 비판을 제공한다. 그러나 그 비판은 이론 그 자체의 구조 내에 비판이론이 의식적으로 개입되지 않으면 초점이 없고 초보적인 수준에 머무르게 된다. 그러므로 비판이론은 듀이가 말한 의미에서의 의식적인 자기반성이며 또한 그 이상을 넘어선 경제적 문화적 조건과 그것들을 지지(支持)하는 이데올로기에 관한 구조적 반성이다. 행정가들은 비판적 반성이론에 주의를 기울인다. 왜냐하면, 비판이론은 행정가들로 하여금 자신들이 수행하고 있는 직(職)의 계층적이고 관료적인 상황을 더 잘 이해하도록 해 주는 동시에 이론 그 자체가 우리가 사물을 바라보는 방식을 결정하는 데 어떻게 도움을 주는가를 이해하는 데 도움을 주고, 또한 비판이론은 기술적이고 관료적인 삶의 형태가 우리로 하여금 감응적이고 적응적이기를 바라는 제도를 어떻게 지배하는가를 이해하는 데 도움이 되기 때문이다. 이런 의미에서 비판적인 이론은 단지 도덕적 의사결정뿐만이 아니라 복잡한 조직의 전체상황에 대한 분석을 포함한다.

학교를 포함한 현대조직의 구조는 비판적이고 도덕적인 행정을 전개하도록 자극한다. 현대조직에 있어서 계층은 아주 중요하다. 역으로 계층(의 발달)은 소수(예, 행정가나 관리자)에 의한 생산(조직산출) 수단에 대한 통제의 집중을 가져온다. 나아가, "계층적 조직(또는 관료화된 사회)에는 경제적 수단뿐만이 아니라 이론적 반성(reflection)의 수단도 집중된다"(Brown, 1978, 376). 다양한 규칙들이 직무장소 속에 "깊이 침전되어"(Clegg, 1981) 있으며, 현존체제의 집중적 통제를 정당화하고 조직 속에서 개인들의 경계(영역)나 틀을 구조화하는 데 기여한다. 이러한 '침전되어 있는' 규칙들은 조직 속에서 개인들이 서로서로 상호 작용하는 방법－예를 들어, 조직 속에서 누구에게 말을 할 수 있고, 일을 어떻게 수행하는가－을 다루기 마련이다. 그러한 규칙들은 '현재의 방법(the way it is)'을 투사해 주며, 충분히 인정되지 않을 때에는 반이론적(atheoretically)으로 주어진다. 계층 속에서의 지도성은 점점 기존의 이론적 구조에 순응할 것을 요구한다. 비판적 차원을 반영하는 행정이론은 주요 가정(假定)으로서 사회적 구조의 '구조화된 속성'을 채택한다. 실체의 구조화된 속성이란 침전되어 있는 규칙들이 자연적으로 또는 역사적으로 지시되는 것이 아니라 어떤 사람의 이익에 봉사하도록 '인간이 만들어 낸 고안품'임을 의미한다. 이 말은 그러한 구조들은 깊이 뿌리 박히고 의미롭다 할지라도 자연적인 것이 아니며 그러한 구조 속에서 행동하는 당사자들이 변화에 관해 자유스럽게 의견을 교환한다면 변화될 수도 있다는 것을 의미한다. 그러나 그러기 위해서는 당사자들은 통제의 집중화를 폭로하는 데 도움이 되고 합리적인 대안책을 논의하도록 해 주는 행위이론(theory of action)에 정통할 필요가 있다. 참여민주주의라는 개념을 신중하게 여기는 행정은 조직 내에서의 행동을 유도하는 전의식적(subconscious) 규칙들을 재검토하고 논의할 수 있을 것이다.

나아가서, 관리와 행정에 관한 유사과학적(類似科學的) 이론들은 그 자체가 연구하고 있는 주제를 정당화하고 구조화하는 데 작용한다. 이론의 발달과 지식인들에 의한 그 이론의 보급, 그리고 실제의 구조간에는 변증법적인 관계가 있다. 아스트리와 방더벤(Astley & Van de Ven, 1983, 269)은 "조직이론은 조직실제를 반영할 뿐만이 아니라, 또한 그러한 실제를 만들어 낸다. ……여타의 사회과학처럼 조직이론은 자체의 주제영역을 구조화하는 데 도움을 준다. 이론은 조직현상에 대해 설명함으로써, 그것이 언급하고 있는 실제에 객관성(objectivity)을 제공하는 데 도움을 준다"고 지적한다.

그러므로 비판이론이 비판적 실제를 만들어 내는 반면, 실증주의적 조직이론은 조직행동에 관한 실증주의적 실제를 파생시킨다. 아지리스(Argyris, 1973, 266)가 지적하였듯이 사회과학이론은 규범적이고 강제적(coercive)으로 되어 가는 경향이 있다. 다시 말해 사회과학이론은 권력의 집중을 공고히 하는 데 목적을 두고 있는 실증주의적 실제에 이론적 원리를 제공한다. 한편, 지식인들은 저마다 독특한 방법으로 그 제도를 구조화하는 데 사용되는 이론을 형성한다(Clegg & Dunkerly, 1977; Gramsci, 1971). 예를 들어, 지식인들이 행정을 연구할 때 그들은 학교 내에서의 사실적 실제를 반영하고자 하는 행정행위의 이론을 개발한다. 그러나 그 실제 자체는 그 이론가들이 지위와 권력을 갖고 있기 때문에 그러한 이론적 분석에 순응하기 시작한다. 이것은 순환적 과정이다. 즉, 학자들은 X이론이 학교에서 적용된다고 주장한다. 반면에, 행정가들은 이것을 처방책으로 취하고 자신의 행동을 변화시켜 X이론에 순응한다. 그러면 학자는 그 기관을 연구하고 직무상황에서 X이론을 '발견한다(검증한다)'. 이런 방식으로 지식인들은 보편적인 대안들로부터 어떤 사회구조를 창조하는 데 도움을 준다.

　실증주의적 의미를 갖는 이론은 조직의 복잡한 실체로부터 동떨어질 수도 있는 조직에 대한 이미지를 제공한다. 즉, 이론은 학교에 대한 은유와 이미지를 제공하고, 그렇게 함으로써 이러한 은유와 이미지의 계통에 맞게 학교를 구조화하는 데 도움을 준다. 앨리슨(Allison, 1983, 16)은 "문헌은 온통 '학교를' 은유가 메시지 역할을 하는 구성체로써 보는 것들뿐이다. 그 누구도 학교를 독자적이고 분리된 현상으로 보는 학교에 대한 '비은유화된 참조(nonmetaphorized reference)'를 접해 보지 못한다"고 설명한다. 그러므로 학교는 관료적 체제, 개방체제 등으로 언급된다. 이러한 공식화들은 오랜 전통을 갖고 있으며 인상적이기는 하지만, 그 은유들은 학교를 개념화하는 어떤 방법을 제공하고 그럼으로써 학교의 실제를 특정의 이론에 맞게 고안된 개념적 틀에 따라 구조화하는 방법을 제공한다. 이러한 이미지들이 학교를 전체성의 입장에서 포괄적으로 표현하려고 하는 한 그것들은 무비판적(acritical)이 된다. 학교에 대한 이들 이미지들이 우리에게 정보와 생각하는 방법을 제공할 때, 그것들은 우리가 이러한 조직이 무엇과 닮았느냐에 관한 이해에 도움을 준다. 따라서 이들 이미지들이 조직의 존재방식을 규정하는 한에서는 지배적인 이데올로기들이 된다. 그러므로 행정이론을 연구하면서 '지도성 스타일'은 중요한 동시에 상황적이라고 말하는 학도들은 지도성이란 실제적으로 무엇인가에 관하여 어떤 선입관을 갖고 조직에 들어가며 지도자에 대한 전체적 이해를 하지 못한 채 특정의 스타일을 수행하기 시작한다. 단지 이론의 한계에 대한 비판적 자각만이 이러한 오류를 피하게 해 줄 수 있다.

또한, 비판이론은 권한의 집중과 계층의 문제들을 여러 가지 관점 속에서 조망하는 데 필요하다. 비판적 관점은 그 자체가 자체형성의 조건을 반성적으로 사고할 수 있다는 점에서 행정이론이 도덕과학이 되도록 해 줄 수 있다. 이러한 관점이 없으면, 이론은 실증적이 되고 그렇게 됨으로써 관료적 원칙들이 도덕성과 예술의 영역으로 점점 흘러들어 가게 되어, 결국에는 문화적 체제 속에서 '의미의 상실'을 가져온다는 것을 지시해 주는 의미로서의 "삶의 세계를 식민화한다"(Habermas, 1984). 학교란 문화적 상징적 재생산·사회적 통합·그리고 인성발달의 기제이다. 그러므로 학교행정이 이러한 문화적 영역들을 관료화하고 합리화하고자 시도하면 할수록, 상징적 분야는 의미로운 체제를 창조할 수 없게 된다. 이 경우에 결과적으로 교육과 문화에 대한 각성이 존재한다. "각성된(disenchanted) 세계는 모든 윤리적 의미가 없는 상태이다. 다시 말해 각성된 세계는 목적적이고-합리적인 관심추구를 위한 물질적 상황으로 가치를 잃게 되고 객관화된다"(McCarthy, 1984, (xviii)). 학교는 물질적이고 공학적인 지배(dominance)를 성취하는 데 있어서 유용하게 사용될 수 있는 기술들을 경쟁적으로 축적하려는 각축장이 된다. 이것은 보다 나은 시민의 계몽을 목적으로 하는 교육기관의 유감스런 모습이다.

행정이론은 교육공동체도 일반적으로 과학적 기술적 기업에서 요구되는 효율성, 책무성 그리고 예측성이라는 기준을 따라야 한다고 주장함으로써 삶의 세계(문화적 형성과 '정상적' 실제를 지칭하는 용어인)의 관료화에 기여할 수 있다. 그러므로 문화적 형성의 영역 속으로 그러한 요구들이 유입되게 된다. 결과적으로 중류와 하류계층들은 민주국가에서 자신들의 역할을 무력화시키는 합리주의적 요구에 종속되게 된다. 만일 이론이 교육공동체를 독자적인 뚜렷한 특징은 없는 채로 보편적인 특성만을 갖고 있는 '체제들'로 정의한다면, 보편적인 기준들은 문화적 공동체라는 특유의 특성을 고려함이 없이 학교들에 적용될 것이다. 즉, 어떤 개별적인 체제의 '삶의 세계'는 일반적인 체제들의 표준화된 구체화를 반영한다. 이러한 맥락에서 사회적 문화적 생활의 형태들－생활의 특정 형태들－은 구체적인 문화적 공동체들의 특유의 경험과 관점을 부정하는 단일의 문화적 체제로 동화된다.

일반적으로 교사들과 교육행정가들은 이상주의적이다. 그러나 우리는 안락과 위험을 동시에 증대시켜 주는 공학(工學)의 확대시대에 살고 있다. 다시 말해, 우리는 여러 가지 형태의 작업을 통해서 세계에 참여하며, 그러한 작업의 대부분은 우리를 만족시키기도 하고 소외시키기도 한다. 즉, 우리는 어떤 사람들이 다른 사람보다 단순히 더 많은 것을 소유하고 있는 사회적 환경 속에서 쇼핑을 하고, 일을 하고, 놀기도 한다. 과학적 경향에 젖어 있는 행정이론은 이들 실제 세계의 조건들에 대해 무엇을 말해 주어야 하는가? 별로 말해 주는 것이 없다. 그러나 교사로서 또는 행정가로서의 우리는 차이를 만드는 것을 목적으로 하는 전문직에 종사하고 있다. 행정가나 교사가 된다는 즐거움은 각 생활은 차이를 만든다는 것을 인식하고 이해하는 것이다.

테일러에서 시작되어 온 행정이론을 갖고는 이것을 다룰 수가 없다. 행정이론은 판에 박히고 표준적인 것에 주의를 기울인다. 이러한 태도는 보편적이고 표준적인 결과를 생산하는 조직에는 알맞을 것이다. 다시 말해 이러한 태도는 다원성, 예외 그리고 차이에 직면하는 교육행정에는 부적절하다. 행정의 비판이론은 결정의 도덕적 토대를 찾고 그러한 특정의 결정이 우리가 책임을 지고 있는 젊은이들에 대해 미치는 영향을 고찰한다. 이것은 우리의 조직이 학생들의 학습과 진보를 어떻게 방해하고 있는가를 묻는 것이다. 이것은 개인들로서의 우리가 어떻게 차이를 만들 수 있는가를 묻는다.

기능주의적이고 실증주의적인 행정학은 이러한 형태의 문제를 언급하지 않는다. 단지 자료수집의 전략에만 의존하고 있는 행정의 실제는 이러한 문제들을 무시한다. 이러한 문제들이 중요하다면, 그리고 우리가 그렇게 하기를 바란다면, 우리가 해야 할 선택은 교육행정이 자체의 이론과 실제를 비판적으로 평가할 수 있도록 교육행정분야를 재개념화하고 재구축하는 것이다.

제4장
행정에서 비판적 분석의 토대

1. 서 언

3장에서 행정활동을 개념화하는 세 가지 개념체계-(1) 기능주의적 체계 (2) 현상학적 체계 (3) 비판적 체계-를 간략하게 고찰하였다. 본 장에서는 행정의 비판적 접근을 뒷받침하고 있는 원리를 보다 심층적으로 탐구하고, 그러한 원리들의 토대를 개략하며, 행정활동에 관한 세 가지 개념체계들이 어떻게 비판적 접근으로 통합될 수 있는가를 밝히는 것이 필요하다. 이러한 작업들은 그것들이 교육행정의 비판적 체계를 발전시키는 데 필수적인 동시에 후속되는 장(章)들의 전후관계를 제공하는 데 기여하기 때문에 검토되어야 할 것이다.

비판이론가들은 탐구지향적이고 비판적인 방법으로 사회분석에 몰두해 왔으며 수정된 마르크스적 분석에 기원을 둔 관점들의 입장에서 사회구조에 대한 연구를 수행해 온 학자들이다. 비판이론의 지배적인 접근은 대부분 2차대전기간 동안 미국으로 이주한 많은 독일 사상가들 중의 한 집단인 프랑크푸르트 학파의 연구에 (그리고 이에 감응하여) 기반을 두고 기본 가정과 논리를 전개한다. 프랑크푸르트 학파는 과학, 문화, 합리성 그리고 사회경제적 체제들에 대한 비판으로 잘 알려져 있다. 프랑크푸르트 학파는 비록 마르크스로부터 많은 시사점을 받았을지라도 현대사회에 대한 광범한 규모의 연구를 시도하여 경제적 분석을 재고해 왔으며, 나아가서 사회적, 심리분석적 이론에 기여해 왔다. 그러나 비판이론은 보다 일반적인 의미에서 보면 역사와 사회에 대해 실증주의적으로 편향된 정의를 제공하는 것이 아니라 그 역사와 사회를 면밀히 분석하기 위한 제 개념들을 논의하기 위해 사용될 수 있다. 비판이론은 일반적으로 당연시되어 온 동시에 역사적 과정에서의 자연적 산물로 여겨져 온 기본적인 과정들을 면밀히 분석한다. 비판이론은 인간 관계성을 구조적 변인들, 특히 계급과 권력이라는 변인들을 통해 파악한다. 그러므로 비판이론은 사회적 지배와 억압의 근원을 검토하지만, 우리는 궁극적으로 우리 자신의 세계를 만들어야 하기 때문에, 우리는 사회적 지배와 억압의 근원을 변화시킬 수 있다고 주장한다. 마지막으로 비판이론은 가치 헌신적이다. 비판이론의 비판은 주로 창조된 사회구조들이 민주주의나 자유와 같은 가치의 실현을 어떻게 방해하는가에 지향된다.

본질적으로, 행정에 관한 비판이론은 실로 생소한 산물로 보일지도 모른다. 정의대로 하면, 비판이론은 비판하고 검토하는(critique and examine)하는 것이다. 말하자면, 비판이론은 우리가 신봉하고 있고 (우리의 삶과) 어느 정도 밀착되어 있는 체제들을 지지하는 동시에 "그 체제들을 보다 완벽하게 고찰하라"고 말한다. 그렇다 할지라도 우리가 믿기로는 행정은 궁극적인 목적이나 결과에 관계없이 조직을 효율적이고 효과적으로 운영하는 일과 관계되어 있다. 즉, 행정가들은 정책적 지시를 집행하고, 비판이론의 관점에서 볼 때는 결점이 있을 수도 있는 견고한 조직구조를 구축한다. 그러므로 비판이론과 행정은 한 방의 정반대편에 서서 결코 어울릴 수 없는 춤을 추는 것처럼 보일지 모른다.

행정에 대해 비판이론이 갖고 있는 이러한 반감은 여러 가지 측면에서 극복될 수 있다. 첫째로, 이러한 행정관은 실증주의 사회과학의 유산이다. 예를 들어, 이러한 관점은 목적과 수단, 사실과 가치가 쉽게 분리될 수 있다고 가정한다. 따라서 행정가에게 수단과 사실만을 부여하며 가치와 목적은 보다 박식한 사람들의 몫으로 남겨 둔다. 그렇다고 하더라도 행정은 기본적으로 가치와 목적에 관심을 갖는다. 그렇지 않다면 무엇 때문에 우리가 이 직업을 선택할 것인가? 분명히 행정은 다른 사람이 창안한 아이디어를 실현하는 수단만은 아니다. 여하튼, 행정직에 대한 우리의 성각은 행정가란 조직에 결정적으로 중요한 비전과 목적의 형태와 명료성을 확립한다는 것을 암시한다. 이러한 행정가가 반드시 최고경영자나 최고 감독관인 것은 아니다. 다시 말해, 일선의 행정가도 바로 이러한 목적의식을 제공할 책임이 있다. 둘째, 행정에 관한 비판적 견해는 지도성의 개념과 관계가 있다. 행정가는 지도자일 수 있으며, 또한 반드시 지도자이어야 한다. 우리가 설명하고자 하는 바로서의 지도성이란 비판이론가들이 제기한 바로 그 문제와 관계가 있다. 지도성은 학교조직을 위한 지주사회(支柱社會)격의 역할을 하는 것이 아니다. 차라리 지도성은 변화지향적이며 소원, 욕구, 가치의 실현을 지향한다. 그러므로 행정지도자(administrative leader)는 현상유지에 만족하지 않고 방향감각과 종종은 강한 목적의식을 갖고 있기 때문에 또한 비판적 이론가이기도 하다. 행정지도자는 그것이 중요한 것이든 그렇지 않은 것이든 간에 가치의식에 젖어 있다. 이러한 점에서 행정가는 조직 속어서의 자신의 역할에 정통하고 실천적 행위의 과정에 자신을 몰입시키며, 생산적인 동시에 해방적(liberating)인 조직을 만들기 위해서는 비판이론의 아이디어들을 활용할 수 있다. 핵심적으로 말해, 이러한 것들이 비판이론의 목적임에 틀림없다. 비판이론은 과거토의 회귀를 지향하는 것도 아니며 현재의 파괴를 지향하는 것도 아니다. 비판이론은 모두가 동등하게 참여할 수 있는 미래로서의, 미래의 가능성을 지향한 것이다. 이제 우리는 행정적 관심사에 가장 적절한 비판이론의 여러 가지 아이디어들을 요약하는 것만이 가능하다는 것을 인정함으로써, 비판이론가들의 연구에서 나타나고 있는 몇 가지 지배적인 주제들을 고찰할 수가 있다.

디츠(Deetz)와 커스텐(Kersten)은 비판이론학파의 공헌점을 고찰하는 데 필요한 조직적인 개념체계를 제공한다. 비판이론의 과업으로서 세 가지—(1) 이해(understanding) (2) 비평(critique) (3) 교육(education)—를 들 수 있다. 부연하면, (1) 이해란 조직 속의 사회적 실재(social reality)에 대한 기술과 실제를 형성, 변형, 유지 그리고 변화시키는 세력들에 대한 기술을 필요로 한다. (2) 비판은 조직 속에서의 합의와 논리(reason) 부여 활동들의 적법성과 그것들에 영향을 미치는 세력들을 검토하는 데 초점을 둔다. (3) 교육은 조직의 구성원들에게 자유롭고 제약을 받지 않는 조직적 실천과 의사결정에의 참여를 통해 자기형성에 참여하는 능력을 개발하여 준다(Deetz & Kersten, 1983, 148).

이러한 세 가지 주제, 즉 이해, 비판, 그리고 교육은 실로 사회에 관한 비판이론과 행정에 관한 비판이론 모두의 핵심이다. 우리는 사회적 연구에의 실증주의적-기능주의적 접근을 거부하는 대신에 자기 탐구적 사고체계를 강조한다.

2. 비판이론과 의미추구

비판이론이라는 맥락 내에서의 이해란 객관적이며 주관적인 의미추구에 관련되며, 따라서 자연에 대한 이해, 자연 속의 인간에 대한 이해를 획득하기 위해 사용되는 연구와 탐구의 방법을 지칭한다. 이와 관련하여 하버마스(Habermas, 1971)는 인류학적으로 정해진 것으로서의 세 가지 인식적 관심(cognitive interest)을 가정한다. 첫째는 자연에 대한 통제를 확립하고 객관적 지식을 축적하는 데 지향된 기술적 관심(technical interest), 둘째는 인간본질과 역사에 대한 해석과 이해에 지향된 역사적 해석적 관심(historical-hermeneutic) 그리고 셋째는 자유의 조건들을 실현하는 데 목적을 둔 해방적 관심(emancipatory interest)이 그것들이다. 이들의 관점들은 인간적 조건의 세 가지 기본적 측면, 즉 노동, 의사소통 그리고 권력(1971, 313)으로부터 유래한다. 모든 사회적 집단(social groupings)들은 이들 형태의 삶과 관계된다. 구체적으로 노동 또는 일은 곡물에서부터 비행기에 이르기까지의 재화의 생산에 관계되며, 의사소통은 공통된 의미구조의 개발에 관계되며, 권력은 정치적 관계성의 표현이다.

　기술적 관심은 노동과 일을 통한 자연에 대한 인간의 기술적 통제로 표현된다. 역사적 해방적 관심은 인류의 역사와 인류 자신에 대한 공통적 이해를 발전시키는 의사소통으로 표현된다. 사회적 집단화에 기본적인 이러한 관심들은 규범·도덕·적합성(relevance)을 확립해야 할 필요성을 포함한다. 또한 자유 그리고 권력의 통로(channeling of power)에 대해 근본적인 관심이 있다. 이러한 해방적 관심은 권력의 불균형적(asymmetrical) 관계를 폭로하기 위해서 우리의 자기이해에 대한 반성을 반영하는 비판이론을 통해 표현된다. 다시 말해, 해방적 관심 속에는 인간행위의 정의(justice)를 지향하는 동기가 존재한다.

　그러므로 우리가 연구하고자 하는 바는 인식적 관심들에 의해 윤곽이 밝혀진 형태를 취할 것이다. 한편으로 자연과 인간에 관한 양적이고 객관적인 지식의 추구는 이론상으로 행동에 관한 예측적 법칙을 개발하기 위하여 연구의 현상을 객관화하는 자연과학에 의해 표현된다. 물론 이러한 자연과학의 모델은 과거에도 사회적 행동의 연구에 적용되어 왔다. 비판이론은 사회적 행동에 대한 양적이고 경험적인 연구에 대해 이의를 제기하지는 않는다. 다만 이러한 방법이 정보를 획득하는 유일한 방법으로 인식될 때에는 이의를 제기한다.

　사회적 행위는 역사적 상황 속에서 발생하며, 주관적으로 창조되고 공유된 의미들로 가득 차 있다. 해석학은 (이러한 의미들이) 전개되어 온 역사적 시점의 상황 속에서 텍스트(text)를 이해함으로써 이들 의미들을 전달하는 것이다. 자연 속의 인간을 이해하는 데에 적용된 이러한 개념은 역사와 전통이라는 상황 속에서 의미(문헌)를 고찰한다. 예를 들어, 이러한 접근은 일단의 학생들이 학교라는 상황 속에서 문화를 어떻게 형성하는가에 관심을 갖는다. 즉, '학교'라는 개념이 이들 학생들에게 어떤 의미를 주는가? 다시 말해 학교 조직에 대한 학생들의 상호주관적인(intersubjective) 공통적 해석에 대한 분석에 관심을 기울인다. 이러한 작업은 조사연구나 질문지를 통해 사회적 사실들을 수집하는 것과는 다르다. 즉, 이것은 해석적이고 질적인 분석을 통한 의미구조의 파악을 포함하며 사회적 환경 속에서 의미들이 어떻게 구성되는가에 관심을 갖는다.

객관적 지식과 주관적 지식은 모두 중요하다. 다시 말해 양자는 상호보완적이며 서로를 전제로 한다(Apel, 1967, 23). 순수 자연과학조차도 객관적이며 실험처치적 자료와 그 자료를 상호주관적으로 해석하는 과학자 세계간의 상호보완적인 관련성을 필요로 한다. 이러한 개념들은 자연 위의(over) 인간, 그리고 자연 속의(in) 인간에 대한 보완적 분석을 제공한다. 이러한 개념들은 노동과 의사소통 두 가지를 전달하지만, 권력의 관련성에 대해서는 기술적인 의미에서만 전달할 뿐이다. 비판이론은 기술적 관심과 역사적－해방적 관심의 관계성을 공정한 권력구조의 전개라는 상황 속에서 고찰하기 위해 필요하다. 기덴스(Giddens, 1976, 161)는 "모든 인식적이고 도덕적인 질서는 '정당성의 지평(horizon of legitimacy)'을 포함한다는 점에서 권력의 체제(system of power)"라고 고찰하는데, 이것 때문에 인간을 자유롭게 하거나 또는 억압하는 인식적 도덕적 질서는 여전히 논쟁의 대상이 된다.

3. 사회적 비판으로서의 비판이론

프랑크린(Franklin) 학파는 특히 근대성(modernity)의 발달과 그것이 개인과 국가에 미치는 영향에 주의를 기울임으로써, 사회적 비판이라는 의제를 가장 훌륭하게 전개하였다. 이러한 점에서의 비판은 개인의 의식에 대한 체제적 지배(system domination)의 영역을 폭로하는 것이기 때문에 아주 부정적이었다. 특정한 영역의 체제들을 열거하는 것은 우리가 의도하는 바를 넘어서는 것이지만, 합리성, 실증주의, 정당성 그리고 문화라는 영역을 간략히 고찰하고자 한다. 행정가들에게 있어서 이러한 내용들에 대한 비판이 갖는 중요성은 사회적 구조란 결코 완전하게 형성되지 않지만 불평등하게 분배될 수도 있는 노동, 의사소통 그리고 권력들을 반영하는 동시에 비판적 분석과 행정적 행위에 종속될 때는 또한 변화의 여지가 있을 수 있다는 사실 속에서 찾아질 수 있다.

합리성은 금세기의 비판이론가들에게 지배적인 관심사가 되어 왔으며, 특히 조직과 행정이론가들에게는 일차적인 관심사가 되어 왔다. 조직을 합리적, 목적추구적 실체로 보는 것은 주류학자들의 지배적인 착상에 의한 것이었다. 그러나 이것은 본질적으로 수단적이며 목적추구적인 것으로서의 개인적 합리성이라는 특정 견해에 의존하여 왔다. 그러나 비판이론가들은 이에 대한 이의를 제기하여 왔다. 예를 들어, 호르크하이머(Horkheimer, 1974, 1947년 초판)는 이성(합리성)을 주관적 이성(subjective reason)과 객관적 이성(objective reason)으로 구분하여 이름 붙이고 양자간에는 차이가 있다는 것을 주장함으로써 '이성의 상실'(eclipse of reason)에 대하여 논하였다. 이러한 주제에 대해 현재 이루어지고 있는 논의에서는 정상적으로 보이는 것이 아니지만, 비판이론가들의 논의 속에서는 이성에 대한 이러한 구별은 기본적이었다. 본질적으로, 여기에서의 관점의 차이는 수단적 이성과 '객관적' 도덕영역에 속하는 이성간의 차이에 관한 것이었다. 계동시대 이전에는 합리성은 객관적이고 도덕적인 사고체계에 고찰되어 있었다. 호르크하이머는 다음과 같이 설명한다.

플라톤과 아리스토텔레스, 스콜라주의 그리고 독일관념론과 같은 대철학자(체계)들은 객관적 이성론에 입각하였다. 객관적 이성론은 인간과 인간의 목적을 포함하여 모든 사물에 대한 종합적 체계 또는 계층(hierarchy)을 진화시키는 데 목적을 두었다. '인간 삶'의 이성가능성(reasonableness)의 정도는 인간의 삶이 이러한 전체적 체계와 어느 정도 조화를 이루느냐에 따라 결정될 수 있다는 것이다. 인간과 인간의 목적이 아닌, 인간의 객관적 구조가 개인의 사고와 행위를 측정하는 척도가 되어 왔다(Horkheimer, 1974, 4).

이러한 도식 속에서 합리적일 수 있었던 것은 신과 자연 그리고 정의로운 사회를 성취하려는 인간노력이라는 객관적인 체제에 일치하는 것이었다. 어떤 의미에서 객관적 이성은 개인의 능력 밖에 존재한다. 사실 개인의 능력들은 객관적 이성에 반하여 측정되기 마련이다. 과학을 통한 인간 삶의 진보에 강조를 둔 계몽시대에 이르러서는 이성은 보다 도구적인 의미로 간주되어 왔다. 말하자면, 이성이란 목적을 성취하기 위한 수단들의 주관적인 신중한 계획으로 간주되었다. 그러므로 조직에서의 합리적 행동에 대하여 언급하는 경우의 합리적 행동이란 목적을 성취하기 위한 계획된 노력을 의미한다. 따라서 합리적 행동은 공식화되고 추상화된 도구적 이성이다. 도구적 이성은 의미의 제공이나 목적의 설명과는 관계가 없다. 좋은 삶과 정의로운 사회에 관련된 문제들은 반드시 비합리적(irrational)인 것은 아니지만 무합리적(arational)이다. 이러한 맥락에서 보면, 도구적 이성은 민주적 합의를 위한 진지한 노력이기보다도 기호(嗜好)나 선호(選好)를 반영한다. 각각의 생활양식은 다른 모든 것만큼 좋은(good) 것이지만 그 기준들은 그것들이 어떠한 소비형태에 관계되느냐에 따라 다르다. 하버마스(1970)는 이러한 문제들을 제기하여 호르크하이머의 관심사를 새롭게 발전시켰다. 그는 호르크하이머가 명명한 도구적 이성 또는 주관적 이성과 유사한 목적적－합리적 행동과 호르크하이머의 객관적 합리성과 유사한 의사소통적 상호작용간의 차이를 구분함으로써 호르크하이머의 관심사를 진전시켰다. 그러나 그는 이러한 개념들을 행위(action)에 토대를 두고 있음을 주목해야 한다. 말하자면 개인들이 합리적 행동에 관한 어떤 이론에 따라 사회적 집단 속에서 어떻게 행동하는가를 주시한다.

하버마스는 노동과 의사소통(기술적이고 역사적－해석적 관심)을 반영하는 행위의 형태들은 전통에 입각해 (관습적으로) 체화된다고(embedded) 주장하였다. 기술적 관심을 반영하는 목적적－합리적 행동은 역사적－해석적 관심을 반영하는 의사소통적 상호작용으로 체화된다. 기술적 통제는 그 기술이 이용되는 서비스를 통해 목적과 목표의 의사소통적 형성에 의존함과 동시에 그 속에 체화된다. 의사소통적 상호작용은, 어떤 사회에서 행위를 유도해 온 합리적 규범과 가치들을 포함하는 공동체(community)를 확립하는 데 목적을 두었다. 여기에서의 전통적인 주제들은 "정의와 자유, 폭력과 억압, 행복과 만족, 빈곤, 질병 그리고 죽음"(Habermas, 1970, 96)을 다룬다. 목적적, 수단-결과적 행위에 토대를 둔 노등은 이러한 여러 가지 다른 주제들의 맥락 속에서 그 자리를 차지한다.

그러나 과학의 진보, 마술과 신비에 기초한 체제들의 파괴, 그리고 자본주의의 도래와 더불어 목적적 또는 수단적 합리성은 의사소통적 상호작용으로부터 탈상황화 된다(decontextualized). 예를 들어 기덴스(Giddens)는 다음과 같이 말한다.

> 기술적 합리성이 확대되는 과정에서 서로 다른 두 가지 현상, 즉 세계의 '각성(disenchantment)', 그리고 추상적인 '합리-합법적' 절대성에 의한 신비적 또는 종교적 규범들의 동시적 대치가 수반된다. 한편으로, 종교적 마력, 신비주의는 인간사회의 중요한 제도적 분야 속에서의 인간행위의 조직화(과정)에서 불가항력적으로 파생되어 왔다. 또 한편으로 사회적 저항의 지배적인 형태들은 합리성이라는 절대성에 대항하여 이상주의적이며, 무용한 분출이 되며 그 자체가 '신비적' 성격을 띤다(Giddens, 1973, 275).

현재 공학적 진보와 실증주의적 과학에 기초한 사회들은 '생산의 필요'에 의해 지배되고 있다. 왜냐하면 특정의 경제는 기술, 소비(자)중심주의 그리고 부의 사적인 점유에 의해 활성화되기 때문이다. 목적적-합리적 행위주체들은 그 자신들의 생활과 논리를 갖고 있으며, 결정규칙, 전략적 기획 그리고 문제해결기법 속에 반영된 수단-목적적 합리성은 정치체제를 정당화하는 근거가 된다.

> 소유(부)의 질서는 정치적 관계로부터 생산적 관계로 변화한다. 왜냐하면, 부는 시장의 합리성, 거래사회의 이데올로기를 통해서 자체를 정당화하는 것이지 더 이상 합법적 권력구조를 통하여 정당화되지는 않는다. 이제 정치체제

는 합법적 생산관계에 의해 정당화된다. ……사회의 제도적 체제는 단지 간접적으로는 정치적이지만 직접적으로는 경제적이다(Habermas, 1970, 97).

다시 말해, 사회체제는 기술적 진보와 자본축적을 수용하도록 계획된 경제와 행정적 결정들에 의해 조종된다. 도구적 또는 목적적 합리성을 사용하는 기술주의적(technocratic) 의사결정의 단계인 합리성의 새로운 단계가 도래되었다. 그럼에도 불구하고 기술주의적 전략은 궁극적으로는 전통적인 규범과 가치와 상충되기 마련이다. 기술주의적 행정은 전통적인 규범과 가치들을 탈정치화(depoliticize)하고자 노력하지만, 도구적 합리성이 의사소통적 상호작용의 수준에 놓여 있는 의미나 문화를 재창조할 수 없다는 것을 발견한다. 과거에 그러한 목적적-합리적 행위체제들은 그 자체들의 형성을 위해서 의사소통적 상호작용에 의존하여 온 반면, 그것들은 (예를 들어) 조직적 현실들과 가족구조간의 삶의 분화를 조장한다. 실천(the practical)에 관심을 가져 온 정치-즉, 인간조건을 개선하는 데 목적을 둔 실천적 삶의 영역-는 이제는 기술(the technical), 즉 그 체제를 정상가동되도록 하는 데 목적을 둔 효율적인 의사결정의 세계에 관심을 갖는다. 실천과 기술은 더 이상 분리되지 않으며, 그래서 정치는 의사소통적 논의에 개방적이기보다는 의사결정자들에 의해 과학이 되도록 계획된다. 그래서 정치학은 개인들의 표현을 그 정치적 각축장으로부터 밀어 낸다. 다시 말해, 개인들의 표현은 결정 그 자제들의 본질에 어떤 정보를 제공하기보다는 정책적 결정들을 인증하거나 파기시키는 집합적 선거로서만 인정된다.

행위에 관한 목적적-합리적 착상(着想, conception)에 기반을 두고 있는 행정은 '수단의 관리' 그 자체이며 궁극적 목적과 가치에 관한 논의를 제외시킨다. 행정학은 행정 자체가 질적인 이해를 추구하지 않는 실증주의적 방법론에 기반을 두는 정도에 비례하여 기술주의적 행정의 목적을 촉진시킨다. 실증주의는 행정과 비판이론 모두의 관심주제이며 목적적-합리적 행동과 의사소통적 상호작용간의 구분을 밀접히 관련시킨다.

탐구행위의 체계적인 공식으로서의 실증주의는 가치와 윤리체계의 유의미성을 부정한다. 그 대신에 실증주의는 객관적인 사실들을 수집하는 일을 강조하고 의미를 무시할 것을 강조함으로써 목적적 합리성을 증진시킨다. 사회구조는 실증주의를 통해 신비화되고 자연적인 것으로 된다. 다시 말해 일정한 시대의 사회의 특성을 추상하기 위해 실증주의적 방법들을 사용함으로써 모든 역사는 환경과 인과성(causation)이라는 동일한 체계가 반영된 것으로 간주된다. 이는 실증주의 연구자들이 탐구하는 것처럼, 인간의 역사를 일단의 사건들의 역사로 환원시킨다. 그러한 사건들의 체계를 위한 자료와 예측을 생산함으로써, 또한 연구자는 역으로(미래의) 가능성에 대한 우리의 이해를 제한함으로써, 미래에 닥칠 사건의 행로(course)를 정한다. 스와트(Sewart, 1980, 325)가 주장하다시피 '실증주의적 태도'는 "사회적 행위의 의미에 관한 상호 주관적인 구성은 자연계의 대상과 동일하다"는 의미가 된다.

결국 실증주의는 역설적인 결과를 낳는다. 예를 들어, 실증주의적 과학관은 가치들을 선호(選好, preference)의 영역으로부터 분리시킴으로써 가치로부터 사실을 분리해야 한다고 주장한다. 또한, 실증주의는 이론이란 단지 논리적으로만 증명될 수 있을 뿐 실제를 통해서는 결코 증명될 수 없다고 주장함으로써 실제로부터 이론을 분리시킨다. 이러한 관점이 지향하는 바를 다음과 같이 논의할 수 있다.

> 가치배제(value freedom)라는 명목하에 다른 모든 것을 배제하는 일에서 가치지향의 배제가 우선시되었다. 이론과 실제의 분리라는 명목하에 특정한 형태의 실제는 금기되었다. 수동적으로 보일지 모르지만, 명상적(contemplative) 이성이 언명적(committed) 이성의 기본토대를 압도해 버린다. 합리적 연구와 그 해결을 추구하지도 않은 채 실제적인 문제들은 특정개인의 영역이 되며 결국은 오로지 신앙이나 신념에 의한 결정이나 헌신을 참조로 하여 정당화될 수 있다. 실증주의자들은 합리적인 결정절차를 자연과학에서 활용하는 절차에 국한시킴으로써, 윤리들을 결정론(decisionism)으로 환원하여 합리적인 정당화(justification)의 가능성으로부터 궁극적인 원리와 가치들을 배제시킨다(Held, 1980, 170).

만일 실증주의가 과학적인 의미에서 가치와 윤리는 무의미하며 단지 사회학적 선호에 불과하다고 주장한다면, 그러한 주제들이 어떻게 객관적인 의미로 확립될 수 있으며 단순하게 원망이나 욕구로 확립될 수는 없는가? 이 문제는 수세기에 걸쳐 의문시되어 왔다. 이러한 문제에 대한 전통적인 해결책은 객관적인 신념체제와 종교, 아니면 변증법적 정치행위의 체제를 통해서 이루어져 왔다. 고대체제에서 정치학의 역할은 "선하고 정의로운 삶의 원리인 윤리학의 연속이었다. 고로 정치학은 인간적 행위의 영역, 프락시스(praxis)를 언급하였으며 도시국가의 시민들 사이에 덕스런 행위의 질서를 이루고 유지하는 데로 지향되었다"(McCarthy, 1978, 2). 신념의 체계에 비추어 보면, 합리적인 행동이란 선하고 덕스러운 삶에 이르도록 하는 것이었으며 신앙, 희망 그리고 자선 등의 기본적 덕목으로 특징지어진다.

정치학에서의 이러한 강조점, 즉 선과 정의에의 지향은 입법자들에게 실천적 충고를 제공하는 데 기여하고 그 결과로써 만민의 복지증진에 관심을 갖는 정치학에 대한 과학적 연구의 비전을 심어 준 아담 스미스(Adam Smith)를 통해서 나타났다(Paul, 1979). 그러나 스미스의 후계자들은 정치학의 연구와 이의 실제에의 적용간에는 불연속성이 나타남을 발견하였다. 폴(Paul, 1979, 121)은 "시니어(Senior)와 밀(Mill)은 과학이란 정치가와 입법가들에 대해서만 한정하여 언급되는 것은 아니라는 견지에서 정치경제학을 과학과 예술로 구분하였다"고 설명한다. 19세기 후반에 이르러서 이러한 분류가 구체화되었다. 즉, 경제학은 수학적 모델에 토대를 두게 되었고 또한 정치적 행위를 예측하는 데 사용되었다. 정의로운 국가의 추구라는 정치의 이상은 더 이상 지지될 수 있는 입장이 되지 못하였다. 그 대신에 정치란 정치적 규칙성을 발견하고 정치적 행위를 예측하는 시도로 국한되었다. 1920년대에 발전하였으나 그 기원이 꽁트(Comte)에게로 소급되는 논리실증주의는 정치의 과학주의를 위한 철학적 정당화의 토대가 되었다. 물론 교육행정에서의 정치적 연구도 이러한 전개과정에 의해 이루어져 왔다. 예를 들어 학교에 관한 정치경제학의 이론들은 반드시 "그것들이 인간행동과 사회적 행동의 복잡성이라는 인본주의적 개념에 얼마나 잘 일치하느냐가 아니라 행위를 얼마나 잘 예측하거나 설명하는가에 따라"(Boyd & Crowson, 1981, 322) 평가되게 마련이다. 여기에서는 가치적 성격을 갖는 이슈들은 별로 또는 전혀 중요성을 갖지 못한다. 즉, 문제가 되는 것은 정당성과 정의가 아니라 사실과 예측이다.

사실, 현대적 정치모델 속에서도 도덕적 차원들은 적절한 논의의 주제가 아니다. 왜냐하면, 그것들은 그 자체가 연역적 탐구 또는 객관적 정사(精査)에 적합하지 않기 때문이다. 그러나 사실적으로 단순히 선호적이지 않은 방법들을 통해 결과에 대한 논의를 가능케 하는 하나의 방법이 있을 수 있다. 하버마스는 의사소통적 능력(communicative competency)이라는 자신의 이론을 통해 가치와 정치의 토대구축을 위한 방법을 제공한다.

우리가 단순한 선호의 진술이나 강요된 신념체계에 의존하지 않는다면, 어떤 방법으로 진리, 정의와 같은 기본적 규범을 추구하는 것이 정당화될 수 있을까? 이러한 가치들이 어떠한 보편적인 의미가 있는 것으로 간주되려면, 단순한 선호 이상의 영역에 토대를 두어야 한다. 가치의 보편적 의미는 "광범한 의지의 형성을 위한 기회를 제공하는 참여적 민주주의 체제 속에 배태된 보편주의적 도덕성"(Held, 1980, 295)과 관련된다. 이 말은 단순히 모든 개인들은 어떤 구속 없이 자신들의 원망을 표현할 수 있고 취할 행동에 관한 합의를 도출할 수 있다는 것을 의미한다. 하버마스(1975; 1979)는 언어 그 자체 속에서 이러한 규범추구의 토대를 발견한다. 우리의 언어는 우리에게 어떤 '요구'를 한다. 언어는 우리가 (그 무엇을) 이해할 수 있는(comprehensible) 존재인가를 묻는다. 우리가 말하는 언어는 송화자와 수화자 상호간에 접근가능한 자료(material)를 언급하는 한 '진(眞)'이어야 한다. 수화자가 듣게 되는 내용의 타당성을 인지할 수 있다는 점에서 그 내용은 진이어야 한다. 송화자와 수화자 모두 자신들이 어떤 일정한 상황을 갖는 대화에 참여하고 있다는 것에 동의할 수 있는 한에서 언어의 내용은 정당화된다(Habermas, 1979, 4~5). 요약하자면, 진리, 정의, 진실 그리고 이해가능성은 대화자들이 상대방에 대해 가하는 '타당성의 요구들(validity claims)'이다. 진리(truth)는 대화자들이 어떤 공동체가 동의하는 경험적 증거에 토대를 두고 결론을 도출할 수 있는 객관적인 사실들의 세계를 말해 준다. 정의(rightness)는 개인들이 언어를 통해 자신들이 상호간에 사회적으로 인정된 상호작용을 주장하게 되는 사회적 관계성을 말하는 것이다. 다시 말해, 한 사회와 문화의 구성원으로서 변론적 대화(discourse)에 참여하는 것은 정의로운(right) 것이다. 진실성(turthfulness)은 말을 하는 데 있어서 자신이 주장하는 바에 신뢰가 주어지도록 하는 요구를 주장하고 있는 개인의 주관적 세계를 말한다. 마지막으로, 언어를 말하고 사용하므로써 우리는 또한 듣고 있는 내용의 의미를 파악할 수 있다는 것을 주장하는 셈이다(Habermas, 1979, 68).

의사소통적 상호작용을 위한 이러한 규칙들은 모든 대화 속에서 우리는 행위규범을 확립하는 일에 종사하고 있다는 것을 암시해 준다. 모든 대화는 상황을 내포하고 있으며 그 속에는 미리 가정된 진실성이 있으며, 공유된 가치와 규범에 대한 선호가 내재되어 있으며, 나아가 우리 모두가 이해하는 언어 속에서 표현되는 그 무엇에 대해 우리가 말하는 것과 관련된다. 이러한 규칙들은 모든 그리고 어떠한 언어이든 그것들의 토대가 된다. 나아가 그러한 규칙들은 실증과학에서는 그러한 가능성이 부정되는 보편적으로 적용가능한 규범에 관한 이론을 추구하는 토대를 이룬다. 진리, 진실성, 이해 가능성 그리고 정의라는 규범들이 언어의 구조 속에 내재되어 있다면, 이러한 규범들이 인간행위의 기본적인 부분을 형성한다고 말하는 것은 억지주장이 아니다. 이것이 사실이라면 비판이론은 이러한 규범들을 구체화(embody)시키는 사회체제를 탐색하는 일의 토대가 될 수 있다. 하버마스에게 있어서 언어규칙들은 진리, 정의, 평등이라는 사회적 규범과 대응되며, 비판이론은 이러한 규범들에 입각해서 자체의 토대를 공고히 할 수 있다. 인간의 언어 사용은 진실-그것의 위반에 관계없이-은 언어적 상호작용의 원칙을 설명해 주는 기본적 규범이라는 인간의 묵시적 주장을 가정한다. 마찬가지로, 우리는 우리가 말하는 것은 듣기에도 옳아야(right) 한다는 것을 주장하고 있다.

언어적으로 우리는 어떠한 표현의 평등성(equality of expression)을 주장한다. 이러한 주장들은 정의라는 아이디어, 즉 다양한 언어의 주장들은 진리, 정당성, 진리성, 진실성과 같은 기준을 토대로 해서 평가되어야만 된다는 개념을 더 발전시킨 것이다. 그러므로 행정에 관한 비판이론이든 아니면 사회에 관한 비판이론이든 선(the good)이라는 이상주의적 개념이 아니라 인간적 상호작용이라는 바로 그 구조 속에서 형성된 토대에 비추어 정당화될 수 있다. 하버마스의 이론체계에서 볼 때 언어 자체는 정의, 평등 등과 같은 규범의 원형으로 작용한다. 역으로 이러한 규범들은 참여적 민주주의라는 요구를 선도한다. 왜냐하면, 언어란 모든 사람이 이용 가능한 것이며 평등한 정치적 상호작용의 씨를 포함하고 있기 때문이다. 언어는 인간본질의 기본적 측면인 동시에 모든 사회적 조건들을 대표하기 때문에 민주적 참여의 원형으로서의 이상적 형태의 주역이다.

그러나 언어는 왜곡될 수도 있다. 비판적 맥락에서 보면, 이 말은 의사소통이란 권력의 관계성을 반영하는 조직구조를 통해서, 그리고 그 조직구조 내에서 (그 의미가) 형성된다는 것을 의미한다. 역으로 이 말은 (심지어 언어사용을 지배하는 이데올로기를 창출할 정도까지 이르는) 권력차이(power differentials)로 인해 제약을 받는 의사소통의 왜곡에 기여하는 '그릇된' 의식의 형태들을 분석하는 것이다. 이러한 분석을 위한 한 가지 모델이 정신분석인데, 정신분석을 통해 환자는 정신분석가의 도움으로 자신의 생육사(生育史)에 영향을 미쳐 왔던, 진정한 관계성의 실현을 방해해 온 억압적 구조를 어떻게 발전시켜 왔는가를 이해하도록 (자신의) 내부세계로 향할 수가 있다.

쉬로이어(Schroyer, 1973, 166)는 언어에 대한 하버마스의 관심은 정치적 경제적 차이의 분석에서 기초로 삼아야 할 필요가 있는 '순수한 형식적 개념'을 표현한 것이라고 주장하였다. 번스타인(Bernstein, 1976, 224)은 또한 "자신들의 역사적 상황에 대한 분명한 이해를 갖고 있는 행위주체(agents)들은 어떠한 조건하에서 왜곡된 의사소통을 극복하고 이상적 형태의 공동체적 삶을 위해 노력하도록 동기부여될 것인가"라고 묻는다. 이러한 논평들은 하버마스의 관심주제들 속에 내포된 이상주의적 속성을 암시한다. 순수한 말(pure speech)을 위한 이상적인 조건들과 말 속에 내포된 규범들의 잠재적인 구조간에는 구분이 내려져야 할 필요가 있다. 우리가 하버마스의 주장을 받아들인다면, 이러한 규범들의 구조는 규범적 차원을 선호의 차원으로 위치강등시키는 실증주의자들의 논리를 거부하는 것을 정당화한다. 규범구조는 규범과 가치들을 어떤 체제의 기본적인 구성요소 또는 사회적 생활에 관한 이론으로 받아들이는 (사고의) 접근을 위한 확고한 토대가 된다.

이상적인 언어 상황이라는 개념에 대한 하버마스의 이론은 의사소통의 상호작용에서 합리성을 구현하고 도구적 차원을 거기에 종속시키는 시도로써 생각될 수 있다. 그러나 이러한 계획은 과거에로의 회귀를 통해서도 또는 미래에 대한 이상적인 설계를 통해서도 성취되지 않는다. 차라리 하버마스의 연구 중 대부분은 주로 사회 체제의 물적 구조에 대한 분석을 포함하여 현행의 상호작용체제에 대해 분석하고 있다. 의사소통의 상호작용과 이상적 언어상황이 참여와 민주주의라는 규범들을 확고히 하기 위한 기본적인 인간적 조건들에 대한 분석을 강조하는 동안 이제 이러한 분석은 이상적인 조건들을 왜곡할 경향이 있는 실제적인 역사적 구조들을 검토하는 데로 방향을 돌린다.

현대의 체제들이 자체를 어떻게 정당화하는가의 문제는 하버마스 사상의 한 가지 중요한 측면인 동시에 행정학도들에게 있어서 가장 본질적인 한 가지 물음이기도 하다. 현대사회에 있어서 전통적으로 정의롭고 공평한 사회를 추구하는 것으로 여겨져 온 정치체제는 경제체제와 유착되어 있다. 자유주의 국가에 있어서 정치체제는 만인 평등을 주장한다. 즉, 자유이론은 모든 인간은 투표의 권리, 자유로운 의사표현의 권리 그리고 법 아래에서의 동등한 보호의 권리를 가진다고 주장한다. 정치체제는 표현의 평등이라는 개념과 결부되어 있다. 그러나 정치체제란 부의 불평등이 필요한 것으로 정당화되는 경제체제에 우선하여 수행될 수는 없다. 만일 자유주의적 자본주의에 대한 마르크스적 분석이 주장하는 것처럼 생산의 관계가 정당한 교환이론을 무력화시키는 것으로 보여질 수 있다면 정치분야에 지원적인 이데올로기는 위협을 받게 된다. 하버마스의 견해에서 보면 이것은 자유주의적 자본주의의 정당성의 위기를 가져올 수가 있다. 이에 대한 반응으로 경제를 규제하기 위한 국가의 개입을 필요로 한다. 이처럼 새로운 역사적 국면인 후기자본주의에서는 국가는 (물적 조건들의) 균형상태를 확보하기 위해 경제에 개입한다. 정당성의 필요성은 여전히 변하지 않고 있으나 정당성의 구조는 극적으로 변화해 왔다. 즉, 정당성의 구조는 이제 더 이상 정치적 모델에 결부되는 것이 아니라 경제적 모델에 결부된다. 국가는 정당성의 대안적인 자원을 찾아내야만 한다. 복지국가의 구현, 의무교육의 실시(의무교육의 진보적 이념과 더불어), 그리고 과학기술과 국가행정간의 연계성의 제고 등은 모두 국가의 정당성을 확립하기 위한 가능하고도 독자적인 방법들로 제공되어 왔다.

이러한 분석에서 볼 때, 정당성이란 합리성(rationality)과 동기부여(motivation)라는 두 가지 개념과 결부되어 있다. 목적적 합리적 행위라는 의미에서의 합리성은 '시민들이 정부가 부와 소비의 증대를 가져올 수 있는 합리적인 기획활동들에 참여하기를 어느 정도 기대할 수 있다'는 것을 암시한다. 국가의 행정이 경제성장을 위한 장기적인 기획에 합리적으로 참여할 수 없는 정도에 비례하여(부분적으로는 국가가 경제변동을 조절할 능력이 없기 때문에), 그 만큼 합리성의 위기의 가능성은 증대된다(Habermas, 1975, 61). 본질적으로 합리성의 결여란 기대들이 물적 목표(material ends)의 성취와 관계되어 제기된다 할지라도 이러한 기대들은 대개 그 사회를 위해서는 충족될 수 없다는 것을 의미한다. 합리성의 위기는 경제적 충족에 대한 우리들의 수단적 기대가 정치적 기준을 토대로 하여 볼 때(즉, 공정한 방법으로) 그 기대들에 대한 국가의 충족능력을 초과할 때 나타난다. 서로 다른 다양한 이익집단들은 사회전체의 이익이라고 볼 수 없는 다양하고도 양립 불가능한 정책들을 위해 국가를 상대로 막후협상을 할 수가 있다. 다시 말해, 사회는 생활수준의 지속적인 향상이라는 도구적 기대들을 갖고 있지만 국가는 오로지 어떤 '힘이 있는' (세력들의) 이익들만을 충족시킬 수가 있다. 그러므로 국가가 경제를 합리적으로 계획할 수 있는 능력을 갖고 있느냐가 의문시된다.

합리성은 또한 동기부여의 결여와 관계가 있다. 목적적 합리성이 지배적인 동시에 의사소통적 상호작용으로부터 탈상황적이라면 수단적 목적 그 이상의 어떤 것이 대중을 동기부여할 것인가? 나아가 동기부여가 수단적 목적으로 충분한가? 하버마스에게 있어서 동기부여는 두 가지 방법으로 검토될 수 있다. 첫째는, 전자본주의적(precapitalist) 종교적 가치의 잉여로써 둘째는, 도구적 사회의 공리주의적 가치에 의해서이다. 첫 번째 방법은 점증하고 있는 사회의 세속주의와 기술주의로 인해 침식되어 왔다. 그러므로 성공은 내세에서 보상을 받는다든가 또는 성공은 구원을 예시한다는 사실을 이해하는 것에 의해 자극을 받은 성공과 성취를 위한 동기에 대한 보상은 현세에서 즉시 주어지며, 나아가 개인이 투자한 노력의 양에 비례한다는 것을 암시하는 점증하는 세속적 사회에 의해 침식을 받는다. 일례로, 학교에서의 성공의 동기는 종파적 지식의 습득 정도를 연시(演試)할 필요성이나 자신이 갖고 있는 지식의 정도나 양을 표현해 주는 어떤 신념을 조건으로 하지는 않는다. 차라리 이러한 동기는 도구적 관심—즉, 대학진학이나 직업준비—으로 예측된다. 하버마스(1975)는 일단 그러한 종교적 사회적 가치들이 붕괴되면, 이러한 가치들을 국가의 행정행위가 대체할 수 없다고 주장한다. 이러한 동기부여는 의사소통적 상호작용을 통해 일어난다. 다시 말해, 그러한 동기들은 세계를 일정한 방식으로 보고 그런 다음에 젊은이들로 하여금 이러한 세계를 영속화하도록 자극하는 동기체제를 설계하는 실체적(substantive) 합리성을 의미한다. 삶에 관한 수단적 개념을 부추겨 온 국가행정은 젊은이들에게 이러한 종교적 사회적 동기들을 재창조할 수 없었다. 어린이들을 사회화시키는 데 목적을 둔 학교체제도 부분적으로는 수단적 성공을 예측하게 되는 지적 성취를 적용하기 때문에 국가행정과 동일한 운명을 겪는다.

동기의 두 번째 근원, 즉 성취에 대한 수단적이고 공리적인 열망도 또한 침식되고 있다. 즉, "사람들은 시장은 희소가치의 공정한 분배자라는 믿음을 갖지 못한다(국가의 개입 자체가 분배의 문제를 야기하고 점증하는 교육수준이 직업의 기회와 조화될 수 없는 열망이나 기대를 제공하기 때문에)"(Held, 1980, 293)는 것이다. 그러므로 수단적 동기들은 보편적인 성공을 창출하지 못한다. 왜냐하면 학교에서의 성취가 자동적으로 부의 축적으로 이어지지는 않는다는 것이 분명하기 때문이다.

이러한 분석에서 보면, 있을 수 있는 합리성의 결여와 동기의 결여가 결합되면 정당성 위기의 가능성이 초래된다. 정당성은 가치로운 것으로 인식되고(Habermas, 1979, 178) 충성을 받을 것으로 인식되는 국가의 권리이다. 정당성의 위기는 국가의 지배권리에 의문을 제기함으로써 이러한 두 가지 가정에 직면한다. 하버마스의 분석에 의하면 합리성의 결여가 전개되고 뒤이어 동기의 결여가 명백히 나타나면 정당성의 위기가 초래된다. 본질적으로 국민들은 정부가 과거의 정부행위와 수단적 합리성의 진전에 의해 결정된 그러한 기본적 원망과 욕구를 공평하게 충족시킬 수 있는 능력이 있느냐에 의문을 제기한다. 단순히 수단을 지향하며 결과를 고려하지 않는 행정은 정당성의 위기를 초래한다. 이러한 행정은 문화적 사회적 이슈들을 고려하지 않고 경제적 지시와 여타의 지시에 따라 현존체제의 방향을 잡는다. 예를 들어, 학교체제는 자체의 수단적 능력에 기초하여 대중들에 대하여 학교체제의 정당성의 토대를 강조한다. 즉, 학교체제는 대중들에게 우리학교의 졸업생들은 대학진학 또는 직업의 자격을 주게 되겠지만 대신에 졸업생들은 높은 비율의 중도탈락생, 성적불량학생, 최저능력학생으로 분류되기도 한다고 암시한다. 행정은 그 행정행위나 약속이 지지자들에 의해 어떻게 관행적으로 간주되느냐를 완벽하게 고려하지 않은 채 관료적 규범(규칙)에 관심을 가질 수 있다. 그렇다면 정당성의 위기는 통치체제가 그 과정을 계속적으로 촉진하는 문제, 즉 권위붕괴의 위기로 이어진다. 권위붕괴의 위기는 국가적인 수준뿐만이 아니라 지역의 수준에서도 발생되며 동기와 합리성의 변화와 관계가 있다. 하버마스는 정당성 위기의 가능성을 다음과 같이 논한다.

정당성의 결여란 행정적 수단들에 의해서는 효과적인 규범적 구조들을 필요한 정도만큼 유지하거나 확립하는 것이 가능하지 않다는 것을 의미한다. 자본주의의 발달과정에서 정치체제는 자체의 영역을 경제체제뿐만이 아니라 사회문화적 체제로 이행시킨다. 조직적 합리성이 확산되는 반면 문화적 전통은 붕괴되고 희미해진다. 그러나 전통의 보존은 행정적 통제로부터 벗어난다. 왜냐하면, 정당성 확보를 위해 중요한 전통들은 행정적으로 개선될 수 없기 때문이다(Habermas, 1975, 47).

부의 사적 소유에 의존하는 경제체제와 평등의 공적 실현에 의존하는 정치체제간에는 이중적 긴장이 존재한다. 만일 경제체제가 위협을 받으면, 그로 인해 국가의 정당성이 위협을 받음으로써 국가행정은 정치체제에 필요한 정당성을 재창출할 수 없다. 왜냐하면, 그러한 정당성은 수단적 합리성에 의해 침식되어 온 합의적 규범들에 토대를 두고 있기 때문이다. 동시에 자체의 정당성이 위협을 받고 있는 정치체제는 더 정밀한 탐구의 대상이 되고, 그래서 엘리트들에 의한 지배에 대한 문제가 제기될 수 있다.

하버마스의 아이디어들은 예측에 토대를 두기보다는 차라리 가능성(possibility)과 경향성(tendency)에 토대를 둔 분석적 도식을 제시한다. 만일 우리가 이들 가능성을 인정한다면, 우리는 목적적－합리적 행위의 맥락과 의사소통적 상호작용의 맥락을 분석하는 데에 관심을 갖고 있으며 모든 사람들에게 평등한 경제적 정치적 기회가 주어지도록 우리의 삶을 조직하는 실제적 방법을 갖춘 시대가 도래하리라는 이상을 갖고 있는 ‘사회에 관한’ 비판이론의 여지, 나아가 그러한 요구가 가능하다는 것을 이해할 수 있다. 비판이론은 자유(liberation)를 보장하도록 사회적 구조들을 변화시키는 실제적 방법을 발견하고자 시도한다는 점에서 해방적이다. 그러므로 비판이론은 민주주의가 갖고 있는 완전한 잠재가능성을 실현할 뿐만 아니라 해방의 조건들을 발견하는 데 목적을 두고 있다.

그러한 조건들을 탐색하는 것은 합리성, 의사소통 그리고 정당성에 대한 분석에 덧붙여서 현대문화에 대한 분석도 포함한다. 주로 프랑크푸르트학파의 초기학자들에 의해 전개된 현대문화에 대한 논쟁은 목적적 합리성 또는 수단적 이성이 문화의 비판적 반성적 역할을 훼손하여 왔다는 것이다. 문화 그 자체가 수단적 합리성이라는 요구에 압도되기 때문에 즉시적 만족의 수단으로서의 '문화산업(culture industry)'이 된다. 지록(Giroux, 1983, 20)이 주장하는 것처럼 문화와 관련하여 사용된 '산업'이라는 용어는 지배적 신념과 가치체계를 재생산하고 정당화해 온 정치적 경제적 집단들에 대한 관심의 집중을 지적하는 것뿐만이 아니라, 일상생활에 널리 퍼진 것으로서의 합리주의와 표준주의(획일주의)의 메카니즘들을 일컫는 것이었다. 이러한 분석은 현대사회에서 문화가 어떻게 오락으로 변하고 비판적 기능을 상실하는가를 밝혀 주는 시도이다. 즉, "여가를 즐기는 사람은 문화제조업자들이 자신을 위해 무엇을 생산한다는 것을 인정하기 마련이다"(Horkheimer & Adorno, 1972, 123). 영화산업에 대한 그들의 분석은 이러한 논조를 구체화시켜 준다.

> 실제 생활이 영화와 구분될 수 없도록 되어 가고 있다. 환상의 극장을 훨씬 능가하는 음향필름은 그 필름의 구조 내에 반응할 능력이 없으나 이야기의 줄거리를 놓치지 않으면서도 필름의 세부적인 사항과는 유리되어 있는 청취자들에게 상상력과 반성적 사고의 여지를 허용치 않는다. 그러므로 음향필름은 필름을 현실과 직접적으로 동등하게 함으로써 피해를 가한다. ……만일 관객이 사실들의 쉼 없는 전개를 놓치지만 않는다면 지속적인 일련의 사고는 문제될 바가 없다. 만일 관객의 반응에 요구되는 노력이 반자동적일지라도 상상의 여지는 존재하지 않는다(Horkheimer & Adorno, 1972, 125).

대중문화는 소비와 쾌감이라는 주제를 강조하는 반복적이고 생생한 사실적 폭력(표현)을 통해서 상상력과 반성적 사고의 힘을 무력화시킨다. 오늘날 텔레비전뉴스는 선정적이고 터무니없는 내용으로 짜여진 30분짜리 캡슐약에 불과하다. 대중독자들의 인기에 의해서만 판정되는 베스트셀러들은 성과 폭력이라는 무용지물의 수준; 또는 보다 점잖게 말하면 순간적인 감화내용, 순간적 처치능력만을 의미한다. 일련의 분석은 비판은 비공식적으로는 모든 수준에서 일어난다 할지라도 자격부여를 통해 사회적으로 정의된 영역인 지식인의 영역이다. 그러한 비판은 복잡 난해한 논의를 위해 계획된 과업의 생산이 아니라, 이윤축적의 주기 속에서 새로운 경향의 도입에 목적을 둔 문화산업에 의해 확립된 불평등에 대항하여 살아남기 위해 투쟁해야 한다. 문화산업은 자본주의와 근대화라는 특별한 정제(錠劑)를 표현한다. 즉, 문화사업은 본래 자발적이며, 창의적이며, 지속적이었던 것을 취해서 이를 생산가치와 이익의 성격을 갖는 소비로 전환시킨다. 이러한 문화산업은 미묘하고도 아마도 불확정적인 방법으로 다양한 원칙들에 기초를 두고 있는 교육의 과정에 영향을 미친다. 교육은 문화산업이 요구하는 직접적이며 감각적인 만족을 제공할 수는 없다. 교육은 날마다 사고의 체계들과 상호 작용해야 하는 사람들 속에서 아주 사실적인 갈등을 유발한다.

4. 요 약

비판이론 영역의 연구물들이 나오기 시작된 과정에 대한 간략한 검토를 하버마스에 초점을 두고 전개하였다. 그 이유는 그가 현대 국가의 분석에 미친 공헌점 때문이다. 일반적으로 비판이론은 우선적이고 일차적으로 자본주의적 체제에 대한 비판적 분석에 토대를 두고 있다고 말할 수 있다 경제적 상호작용의 형태로서의 자본주의는 개인들의 노동력을 위해서 그들에게 봉급을 제공하는 선에서—소수의 자본가들을 위한 기업을 통해 축적된 이익을 표현하는 것도 아닌—그 노동력을 잉여자본으로 환원시킨다. 비판적 분석에서 볼 때, 현대 국가들은 엄격한 자본주의 체제에서 결여되기 쉬운 제반 사회적 이윤을 제공하기 위해 계획된 국가복지 프로그램을 통하여 이러한 불평등을 보상하여 왔다. 이것은 현대의 광고, 소비, 점증하는 생활수준, 그리고 문화산업과 결합되어 자본주의가 야기하는 부의 불평등에도 불구하고 전반적인 자본주의의 체제를 정당화하는 역할을 한다.

사회의 구성원들은 또한 특별히 북아메리카주에서 나타난 소수집단들과 같은 불평등으로부터의 자유에 관심을 갖는다. 아직 실현되지 않고 있는 평등, 자유라는 이데올로기적 약속들은 현대 국가의 정당성의 위기를 초래한다. 만일 국가가 수단적 합리성의 원칙들에 따라서 운영되고 결과적으로 성공의 약속이 충족된다고 말한다면, 국가체제의 합리성에의 신념에 의존하는 동기부여적 이슈들은 또한 의문시된다. 다시 말해 그것들은 자본주의 체제의 노동자들이 자본주의 체제는 육체노동에 대한 보상을 제공할 능력이 있다는 데에 대한 절대적인 믿음을 가질 수 있을 때인 전 시대의 특성인 성공을 위한 기본적인 열망을 자극하는 데 실패했다.

일반적으로 행정가들과 학교에 관심을 갖고 있는 사람들에게 이러한 사고체계들은 현대 사회를 분석하는 한 가지 방법을 제공한다. 분명 비판이론이 문제가 없는 것은 아니다. 그러나 동시에 비판 이론은 사회구조의 민주적 형성이라는 개념을 존중하고 전개한다. 이러한 비판이론은 이해하고, 비판하고, 교육하는 것을 목적으로 한다. 비판이론은 현대적 행정가가 행하고 있는 역할의 상태를 적절하게 기술할 수 있다. 확실히 행정직위는 학교를 운영하는 데 관련된 다양한 사람들과 직위에 대한 이해를 전개시키는 것과 관계된다. 이는 또한 현존하는 학교교육의 현실에 대한 비판적 평가를 포함한다. 그것은 여기에서 논의된 의미에서의 비판적이 아니라 적절한 학교수행의 방법을 견지하는 것으로 지각되는 정책과 규정들에 대해 비판적이다. 마지막으로 교육적 차원이란 개인으로 하여금 민주적 참여와 직업적 참여를 준비시키는 체제의 발전에서 특히 중요하다.

그러므로 행정가들은 비판이론의 관심사 중에서 일반적인 수준에서 참여하는 것으로 보여 왔을지라도 비판이론 그 자체에 대한 지식은 행정을 실천적 행위 또는 프락시서의 장으로 올려놓을 수 있는 참여의 수준을 제공할 수 있다. 우리는 이것을 행정이란, 특히 비판적이고 교육적인 차원을 통하여 성취되는 변화로서의 변화라는 개념에 지향된 것으로 본다. 그러한 실천적 행위는 단순히 주어진 환경의 체계 내에서 어떻게 관리해야 하는가에 관한 인공적인 이론이 아닌 사회가 어떻게 작동하는가에 관한 이론에 의해 정보를 얻게 된다. 이러한 선택을 할 때, 대부분의 행정가들은 만인을 위한 보다 정의롭고 공정한 상황을 제공하는 데 지향해야 할 학교교육과 행정에 대한 자기 반성적이고 비판적인 분석을 선택할 경향이 있다. 사실, 대부분의 행정가들은 이를 위해 노력하고 있으나 실증주의적 방법론과 실증주의 이론의 제약 내에서 그것이 가능할 뿐이며 경제적 정치적인 사회조건들에 대한 비판적 분석을 언급함이 없는 채로 그러한 노력을 하게 된다. 비판이론은 이처럼 보다 거시적인 문제들을 고찰하는 방법을 제공한다. 비판이론이 우리에게 '관리하는 규칙'이나 정통적인 사회과학을 제공해 주지는 못할지라도, 그러한 규칙이나 절차들은 아마도 실천행정가들에게 별로 도움이 못된다. 비판이론은 현실을 개념화하는 태도, 방법 그리고 개별적으로 형성된 행위를 통해 사회변화를 설명하는 방법을 제공한다. 비판이론은 처방하지는(prescribe) 않는다. 다시 말해, 비판이론은 결정을 내리지는 않는다. 차라리 비판이론은 교육하는 것을 시도하며 그러한 교육을 통해서 우리에게 우리가 처한 환경을 소개해 주며 그러한 환경들이 의식적으로나 무의식적으로 우리에게 어떻게 영향을 미치는 가를 가르쳐 준다. 그러므로 행정가들에게 있어서 그러한 지식은 행위의 규칙을 제공하는 데 목적을 둔 것도 아니며 교육사업이라는 상호적(mutual) 결정에 관련되어 있는 학생과 교사 또는 기타의 인사들을 통제하기 위한 것도 아니다. 차라리 비판이론은 교육이란 무엇을 의미하는가, 그리고 사회구조는 무엇을 의미하는가에 관한 우리의 기초적인 사회화된 통념들을 해방시키는 데 목적을 둔다. 그렇게 함으로써 우리들로 하여금 개별적인 주체(individual)가 되도록 해 준다.

마지막 분석으로, 비판이론과 그 구성요소는 우리에게 사회적 구조에 관한 정당성의 문제—즉 계급, 권력 그리고 문화에 관한 문제—를 제기하도록 자극한다. 분명히 이러한 문제들은 정통적 이론에서도 언급되고는 있지만 쉽게 간과되어 온 것이다. 그러나 이러한 문제들은 비판이론가의 관심에서 볼 때 중요성을 갖는다. 계급을 언급함으로써 비판이론은 사회에서 자원의 점유와 분배에 관한 문제를 제기한다. 여기에서 특히 중요한 이슈는 부의 조건들은 재생산되느냐 하는 것이다. 이 사회에서 자기 부모가 갖고 있는 지위로 인해 이득을 보고 있는 사람이나 또는 그 외의 모든 사람들이 성공을 위한 동등한 기회를 갖고 있는가? 많은 연구들은 사회적 유산은 나중의 성취와 성공에 주요한 의미 있는 결정인자라고 제시한다. 권력은 성공에 관련된 또 다른 이슈이다. 많은 사람들이 주장하는 것처럼, 권력은 엘리트적 의사소통망 내의 참여를 통해 성취되는가 아니면, 자유이론이 견지하는 것처럼 업적주의적으로 분배되는가? 마지막으로 문화를 고찰할 필요가 있다. 우리는 문화구성원들의 개별성(individuality)을 부정하는 기술주의적 문화를 발전시켜 왔는가, 아니면 여전히 문화란 서로 다르고 다양한 표현의 형태를 허용하는가? 이러한 물음들은 서양 사회에서의 근본적인 이슈를 고찰하는 연구와 학문정신의 근간이 된다. 즉, 어떻게 학교와 학교교육을 통해 문화와 경제적 분화의 체제가 생산되는가? 이러한 물음은 사회 속에서 학교의 궁극적인 평등화에 관심을 갖는 행정가들에게는 기본적인 것이다.

제5장
학교교육의 급진적 재구성

1. 서 언

현대의 교육행정이 저지른 과오 중의 하나는 진정으로 교육적인 것이 무엇인가에 관하여 관심을 두려고 하지 않았다는 점이다. 행정이론의 대부분은 경영관리나 회사이론으로부터 발전된 것들이다. 그래서 행정이론에 관한 지배적인 연구물을 살펴보면 알 수 있듯이 학생의 역할, 교사의 직무 그리고 교육과정의 본질 등과 같은 교육적 관심사들에 대해서는 단지 그것들이 언급될 때만 일회성의 관심을 보여 왔다. 그러나 교육행정가들의 한 가지 기본적인 관심사는 학교교육이 학생들의 진보에 공헌하는 방법—즉, 학교교육이 학생들을 향해, 학생들을 위해서 무엇을 해야 하는가?—에 관한 것이어야 한다. 행정이 진정으로 '교육적'이려면 교육적 이슈들, 구체적으로 학교에서 성공을 거두는 사람들과 그렇지 못한 사람들 모두에게 관심을 가져야 한다.

1930년대 초기의 사회학자 월러(Willard Waller, 1932)는 학교에서 교직원과 학생들 사이에서 이루어지는 관계성을 연구한 최초의 한 사람이다. 그는 학생들의 하위문화와 학생들이 자신들을 '전체적으로' 휘몰아 넣는 세계에 들어가기를 강요받게 될 때 어쩔수없이 겪게 되는 갈등을 적절히 기술하였다. 학교의 본질과 효과성에 관심을 가져온 현대의 이론가들도 이러한 접근을 계속하여 왔다. 이러한 물음에 관한 가장 설득력 있는 분석은 급진적 (radical) 전통(기본적인 이슈들에 집착한다는 의미에서의 급진적인)에 속하는 학자들에 의해 수행되어 왔다. 급진적 전통에 속하는 학자들의 일차적인 물음은 학교가 어떻게 사회계층의 재생산에 기여하는가 하는 점이다. 만일 우리가 행정이란 조직을 관리하는 것만이 아니라 정의로운 사회의 실현을 유도하는 도덕적인 결정을 내리는 데 관심을 가져야 한다고 주장한다면, 이러한 물음은 행정가들에게 중요한 이슈가 된다. 행정가들은 지도자이어야만 하고 지도자이기 때문에 그들은 기관을 지도한다는 것의 본질에 관한 쉽지 않은 딱딱한 어려운 물음을 제기할 준비가 되어 있어야 한다. 급진적 학자들은 이러한 물음들을 제기하여 왔다. 사회와 문화는 학교교육을 통해서 어떻게 재생산되는가? 하층계급의 자녀들은 왜 부모 역시 하층계급의 자녀들일 확률이 높은가? 성차별의 문화는 어떻게 지속되는가? 어째서 학교는 계급재생산의 반복성을 단절시킬 수 없는가? 이러한 문제들은 학교교육의 급진적 재구성의 핵심에 위치한다. 교육행정의 중심적인 이슈는 학교의 정당성을 유지하는 것이다. 그러나 기회의 균등과 같은 자유주의적 정치가치에 충실한 사회에서 사회계급이 재생산되고 소수민족 학생들의 중도탈락률이 높고 그리고 효과적인 학교들은 주로 학교의 가치들을 반영하는 가치를 소유한 사람들과는 거리가 멀다는 사실들이 밝혀질 때, 행정의 정당성은 의심을 받게 된다. 그러나 교사나 행정가들이 학생들로 하여금 학교를 떠나도록 하거나 인종적으로나 민족적으로 소수민족집단들의 욕구를 무시할 권한은 없다. 대체적으로 학교는 양육적이고 배려적인 사람들이 모인다. 학교가 동일한 시간에 봉사할 수 있는 사람들의 수는 한정되어 있는데 어떻게 평등에 헌신할 것인가에 관한 역설적 논리는 사회적 문화적 생산과 이의 재생산에 관한 이론들을 분석함으로써 어느 정도는 해결된다.

2. 대응이론

보울스와 긴티스(Bowles & Gintis, 1970)는 학교란 경제질서의 필요에 대응(일치)한다는 것을 제안하는 대응이론(correspondence theory)을 통해서 학교교육과 사회경제적 체제간의 관계성을 역설하였다. 그들의 견해에 의하면, 예를 들어 교육상황에서 행정가, 교사 그리고 학생들 사이에서 발생하는 사회적 관계성은 노동조직의 계층, 즉 관리자, 십장, 노동자의 관계성과 유사하다. 더 구체적으로 말하면, 학교는 주로 경제체제가 효율적인 생산을 위해 필요로 하는 규범, 가치 그리고 습관을 주입하는 데 기여한다(1976, 13)는 것이다. 이러한 견해에서 볼 때 자본주의 사회는 주로 생산의 세력(forces of production)에 의해 움직여진다고 말할 수 있다. 그러한 생산세력은 생산직위에 순응하고 시간엄수, 복종 그리고 근면을 미덕으로 훈련받은 노동자를 요구한다. 보울스와 긴티스가 말하다시피(1976, 151), "학교체제는 경제적 불평등을 정당화하고 자본주의 경제에서 이익을 가져올 수 있는 고용의 필요조건으로 제시된 재능, 자격 그리고 의식을 갖춘 노동자를 배출하기 위해 노력한다." 학교는 계층적으로 구분된 경제체제에서는 바로 그러한 불평등이 필요하기 때문에 불평등을 재생산한다.

교육조직과 노동조직간에 구조적 유사성이 존재한다는 것은 주목할 가치가 있다. 그러나 양자간에 구조적 유사성이 존재한다고 할지라도 코헨과 로젠버그(Cohen & Rosenberg, 1977)가 지적하였듯이, 학교가 경제적 불평등을 재생산하는 기능을 한다고 말하는 것은 별개의 문제이다. 이 주장은 지나치게 기계적이며 기능주의적인 관점이다. 그러나 이것은 실재하지 않을 수도 있는 사회구조에 합리성을 귀속시킨다. 이에 대한 지록(Giroux)의 반론은 다음과 같다.

보울스와 긴티스는 의식 또는 이데올로기에 관한 주도면밀한 이론을 갖고 있지 못함으로 학교에서 무엇이 가르쳐지고 있을 뿐 아니라 수업지식(내용)이 학교문화를 통해서 어떻게 주입되는가, 또는 교사와 학생들에 의해 어떻게 의미가 부여되는가에 대하여 너무 경시한다. 그들은 학교상황에서 지식이 어떻게 배분되며 생산되는가를 밝혀 줄 만한 어떠한 개념적 토대도 제공하지 못하고 있다(Giroux, 1981, 7).

보다 적절한 하나의 접근은 학교구조가 인간들에 의해 어떻게 문화적으로
재생산되는가에 주의를 기울여 보면 알 것이다.

3. 구조에 관한 이론적 모델

영국의 사회학자 기덴스는 구조와 재생산이라는 문제에 대하여 장황하게 설
명하였다. 그는 인간들이 어떻게 구조를 확립하고 실재를 해석하는가의 문제
에 주의를 기울임으로써 구조와 재생산의 문제를 거시적인 수준에서 분석하고
있다. 기덴스의 연구는 재생산이론을 개관하는 데 있어서 유용한 입문서의 역
할을 한다.

기덴스가 기울인 중심적인 관심사는 어떻게 사회적 세계가 행위자들에 의
해 만들어지는 동시에 역으로 사회적 세계가 행위자를 어떻게 통제하는가를
설명하는 데 있다. 기덴스에게 있어서 사회적 세계란 다음과 같이 검토될 수
있는 '재생산된 실천들의 체계(set of reproduced practices)'이다. 즉, 사
회적 세계는

> 첫째, 실제의 구성이라는 관점에서 볼 때 행위자들에 의해 '표출된' 행위들
> (acts)의 연속체로써, 둘째, 의미의 의사소통을 포함하는 상호작용의 형태를 구
> 성하는 것으로써, 셋째, '집합체' 또는 '사회 공동체'에 본질적인 구조들을 구성하
> 는 것으로써의 실천들이다(Giddens, 1976, 104).

이러한 세 가지 요소들은 변증법적 긴장상태로 서로 관련되어 있다. 즉,
행위들은 구조들을 만들어 내는 상호작용을 결정짓는다. 그러나 구조들은
"총체적으로 의도된다거나 총체적으로 이해될 수도 없다"(1976, 102). 구조
들은 어느 정도의 이중성을 갖는다. 다시 말해 구조는 상호작용에 의해 만들
어지기도 하며 또한 상호작용을 위한 상황이 되기도 한다. 기덴스는 구조들

의 재생산과 변형을 '구조화(structuration)'라고 부르며, 구조화는 공간과 시간이라는 상황 속에서 발생한다(Giddens, 1979)고 본다.

그러므로 교육기관과 관련시켜 볼 때, 구조는 단순히 행위자들에게 부여되는 것이 아니다. 행위자들은 상호작용을 통해 구조를 만드는 데 능동적인 역할을 담당하지만, 상호작용 그 자체는 과거의 구조와 현행의 구조들을 전제로 한다. 이러한 구조화의 과정은 어떤 행위자들로 하여금 다른 행위자들에게 상황에 대한 자기들의 정의를 받아들이도록 시도하게 되는 권력의 관계를 반영한다. 학교에서 이러한 구조화의 과정은 교사가 상호작용의 규칙을 제시함으로써 학급의 구조를 제공하려는 시도 속에서 반영된다. 학생들에게는 이러한 규칙들을 '그저 받아들이도록' 기대되며, 그러한 기대가 이루어질 때 구조가 형성된다. 그럼에도 불구하고 이러한 구조는 서로 다른 행위자들이 현실에 관한 여러 가지 경계(boundary, 영역)들과 해석을 검증할 때 일상적으로 계속해서 떠받쳐진다(reshored). 물론 영역들과 해석들은 보다 권력이 강한 자들이 권력이 약한 자들을 지배함으로써 이루어진다.

학생들이 교사가 강요하는 구조를 받아들이지 않는다면 어떤 일이 발생할 것인가? 파파기아니스, 빅클 그리고 풀러(Papagiannis, Bickel and Fuller, 1983)는 기덴스의 연구에서 밝혀진 관점에 입각하여 학업 중도탈락이라는 이슈에 주의를 기울였다. 첫째로, 그들은 '중도탈락'이라는 개념은 사회적으로 만들어진 분류라고 본다. 그러므로 이것은 단지 개인에게 귀인되는 (원인이 있는) 문제가 아니다. 그들은 다음과 같이 말한다.

> 중도 탈락과 기타 학교교육에서의 실패들은 유전적 결함, 문화적 결손 또는 인종차별적 교사들에 의한 파괴적인 사회적 귀인절차(social ascription procedure)에 원인이 있는 것이 아니다. 차라리 학교에서의 실패는 문화적으로 억지로 부여된 사회적 역할 속에 처한 교사와 학생 모두를 포함하는 사회적으로 조직된 '성취(accomplishment)'로 간주된다(Papagiannis et al., 1983, 371).

그러나 그들은 이러한 성취는 서로 다른 계급이라는 상황 속에서 형성되는 구조의 상황 내에서 발생한다고 부연한다. 다양한 계급간의 관계성은 학급에서도 명확히 나타나며, 따라서 학급이 어떻게 구조되어야만 하는가에 관한 다양한 해석에 기여한다. 예를 들어 파파기아니스 등은 다음과 같은 사실을 밝히는 연구결과를 보고한다.

> 사회적 계급의 차이를 정확하고 용이하게 유형화할 수 있는 학교에서 교사들은 상식적으로 볼 때에도 서로 관련되어 있는 신체적, 가족적 요인들에의 자기 무의식적 참조를 통해서 학생들을 분류하였다. 이러한 분류에는 복장양식, 개인적 차림새, 체취, 가정의 경제적 정도에 관한 사회활동가의 보고 등이 작용하였다. 그러므로 교사들은 서로 다른 특성들을 갖고 있는 학생들의 동일한 행동에 대하여 서로 다른 평가를 무반성적으로 내리는 데 있어서, 해석의 자원으로써 이러한 동일한 정보들을 사용하였다. 결과적으로, 언어적 독창성과 같은 동일한 상호작용적 수단은 어떤 학생들에게는 강화되었으나 다른 학생들은 격려 받지 못하는 결과가 된다(Papagiannis et al., 1983, 375).

이러한 종류의 반응을 통해 파파기아니스와 그의 동료들은 중도탈락(포기)은 젊은이들의 입장에서 보면 아주 합리적인 결정이라고 말한다. 기덴스가 사용한 용어로 하면, 그 젊은이들은 구조화 과정을 '꿰뚫어 간파하고' 이를 거부한 것이다. 즉, "계급이 낮을지라도 모든 사회적 행위자들은 그들을 억압하고 있는 사회적 형태들을 상당한 정도로 통찰하고 있다"(Giddens, 1979, 72). 그러한 젊은이들이 반드시 그들의 상황에 대해 의식적으로 합리적인 평가에 참여하는 것은 아니지만 많은 사람들은 구조의 조건들을 '알아차리고' 다른 사회적 상황들이 자신들에게 보다 유익할 수 있다고 결론을 내린다.

그렇다면 사회에서 상류와 중류와 같은 지배집단을 반영하는 특정의 구조가 학교에서는 어떤 방식으로 나타나는가? 보르도우와 패서롱(Bourdieu & Passeron, 1977)은 학교가 문화를 재생산하는 방법에 관한 자신들의 분석을 통해서 이러한 문제에 답하고자 시도한다. 보르도우는 경제적 자본에 비유되는 것으로서의 '문화적 자본'을 언급한다. 즉, 문화적 상호작용이라는 지배적인 체제들의 측면에서 볼 때, 최소한 많이 가지면 가질수록 더 부유하다. 그러나 문화적 자본은 사회에서 지배적인 집단이 통제하며 그래서 "우리의 지배적인 경제적 기관들은 이미 경제적 자본을 소유하고 있는 사람들이 유리하도록 구조화된 것처럼, 우리의 학교들도 이미 문화적 자본을 소유하고 있는 사람들이 유리하도록 구조되었다"(Harker, 1984, 118). 학교가 중류소득집단과 고소득집단에 보다 효과적으로 반응할 수 있는 능력(가능성)을 갖고 있다는 사실은 주로 이들 집단들은 학교가 자연적인 것으로 인정하는 문화적 자본을 소유하고 있다는 사실에 주로 기인한다. 학교에서 성공하기 위해서, 소외집단의 구성원들은 필수적인 문화적 자본, 즉 보르도우의 표현대로 하면 개인이 문화적으로 특수한 방법으로 행동하는 경향이 있는 그러한 문화적 실천에 해당하는 새로운 습성(habitus)을 습득해야만 한다(Bourdieu, 1979). 습성이란 일정한 문화적 상황 속에서 표현되고 재생산되는 행위, 품위, 언어 그리고 행동들의 집합이다. 그 습성은 개개 습성이 다양한 문화적 전통을 반영할 수 있을지라도, 부유하게 태어난 아이들과 가난하게 태어난 아이들의 행동과 실제 속에서 밝혀진다. 습성은 일반적인 사회적 조건들과 상호작용하는 사회화의 실천을 통해 성취된다. 습성은 아동들 간에 그리고 각 세대들간에 차이가 있다. 그러나 학교는 지배집단의 문화를 반영한다. 즉, 학교에서는 가장 힘이 있는 집단의 취향, 선호, 언어가 사용된다. 그러나 이러한 습성을 습득하지 못하고 학교에 들어오는 아이들은 학교를 그만두거나, 소외되거나, 아니면 이것들을 학습해야만 한다. 보르도우의 표현에 의하면 지배집단의 습성은 다른 문화적 형태를 소유한 사람들에게 '상징적 폭력(symbolic violence)'을 행사하는 것이다. 행위자들은 그 자체가 서로 다른 환경에 따라서 변화하고 있는 자신들만의 문화적 배경을 갖고 학교에 들어온다. 그럼에도 불구하고 하류계급은 그들이 갖고 있는 습성이 학교 내에서 가치 있게 통용되지 않기 때문에 불리한 입장에 놓이게 된다. 하류계급은 지배집단의 문화를 반영하지 않기 때문에 존중되지 않는다. 동시에 학교는 지배적인 문화의 유산을 자연적이고 정당한 것으로 인정한다. 다시 말해, "습성의 작용으로부터 생기는 어떤 조직 또는 사회 내에서 본질적인 특정의 경제적 문화적 실제들은 '정상적'이고 '자연적'인 것으로 생각된다"(Watkins, 1985, 18). 그러므로 보르도우는 학교상황에서 계급의 재생산을 분석하는 데에 문화적으로 특수한 방법을 취한다. 그의 견해에 의하면 사회는 여러 가지 서로 다른 문화적 집단을 포함하는데, 각 집단은 새로운 세대 속에서 그 자체를 재생산한다. 각 개인은 개개인의 습관, 태도 그리고 실천 내에서 가족적 문화의 표현체로서의 습성을 발전시킨다. 사회적 기관으로서의 학교는 지배적이고, 우세한 사회적 문화에서 나타나고 있는 습성의 재생산을 촉진하게 된다. 우세하지 못한 여타의 문화들은 학교 내에서 상징적으로 침해를 받게 된다. 왜냐하면, 그러한 문화들은 지배집단에 의해 정의된 바로서의 성공과 성취를 위한 수단을 표현하지 못하기 때문이다. 학교는 지배계급의 구성원들에 의해 그것을 학습하는 것이 가치롭다고 평가될 수 있는 '고유의' 습성을 습득할 수 있는 기회를 제공하고자 시도한다. 이것이 불가능할지라도 학교는 "지배문화와 그 지배문화를 점유할 수단을 갖고 있는 사람들의 정당성(legitimacy)에 대한 인식을 가르치기 마련이다. 상징적 지배는 경제적 지배를 수반하며 이를 배가시킨다"(Bourdieu & Boltanski, 1978. 217).

4. 마르크스적 분석

앞에서 밝힌 이슈들 중 많은 것들은 학교에 대한 샵(Sharp)의 분석에서 다시 나타난다(1980). 그녀의 분석 중 일부분이다-"인간들의 의식이 인간의 존재를 결정하는 것은 아니지만, 인간의 의식을 결정하는 것은 인간이 처한 사회적 상황(존재, existence)이다"(Marx, 1970, 20; Sharp, 1980, 87에서 인용). 샵은 학교의 구조와 학교에서 가르치는 지식이 어떻게 지배계급을 반영하고 있는가를 설명하기 위하여 보르도우가 습성을 언급하는 방법과 어느 정도 동일한 방식으로 헤게모니(Hegemony)라고 말하는 그람시(Gramsci, 1971)가 사용한 개념을 적용한다. 이탈리아의 마르크스주의자 그람시에게서 차용해 온 개념인 헤게모니란 "지배계급이 자신들의 지배(dominance)를 행사하는 데 사용하는 일단의 가정, 이론, 실천적 활동, 세계관을 말한다. 헤게모니의 기능은 이데올로기적 토대에 입각하여 계급지배의 조건들과 생산의 사회적 관계의 연속성을 재생산하는 것이다"(Sharp, 1980, 102). 그러나 헤게모니란 주어지는 것이 아니라 계속적으로 확립되는 것이다. 헤게모니 확립의 목적은 사물을 의문의 여지없이 있는 그대로 받아들이는 사회적 태도의 확립이다. 예를 들어, 빈자보다는 부자를 위한 교육적 선택의 자유가 더 많아야 한다는 것을 자연적 조건으로 이해하게 되는 것이다—이러한 사실은 세계가 움직여지는 방법, 즉 세계가 당연히 움직여야 할 방법이라는 것이다.

샵은 헤게모니가 학교에서 어떻게 재생산되는가의 문제를 제기한다. 샵의 이러한 논쟁은 관계성을 구조화하기 쉬운 잠재적 교육과정의 차원들을 설명하려는 것이다.

> 학급 내에서 학생들은 교사란 학생들의 일상생활을 구조화하고, 지식으로 간주될 수 있는 것이 무엇인가를 정의하고, 학급의 규범과 규칙에 대한 통제행사를 통해 상호작용의 형태를, 그리고 성적과 평가 제도를 통해서 보상과 처벌의 배분을 규정하는 힘을 갖고 있는 자라는 중추적 권위자로서의 교사의 개념을 정당화하고, 나아가서 교사에 대한 이러한 개념을 강화하는 과정에 참여하게 된다. 그러나 이러한 전반적인 제약 내에서도 교사들이 민주적이거나 허용적이면 학생들은 교육적 '과업'을 집단적이기보다는 개인적으로 수행하는 동시에 그들의 노력, 사회적 동조 그리고 교사의 권위에 복종하도록 촉진하게 된다(Sharp, 1980, 124).

이러한 권위구조는 그 자체가 권위가 중앙에 집중되고 보상이 구체적으로 통제되는 학교와 교육청 수준에서도 재생산된다. 학급수준, 학교수준에서도 무엇이 지식으로 취급되느냐 하는 것이 또한 통제된다. 이글스톤(Eggleston,

1977)은 교육과정(의 지식)을 부여적인 것과 반성적인 것으로 분류하였다. 부여적 지식(received knowledge)은 교과서와 교재, 그리고 공적으로 이용가능한 지식이다. 이러한 지식은 지식의 근원이 되는 공동체 그 자체가 혼란스럽고 무질서 할 때에도 학생들에게는 적절한 것이며 의문의 여지가 없는 실체로써 전해진다. 반면에, 반성적 지식(reflexive knowledge)이란 "교육과정지식의 정의, 분배, 평가에 있어서 중요한 부분은 인간선택의 결과이며 중요한 사회학적 결과는 그러한 선택으로부터 결정된다"고 주장한다(Eggleston, 1977, 54). 이것은 교육과정지식은 누군가가 어떤 목적을 갖고 구성한 것임을 의미한다. 말하자면 가르쳐지는 것은 그것이 가르쳐지기를 원하는 사람의 개입에 의한다. 예를 들어 교육과정 집필자는 역사 또는 수학을 자신들의 기호에 맞추어 해석할 수 있다. 반성적 관점은 교육과정 집필자들이 역사적·문화적으로 편향되기 쉬운 방법으로 교육과정을 저술할 수 있다고 주장한다. 그러나 부여적 관점은 교육과정 집필자들은 단순히 진정한 사실들의 체계를 묘사한다고 주장할 것이다. 일반적으로는 학교에서, 그리고 특수하게는 학교 이하의 수준에서도 역사와 과학 모두를 미화(美化)할 경향이 있는 교육과정 지식의 부여적 각색이 가능하다.

그러므로 샵은 왜 노동계급—아마도 인구의 실체적인 부분이며 불평등한 부의 분배로부터 가장 영향을 받는—은 지배계급에 의해 그들에게 강요되는 부여적 교육과정, 지식의 정의들을 계속해서 받아들이는가를 분석한다. 이 책의 첫 장에서 논의한 것처럼 자유주의 이론은 부적절한 것으로 간주된다. 샵은 자유주의 이론에서 볼 때, "학교란 과거에는 전혀 다른 인지적 가정, 가치, 어조 그리고 언어에 노출되어 온 노동계급의 학생들이 그들과는 전혀 다르게 사회화되어 온 교사들이 학생들에게 선(善)과 진(眞)에 대한 자기 자신들의 생각을 강요하는 중류계급의 교사들에 의해 중류계급의 문화에 종속되는 문화적 부조화(cultural clash)의 장소로 보인다"(1980, 132)고 말한다. 그녀의 분석에 의하면 문화적 부조화란 학교교육의 지배적인 특징은 아니다. 학교를 다양한 문화집단들의 욕구에 적절하게 만들려는 관심은 전적으로 오류이다. 말하자면 계급들간의 차이는 문화적 가공물로부터 야기되는 것이 아니라, 부유한 자와 가난한 자간의 물적 기반(material base) 내에서의 차이로부터 야기된다. 그녀는 말하기를(1980, 133), "학교에서 일어나는 것"은 확실히 소외되어 있는 문화를 갖고 있는 다른 집단들에게 가해지는 중류계급문화의 부과가 아니라 더 나아가 종속계급들의 이데올로기적 편입과정이다. 그러므로 하층노동계급의 자녀들은 중류계급이 되라는 기대를 받지 않는다. 그러나 그들은 어떤 사람은 생산하고 또 어떤 사람들은 통제한다는 것을 의미하게 되는, 즉 사회에는 다양한 집단들이 존재한다는 개념에 동의하도록 기대된다. 이러한 이데올로기는 생산자 또는 노동자들도 관리자 또는 통제자로 이동할 가능성이 있다는 생각에 의해 보다 효과적으로 하류계급에게 편입된다.

마지막으로, 샵은 다음과 같이 주장한다.

> 그러므로 학교교육의 이데올로기적 역할에 관한 마르크스주의자의 분석은 자신의 통제를 벗어난 세력에 의해 사회화되고 그 세력에 의해 철저하게 이데올로기화된 '반응자로서의 학생'이라는 모델을 의미하는 것이 아니다. 여기에서 강조해야 할 것은 학교는 또한 학교의 능력을 이데올로기적으로 중재시켜 학교를 거쳐 가는 사람들을 성공적으로 결집시키는 특이한 형태의 반대세력을 생산 또는 재생산한다.

그러므로 이러한 모델은 무산자를 공개적으로 억압하는 사람들에 의한 공개적인 지배모델은 아니다. 그보다는 이것은 가지지 않는 사람들에게 주의를 기울이는 모델이며 "단지 당신이 기도할 때는 쟁취할 여지가 있다"라고 말한다.

애니언(Anyon, 1981)은 샵 등이 전개하고 있는 이론적 주장들에 대한 경험적 정당성에 관심을 갖는다. 애니언은 다섯 개의 학교를 사회적 계급의 상황—내가 말하는 (1) 노동계급 (2) 중류계급 (3) 부유계급 그리고 (4) 중추적 엘리트 계급(1981, 119)—에 의해 비교 연구하였다. 노동계급이 다니는 학교에서 가르쳐지는 지식은 "단편적인 사실과 행동들로써 아이디어나 연합적인 일반화의 체계가 전혀 아니었다. 교사들은 곱셈과 나눗셈의 방법, 분

수의 방법, 단어의 발음과 작문의 방법과 같은 행동적 기술을 의미하는 기초
적인 지식에 대해서만 언급하였음"(1981, 120)을 발견하였다. 5학년 학생들
에게 인터뷰를 해 본 결과, 그들은 "미국은 세계에서 가장 좋은 곳"(1981,
121)이라고 말하고 있으면서도 자신은 대학에 갈 능력이 없고 기회가 제한
되어 있다고 말하였다. 그러나 부모가 부유한 직업을 갖고 있는 학교에서는
사정이 좀 달랐다. 애니언은 "이러한 부유계급의 5학년 학생들이 학교에서
배우는 지식은 노동계급이 다니는 학교의 5학년 학생들이 배우는 것보다 내
용이 풍부하고, 개념체계가 어렵고, 분석적이며, 개념적이라고 말한다. 또한
노동계급의 학교와 비교하여 볼 때 학생들 스스로 생각하는 탐구와 문제해
결에 참여하는 빈도가 많았다"(1981, 124)고 말한다. 애니언의 연구에서 볼
때, 서로 다른 사회적 계급을 반영하는 학교들간에는 어떤 차이가 존재한다
는 것이 분명하다. 마그네트(magnet) 학교와 대안적인 학교에서조차도 학
교행정가들은 그러한 차이를 인식하고 파악한다. 애니언이 젊은이들의 정치
사회화라는 측면에서 무엇이 수행되어야만 하는가에 관한 체계적인 정의를 내
리는 동안, 그의 연구는 다양한 계급적 배경을 가진 학생들로 구성되는 학교
에서의 경험적 현실이 다르다는 것을 밝혀 준다는 점에서 가치가 있다.

5. 학교교육에 대한 세 가지 연구

앞에서 제기된 아이디어들을 발전시키는 데 있어서 가치가 있을 수 있는
호주에서 진행된 연구가 있다. 이 연구는 계급분화라는 측면에서 미국사회와
아주 유사한 호주사회에서의 종합중등학교(공립)와 독립학교(Independent
school, 사립)간의 차이를 검토하였다. 코넬 등(Connell et al., 1982)이
수행한 이 연구는 학교에 관한 마르크스적(계급차이적) 연구의 방법과 결과
의 대표적인 예가 된다. 이 연구는 노동계급과 지배계급의 차이에 관하여 기
계주의적으로 접근하는 대신에, 계급의 차이에 관한 보다 정교한 개념과 계

급차이에서 나오는 학교교육의 효과에 대하여 탐색하였다. 그들의 연구는 지배계급이라는 개념을 사용한다. 그러나 많은 사람들은 이러한 개념을 반대한다. 왜냐하면, 이는 왕정지배의 이미지를 떠올리기 때문이다. 다음의 인용문은 다소 길기는 하지만 지배계급이라는 개념의 의미를 파악하는 데 도움이 된다.

> 예를 들어, A라는 여사는 수천 명의 근로자를 고용하면서 호주의 산업생산과 수출에 상당한 기여를 하는 어떤 기업의 이사인 사람과 결혼하였다. 그런데, 그는 많은 다른 회사들의 위원회에 가담하고 있으며, 여러 가지 산업조직의 지도자이며, 그가 살고 있는 州의 복지조직과 복지정책 형성에 영향력이 있는 사람이다. 그녀에게 남편인 그 사람의 사회적 직위에 대해 어떻게 설명할 것이냐고 물었을 때, A여사는 그의 직위를 '불확정적(not of the establishment)'이라고 정의하였다. 나아가, 사회적 관계성을 계급 또는 권력이라는 용어를 통해서 보지 않으려는 A여사를 좋아하지 않는 사람들이 있었다. 우리가 우리의 연구에 관하여 학부모, 교사들과 대화를 나누는 도중, '지배계급'이라는 용어를 사용하자 그들은 공격을 하였고 눈살을 찌푸렸으며 당혹스러워 하였다. A여사는 자기 남편의 직위에 대해 '불확정적인 것'으로 생각하였으나, 우리는 그를 지배계급의 일원으로 생각하였다(Connell et al., 1982, 144).

A여사의 남편은 지배계급의 일원이다. 왜냐하면 그는 자신들의 활동이 "권력과 특권의 관계성이라는 일반적인 체계를 재생산하는"(1982, 145) 결과를 초래하는 활동을 하는 사람들이 처하고 있는 것과 유사한 틀에 속하여 있기 때문이다. 그러므로 지배계급이라는 개념은 어떤 정해진 집단에만 관계되는 것이 아니라 오히려 가족적 기반, 개인적 성공, 그리고 어떠한 기회를 통하여 유사하게 처해 있지 않은 다른 사람들보다 전체로서의 사회의 수행에 보다 더 영향력을 행사하는 집단을 지칭하는 것이다. 지배계급과 노동계급간에는 병렬(juxtaposition)의 관계가 있다. 즉, 이 연구에서 어떠한 영역에도 들어가지 않는 사람들은 중간계급으로 분류된다. 한마디로 요약하자면, 계급은 고정된 개념이 아니다. 오히려 계급이란 개인들이 어떠한 자원을 소유하며 자원을 어떻게 사용하는가에 관한 개념이다.

이 연구는 학교에서 학생들이 '학생임'으로 겪는 경험의 핵심적인 내용을 알아보기 위해 계획된 학생들과 학생의 부모 그리고 교사, 교장들에 대한 심층 면접, 즉 '장기적 면접'의 방법을 사용하였다. 이 면접들은 두 집단, 즉 "한 집단은 육체노동 또는 반(半)육체노동을 하는 사람들의 가족이며 또 다른 집단으로 관리자층, 경영자 그리고 전문직의 가족"(1982, 30)에 초점을 두었다.

이러한 면접에서 연구자들은 계급을 사람들이 특정의 위치에 속하는 것이 아니라 그들이 자원에 접근하는 정도를 의미하는 것으로써, 새롭게 그 개념을 재정의하도록 요구를 받았다. 그들이 말하는 것처럼 "계급은 추상적인 범주가 아니라 여행자로 북적대는 길처럼 항상 구성 중에 있는, 즉 조직되고, 분리되고, 해체되며, 수정되는 생생한 집단이다"(1982, 33). 이러한 연구에서 볼 때, 확실히 계급은 현대의 자본주의 사회 속에서 그 사회의 구성원들이 그렇게 부르든지 부르지 않든지 간에 실제적이며 절대적인 삶의 모습이다. 그러나 이것이 하나의 사고방식으로써의 위치를 갖는 것은 아니다. 그럼에도 불구하고 연구자들은 계급의 측면에서 서로 분리된, 예를 들면 부인은 지배계급 출신이고 남편은 노동계급 출신인 가족들을 면접하였다. 사회적 기관들과 가족들의 관계성은 대체적으로 계급이라는 동일 차원들에서 대체적으로 차이가 났다.

가족들을 대상으로 한 그들의 면접에서 볼 때, 계급—노동계급 또는 전문적 계급—과 학교간의 관계성은 전혀 비례하지 않았다. 그들의 분석에 의하면 학교는 계급적 차별을 재생산하지만 그 방법은 단순하거나 직선적인 것이 아니다. 공립학교와 사립학교 모두 교육을 시도하지만 교육에 대한 정의, 그리고 교육을 실현하려는 시도들은 현실에 대한 노동계급의 경험을 무시하는 특정의 해석에 의존한다. 여기에서 흥미로운 점은 (미국이나 영국에서) 노동계급이 주로 속하게 되는 공립학교와 지배계급에게 유리한 사립학교들 간에 나타나는 차이이다.

우리의 기본적인 논점은 노동계급의 교육과 지배계급의 교육간에는 기본적인 차이가 있다는 것이다. 우리는 그 차이를 다음과 같은 설명으로 간단히 표현하고자 한다. 즉, 노동계급과 그들이 다니는 학교는 주로 관료제를 통하여 그 체제가 형성되지만 지배계급과 그들이 다니는 학교는 주로 시장경제의 원리를 통하여 그 체제가 형성된다(Connell et al., 1982, 133).

학교교육에 대한 관료적 전략과 시장경제적 전략을 구분하는 것은 과거에는 명확하지 않았던 문제를 분별하는 데 도움을 준다. 즉, (예를 들면 미국에서) 공립학교들은 학교로 하여금 국가의 제약에 반응적이고 그렇게 함으로써 부모의 요구에는 덜 반응적이도록 요구하는 관료제적 원리하에 운영되지만, 사립학교들은 부모들과 그들의 자녀들이 선택할 수 있고 선택의 과정에서 어떤 교사를 고용하고 어떻게 할 것인가에 관하여 어떠한 통제권을 행사하는 시장경제의 원리하에 운영된다는 점이다. 이러한 사실은 교육에 대한 두 가지 접근들이 조직되는 방법상에서 근본적인 차이를 낳게 한다. 물론 사립학교들이 전적으로 부모의 선택에 의해 운영된다는 것을 말하는 것은 아니다. 사실, 많은 사립학교들이 학교가 선택권을 갖고 있기 때문에 우수한 학생들조차 입학하기가 어렵다. 다시 말해, 사립학교들은 아직도 평판과 명성이 있기 때문에 반응적이다.

이러한 사실은 공립학교에게 크나큰 책무성(責務性)의 짐을 안겨 준다. 이러한 연구에서 노동계급의 부모들은 교육의 혜택에 대하여 엄청난 관심을 가졌는데, 그 이유는 "경제성장 동안에나 또는 경제불황 후에, 그들은 교육과 학교를 자기 자녀들의 미래의 경제적 환경을 평균 이하로 악화시키는 한 가지 방법"(1982, 141)이라고 보았기 때문이다. 지배계급에서는 동일한 동기부여가 부모였는데, 여기에서 동기부여는 부모들이 알고 있는 특권적 생활방식의 형태를 유지하기 위해 하향적 계급 이동을 방지하는 것과 관련된 것이다.

그러므로 학교교육은 특권계급과 마찬가지로 노동계급에 의해서도 가치를 인정받고 있으나 학교교육은 여전히 노동계급이 갖고 있는 지식을 혼란(무시)

스럽게 함으로써 계급분화를 재생산하는 데 기여한다. 다시 말해, "노동계급의 사람들이 확신감을 갖고 안정되게 알고 있는 것들은 사회적으로 적절하며, 인정된 지식이 아닌 것으로 간주되는 동시에 무시되고 무가치한 것으로 취급된다"(1982, 169). 샵의 용어대로 하면, 이것은 확실한 헤게모니, 즉 다른 것들에 대한 어떤 실제와 아이디어들의 대체이다. 이러한 분석에서 볼 때 학교가 하는 일은 의견의 불일치를 부정하는 것이다. 그러나 지성적인 삶이란 불일치의 원리를 중심으로 형성된다. 교사와 행정가를 훈련시키는 대학들은 의견이 불일치하고 의문시되는 관점들의 온상이며 또 그래야만 한다. 왜냐하면 의견의 불일치는 대학의 토대이기 때문이다. 지성적인 삶은 비판과 서로 다른 관점들의 출현에 의존하나 초·중등학교에 이러한 관점, 즉 불일치라는 개념은 무시될 뿐만이 아니라 적극적으로 억제된다. 이러한 사실은 젊은이를 대상으로 하는 학교교육에서 하나의 모순이다. 차이는 인간의 삶에 의해 결정되어야 마땅한데 현실은 그렇지가 못하다. 어떤 상황에서 보면, 의견의 불일치는 통제받고 있는 사람들의 저항인 학교권위에 대한 저항을 가져온다. 이러한 저항은 "지식의 전달자에게 대항하게 된다. 이러한 저항은 반지성적이 되며, 그래서 부분적으로는 그러한 이유 때문에 상업적 이용의 대상이 된다"(1982, 172). 펑크록(역주: 1970년대 후반에 일어난 사회체제에 대한 반항적인 음악의 조류로 가열한 박자, 괴성과 과격한 가사가 특징) 가수로부터 파도 타는 사람에 이르기까지 청소년들의 욕구를 충족시키기 위한 산업들이 부상되었다.

  이러한 연구에 대하여 마지막으로 지적할 것은 성(性) 관계성(gender relation)에 관한 연구결과이다. 남성성(男性性)과 여성성(女性性)의 의미를 형성하는 과정에서 학교가 하는 역할은 아마도 가정에 비하여 약하게 작용하지만 중요한 영향을 미치는 것은 사실이다. 청소년들 중 예를 들어 소년들에게는 운동경기를 강조하고 소녀들에게는 종속적인 활동(예, 응원의 지휘나 춤)을 강조하는 조직이라는 환경 그리고 전통적으로 가부장제라는 개념에 기초한 가족이라는 사회적 구조의 맥락에서 성(性)들간의 현재적 역사적 관계의 형태를 따른다. 사회에서 남성의 역할과 여성의 역할이 변화하고 있다는 것을 전제로 할 때, 청소년들은 남성 또는 여성이란 무엇을 의미하는가에 관해 종종 불일치하는 정의를 받아들여야 하며 그 자체가 혼란스런(갈등하는) 메시지를 제공하는 조직구조 속에서 그렇게 행동하기 마련이다. 여기에서 성과 계급은 상호작용한다. 말하자면, 노동계급의 소년들이 취하는 해결책은 노동계급의 소녀들의 그것과는 차이가 나며 지배계급의 소년들이 취하는 해결책도 지배계급의 소녀들이 취하는 해결방식과 차이가 난다.

『노동의 학습』(Learning to Labour, 1970)이라는 윌리스(Willis)의 영국학교 소년들에 대한 연구는 재생산 유형에 관한 가장 영향력 있는 연구였다. 앞에서 논의한 호주의 연구와 마찬가지로 학교가 이념적으로 계급분화를 재생산한다는 것은 단순한 주제가 아니다. 즉, 이것은 학교가 하려고 하면 계급구분을 제거할 수 있는 기회를 제공하지만, 그러한 기회는 계급구분 그 자체 때문에 거부된다는 것을 말해 준다. 윌리스의 설명은 이러한 역설적인 결론을 검토하는 것이다.

『노동의 학습』이라는 책은 어떻게 노동계급(육체노동과 종종은 반복적인 노동을 포함하는 것으로 이해되지만 우리가 일상적으로 생각하는 바로서의 '직업(career)'은 해당되지 않는)은 자유주의자들이 계급이동을 위한 기회가 제공된다고 말함에도 불구하고, 그 자체가 영속화되는가를 검토한다. 예를 들어 우리는 사람들이 자신이 갖고 있는 기술이 부족하기 때문에, 기술사회에서 보다 중류계급의 직업에 진입하지 못하고 그래서 도전감을 주지 못하는 반복적인 노동을 수행할 것이라고 예측을 내린다. 중도탈락자, 퇴학자들은 이러한 모델(예측)에 순응할 수도 있다. 그러나 학교를 졸업할 나이에 이를 때까지 기다리지 않고, "교육의 중요성"에 대한 지식을 갖고 있음에도 불구하고 제공되는 계급이동의 기회를 거부하는 현대의 젊은이 중 많은 사람들은 본질적으로 어떤 것이 종국적인 직업일 것인가를 결정해서 그런 행동을 추구한다.

일반적인 사고방식에서 볼 때, 그러한 사람들은 단순히 그들이 지능, 재능 그리고 동기라는 측면에서 보다 낮은 수준에 처해 있기 때문에 그러한 결정을 내리는 것은 아니다. 윌리스는 이에 대해 다음과 같이 말한다.

> 나는 '실패한' 노동계급의 아이들이 극소수의 성공적인 중류계급 또는 대다수의 성공적인 노동계급의 아이들이 하지 않는 과업에 대해서 단순히 연속적인 실패를 계속하지는 않는다고 주장하고 싶다. 직업적 계급구조에서의 연속적인 능력의 하락을 가정하는 대신 우리는 문화적 형태들의 상호작용으로 표현되는 급진적인 단절을 생각해야 한다. 우리는 노동계급들이 나타내는 '실패'의 문화적 형태는 다른 형태들과는 전혀 다르고 세대와 세대간에 불연속적으로 나타나는 방법에 주의를 기울여야 한다(Willis, 1977, 1).

이것은 결손이론이 설명하는 것과 같은 최고의 능력자에게만 상향(이동)을 허용해 주는 여과기(filter) 속에 갇혀 있는 노동계급의 문제가 아니라 (계급들간에) 서로 다르게 나타나는 문화적 형태들간의 갈등에 관한 문제이다. 윌리스는 이러한 사실을 "12명의 비인문계(非人文系, non-academic) 노동계급의 청소년들"을 (1977, 4)－그들이 학교를 통하여 계급적 상향이등을 하였을 때－연구함으로써 인종학적으로 고찰하였다. 이들 청소년들의 학교체제를 통한 계급이동은 권위에 저항하거나 어떤 상황을 통제하는 교사들의 (무)능력을 안타까워하는 사람들의 문화적, 개인특이적(idiosyncratic) 형태에 대한 흥미로운 탐구거리이다. 다음을 예로 들어 보자. 즉, "수업시간에 하나의 상상력 있는 언어적 대화가 형식적인 수업을 강조한다－'아니다, 나는 비열한 너를 이해할 수 없다.' '바보야, 무엇하려고 그래'; '바보는 무슨 바보!'; '지금 조퇴할 수 있습니까?'"(Willis, 1977, 13). 이러한 것은 아마도 영국의 제도에만 국한되지는 않는 반항의 표현이다. 이 연구에서의 '청소년들'은 학교체제의 결정을 따르는 학생들과 대조된다. 그 학교의 입장에서 볼 때 이들 소년들은 순응하고 성공하려고 노력하여 온 착한 소년들이다. '이 청소년들'에 대한 이야기는 비순응, 저항에 관한 이야기며 그들에게 가해지는 학교의 의도를 전복시키는 이야기이다. 복장, 흡연 그리고 성은 그 청소년들의 지배적인 관심이다. 노동이 또한 그들을 지배한다. 다시 말해 일(job)은 그것이 학교에 미치는 영향에도 불구하고 의복, 흡연, 성(적 만족)에 필요한 돈을 제공한다. 시간제 일을 하면 돈을 만질 수 있고 가계가 어려울 때는 가계재정에도 도움을 준다. 일은 가치로운 그 무엇을 제공한다—즉, 일은 이들 소년들을 '실제 세계'로 안내해 주며, 학교교육은 별로 도움이 안 되며 확실히 재미있는 데이트 또는 여분의 현금소비를 허용해 주는 것이 아니라는 그들의 결론을 강화해 준다.

소녀들과의 관계성을 의미하는 재미있는 좋은 데이트를 통해 "자신들의 가장 여운이 있고 복잡한 태도들"(1977, 43)을 발견한다. 가장 최상의 태도는 정복—남성의 성적 능력과 여성의 욕구—에 관한 이야기다. 이러한 문화 속에서 성차가 강화된다. 동시에 '여자친구'와의 관계성은 중요한 관심사의 일례이다. 다시 말해, 여자친구는 어떤 타인으로서의 여자가 아니라, 그보다는 순수하고 처녀성을 간직하고 있음에 틀림없을 가능성이 있는 배우자로 본다.

소녀들은 이러한 문제를 어떻게 해결하는가? 윌리스는 다음과 같이 말한다.

> 성적(性的) 욕구가 있으나 성적인 경험이 없는 상태로 모순에 직면하고 있는 노동계급의 소녀들이 갖는 해결책은 '소년들'의 우월감을 강화하는 행동을 가져온다. 이들이 보이는 이러한 해결책은 십대용 잡지를 보고 이미 만족을 얻은 로맨티시즘의 형태를 띤다. 이것은 성적 감정을 '깨부수고' 대화, 유머 그리고 비공식적인 여성집단인 보호 서클 내에서의 '메시지 전달'로 승화시키는 데로 돌려진다(Willis, 1977, 45).

소녀들은 "개인적으로는 세계에 대해 더 많은 것을 알고 있다고 느끼도록 해 주는 '남성성의 인식(aknowing masculinity)'을 통해서 이러한 로맨티시즘을 참을 수 있게 된다"(Willis, 1977, 45). 성적 관계성에 대한 소년들의 문화는 인종과 폭력에 대한 그들의 견해와 결합된다. 사실, 종족차별주의와 폭력은 세계에 대해 그들이 갖고 있는 태도의 주요 부분을 이룬다. 종족차별주의와 폭력은 남성성 적대적인 세계에 대한 통제, 자기 자신의 규칙을 확립하기 위한 능력 등에 대한 입증을 필요로 하는 문화를 반영하는 성적 이슈들과 관련된다.

이러한 ‘소년들’은 학교에서 제공하는 혜택을 거부하며 자신들을 지배적인 문화에 편입시키기 위해 이루어진 시도들에 저항하게 된다. 이러한 저항은 개인적이고 국지적인 노력이 아니다. 다시 말해, 실제적으로 이러한 저항은 그러한 용어로써는 전혀 이해될 수 있는 것이 아니라 ‘계급차이(class differences)’라는 맥락 내에서 이해되어야 한다. 어떤 사람은 학교라는 제도적 형태는 지배계급의 언어, 이론 그리고 실제를 반영하지만 노동계급의 언어, 이론 그리고 실제는 거부된다고 주장한다. 이러한 의미에서 보면, 학교에 저항하지 않는 것은 자신의 문화, 가족 그리고 열망의 거부로써의 자신의 계급적 지위를 거부하는 것이다. 자신의 계급적 지위를 수락하는 것은 어떤 경우에는 성과 폭력의 이상화(idealization)에 의해 만족을 얻게 되는 생활인, 판에 박한 경제적 어려움의 생활을 수락하는 것이다. 그러나 노동계급의 소년들은 학교를 그만두고 ‘실제적인’ 육체노동의 세계에 들어가며 정신노동이라는 인공적인 세계를 거부할 기회를 자유스럽게 선택한다—그들은 이를 기대하기도 한다. 이러한 선택의 자유가 함정에 빠지게 되는 원인이 된다(Willis, 1977, 120). 이러한 현상이 왜 일어나는가?

윌리스(Willis, 1977, 2부)는 이러한 재생산적 과정을 이해하는 데 필요한 예증적 도구로써 관통(penetration)이라는 개념과 제한(limitation)이라는 개념을 사용한다. 관통은 함께 속하는 집단의 자각수준으로서의 문화적 수준에서 발생하며, 그래서 집단으로서의 노동계급집단으로 하여금 사회적 구조 속에서 모순과 불일치에 침투해 들어가며 폭로하도록 해 준다. 노동계급들에게 이러한 관통은 세 가지 방법으로 발생한다. 첫째의 방법은 학교가 사용하는 방법들을 승인할 때 들게 되는 비용과 효과에 대한 합리적 평가의 형태였다. 학교의 요구조건에 순응하고 학교에서 부여하는 자격을 획득하는 것은 실제로 미래를 위한 기회를 제공하지만, 그것은 현재의 희생 특히 현재의 즉시적 만족을 포기함으로써 가능하다(1977, 126). 학문적 자격을 얻고 중류계급에 합류하는 것은 즉시적 만족의 희생을 필요로 한다.

둘째, 윌리스는 노동 그 자체의 효용을 분석한다. 만일 명성 있는 직업이 주로 지배계급의 언어, 문화를 갖고 있는 사람들에게 제한된다면, 그리고 그러한 직업들이 요구하는 자격내용에 관계없이 아무에게나 아무렇게나 주어진다면, 비숙련직이 과숙련화(過熟練化)되는 문제가 발생한다. 학교의 졸업장이 지식의 습득을 보증하지는 못한다. 말하자면 학교의 졸업장은 학교에서 습득된 것이 아니라 가족 속에서 습득된 성공의 규칙을 갖고 있는 특정의 계급을 정당화한다. 윌리스는 다음과 같이 말한다.

> '노동계급 중' 소수의 사람들은 이것(관통)을 할 수 있지만 모든 노동계급이 결코 그럴 수는 없다. 그러나 계급구조가 정당화되는 것은 여러 가지 시도를 통해서이다. 중간계급은 유전 또는 출생에 의해서 뿐만이 아니라 외형상으로 명백하게 입증된 보다 거대한 능력과 공적에 의해 자체의 특권을 향유한다. 그러므로 반(反)학교문화 속에서 명백하게 나타나는 이러한 경쟁의 회피는 이러한 의미에서 보면 하나의 급진적인 행동이다. 말하자면, 경쟁의 회피는 자체의 교육적 억압을 은밀하게 거부하는 것이다(Willis, 1977, 128).

윌리스가 제안하는 세 번째 방법은 '개인적 성공'과 '집단적 성공' 사이에 관계되어 있는 서로 다른 논리에 대한 문화적 이해를 다루는 것이다. 계급 전체의 측면에서 사회적 이동(social mobility)은 존재하지 않는다고 이해된다. 다시 말해, 개인적 성공은 학교의 과정에 따름으로써 달성될 수 있지만 전체 계급의 이동은 불가능하다고 본다. 그 이유는 전체 계급의 이동은 정의상으로 무계급 사회의 출현을 의미할 것이기 때문이다. 그러나 정의대로 하면 자본주의는 어떤 사람은 노동력을 제공하는 노동자가 되며 또 어떤 다른 사람은 그 노동력을 사용하는 기업주가 될 것을 요구하는 계급기반적 사회이다. 자본주의에 대한 문화적 인식은 이러한 문화에 속한 구성원들로 하여금 그들의 창조적 에너지를 어디엔가 다른 곳에 초점을 맞추도록 해 준다(Willis, 1977, 130).

만약 노동계급들이 문화적 수준에서의 이들 과정에 대한 그러한 이해가

가능하다면, 왜 그들이 학교체제를 전반적으로 거부하지 않으며 더 나아가 어떤 의미에서는 정치적 운동으로 나아가지 않는가? 윌리스의 주장대로 하면 그 이유는 이러한 관통들은 단지 부분적이고 제한적이기 때문이다. 즉 "문화적 관통들은 억압을 받고 해체되며, 심오하고 근본적이며 혼란스런 (문화적) 구분으로 인해, 노동계급들이 완전한 잠재력을 실현하거나 정치적 조형(articulation)에 도달하는 것이 방해를 받는다"(1977, 145). 가장 중요한 구분은 성의 상호작용 그리고 정신노동과 육체노동간의 구분에 관계된다.

우선, 정신노동과 육체노동의 본질적 통일성(unity)이 구분된다. 즉, 체제로서의 학교는 학문주의와 직업주의, 이론과 실제라는 자체의 범주를 통해 정신노동과 육체노동을 구분한다. 학교의 지식, 가치적인 지식은 학문적(academic)이다. 다시 말해, 정신적 추구 또는 학문적 추구간에서의 선택이 강요된다. 이러한 연구에서 검토되는 노동계급의 핵심적 사항은 "육체노동은 남성성(masculinity)이라는 사회적 우월성과 연결되며, 정신노동은 여성성(feminity)이라는 사회적 열등성과 관련된다"(Willis, 1977, 148)는 것이다. 소년들에게 있어서 육체노동은 그들의 사회적 우월성, 그들의 통제감을 주장하는 방법이 되며 이러한 이유 때문에 관통은 제한적인 것이 된다. 성적 분화로부터 얻어지는 우월감은 최종적으로 정신노동에 비해 육체노동이라는 사회적 범주와 일치되는 열등한 지위를 승인하도록 만든다. 소년들의 문화에서 보면, 정신노동은 여성적인 나약함을 의미한다. 정신노동은 어떠한 뚜렷한 남성적인 기술이나 육체적인 실행감을 필요로 하지 않으며 그래서 여기에서 정의된 의미대로 남성적이 된다는 것은 실재적(real)이고 통제적으로 되는 것을 의미한다.

그러므로 12명의 '소년들'의 이야기는 모순과 불일치에 관한 이야기이다. 학교라는 기관은 지배(domination)의 강제적인 사자(使者)가 아니다. 학교는 실제적으로 노동계급 구성원들의 (계급) 상승이나 변형적 가능성을 제공하지만, 지배계급을 중심으로 한 방법 내에서라는 조건에 입각하여서만 그것이 가능하다. 그러한 조건들은 위에서 인용한 이유 때문에 노동계급에게는 거부된다. 노동계급의 젊은이들은 자신들의 미래를 계급사회라는 일반적 구조 내에서 바라본다. 다시 말해, 그들이 집합적으로는 어느 정도로 그러한 구조에 침투해 들어가지만(관통하지만), 그들은 또한 그들에게 어떠한 통제의 척도임을 확인시켜 주는 그러한 특징들을 받아들인다. 윌리스(1977, 175)가 말하는 것처럼, "자본주의의 자유란 잠재적으로 현실적인 자유이며 그래서 자본주의는 그 자유가 자기비난(self-dam-nation)에 사용될 수도 있는ー재생산의 본질인ー도박(wager)을 건다." 이러한 사실은 정치적 잠재능력이 어떻게 학교교육의 축적된 과정을 통해 무용지물이 되는가에 관하여 복잡한 설명을 제공한다. 고르돈(Gordon, 1984, 111)은 윌리스의 연구를 고찰하는 중에 "초등학교들은 다원문화주의(multiculturalism)에 대한 관심과 다양한 행동유형을 용납하는 데 있어서 괄목할 만하다. 그러나 중·고등학교로 학교단계를 올라갈수록 지배문화의 규범과 그 실제에 대한 지식이 점점 전제된다"는 것에 주의를 기울였다. 학교단계를 올라갈수록 지배적 이데올로기로의 관통가능성, 그리고 그에 일치하는 한계성 또한 점점 사실적으로 된다. 이러한 설명은 복잡하다. 왜냐하면, 그 원인이 반드시 학교인 것만은 아니며, 가정인 것만도 아니며, 직업기회도 아니며, 문화도 아니다. 차라리 이러한 설명은 이것들이 서로서로 형성하고 구조화하는 데 어떻게 작용이 되는가에 관한 것으로부터 나온다.

오그부(Ogbu)는 학교가 아동, 청소년들과 어떻게 관련이 있는가를 이해하기 위한 제3의 접근을 제시한다. 그의 연구가 정통적인 인류학적 전통에 입각한 것일지라도 앞에서 전개된 아이디어들과 여러 가지 점에서 흥미로운 연속선상에 위치한다. 오그부(1978; 1981; 1982)는 미국에서 수학한 아프리카 태생의 인류학자인데, 그는 일차적으로 미국사회에서의 흑인 소수집단에 관한 연구에 관심을 가졌다. 그는 캘리포니아의 스톡튼(Stockton)지역의 흑인 거주지에 대한 연구에 집중하였다. 오그부의 연구는 어째서 이 지역의 다른 동양계 소수집단들은 처음에는 실패를 보이다가 결국에는 극복을 하는 '실패역전'의 경향을 보이는 반면, 특정 소수집단들만이 일관되게 학교에서 실패의 경향을 나타내고 있는가를 고찰하였다. 오그부는 이러한 실패경향성은 그 집단들과 보다 넓은 사회적 구조 그리고 그러한 집단들에 대한 역사적 압력간의 관계성에 초점을 두지 않고서는 적절하게 이해될 수 없다고 주장한다. 소수집단의 학교에서의 실패에 대한 그러한 많은 연구들은 중류계급의 학교문화와 소수집단들이 학교에 올 때 갖고 오는 문화 사이에는 문화적 단절성(cultural discontinuity)이 존재한다는 것을 제시함으로써, 수업의 과정에 주의를 기울인다. 그러나 이러한 설명은 그러한 문화적 차이의 근원과 연속성을 고려하는 데 실패하고 있다. 문화적 차이는 서로 다른 문화적 편견을 갖고 있는 교사와 학생들을 통해서 수업상황에서 영속화될 수 있으나, 이러한 사실은 왜 이러한 문화적 차이가 존재하며 그러한 차이들이 철저한 '개선' 노력에도 불구하고 계속되는가를 설명하지는 못한다.

오그부는 자신이 '다차원 접근법'(1981, 14)이라고 명명한 접근법을 제시하는데, 그것은 수업에서의 상호작용의 과정뿐만이 아니라 가족. 이웃 그리고 정치—경제적 체제의 역할에도 주의를 기울이는 것이다. 그는 일반적으로 중상류 계급인 '납세자'와 그보다 빈한한 계급인 '비납세자'라는 두 가지 범주로 구분한다. 납세자가 되기 위해서는 "여러 가지 복지제도의 수혜, 특히 아동양육보조비 또는 아동부양 생계보조비(AFDC)를 받지 않는 지역에 살아야 하는데, 그러한 사람은 필시 중류계급 또는 노동계급이고 아마도 그는 백인일 것임에 틀림없다"(1981, 19). 납세자들인 백인 중류계급 집단들은 교육체제를 극빈자들도 노력을 기울이기만 하면 신분이 높은 직업으로 이동가능하도록 해 주는 평등한 기회를 제공하는 제도라고 주장한다. 주로 흑인들의 공동체인 비납세자들에게 있어서, 교육의 과정에 관한 이러한 호의적인 견해는 그들(백인)이 교육체제의 실체는 무엇인가를 호도하고 있다고 본다. 학교의 한 가지 실체는 직업상승한계(job ceiling)에 관한 것이다. 말하자면, 그 공동체 내에서 자격증이 축적된다 할지라도 항상 그 공동체의 구성원들이 접근 가능한 직업에는 한계가 있게 마련이다. 오그부(1981, 16)는 "역사적인 관점에서 볼 때, 인류학자는 전통적으로 흑인들에게 그들이 원하는 동시에 그들에게 맞는 교육적 자격과 능력을 갖고 있는 어떤 직업을 얻기 위해 개인으로써 자유롭게 경쟁하는 것이 허락되지 않았다—우리가 직업 상승한계라고 명명한 현상"—는 것을 발견할 수 있다고 주장한다. 부모들은 자기 자녀들이 높은 보수를 받는 직위에 오를 수 있기를 바라지만, 비공식적인 합의(일치된 생각)는 기회를 한정적인 것으로 지각하기 때문에 직업상승한계란 학교에의 반응을 정하는 데 영향을 미친다. 역으로 직업상승한계는 주류적 공동체가 '생존전략'이라고 명명한 것의 원인이 된다. 생존전략들은 흑인 지역사회 내에서 보다 향상된 삶의 기회를 성취하는 데 지향된 정치적 행동성향으로부터 부정적인 방법에 의해 이득을 얻고, 인색하며, 나아가 착취적인 활동에 이르기까지 다양하게 걸쳐 있다. 생존전략들은 "백인계 중류계급의 학교학습과 교수형태에서 요구되는 지식, 태도, 기술과는 전혀 양립할 수 없는 지식, 태도, 기술(Ogbu, 1981, 22)"을 필요로 한다.

그러므로 이러한 분석을 통해서 볼 때 스톡톤 지역—아마도 다른 지역에서도—의 흑인들은 신분적(castelike) 소수집단이다. 그들이 갖고 있는 억압의 역사와 현재의 투쟁적 상황의 관점에서 그들은 계급(class)보다는 신분(caste)의 많은 부분을 더 잘 나타낸다. 오그부는 다음과 같은 정의를 내린다.

신분적 소수집단은 (1) 그들이 차라리 자발적이고 영속적으로 그 사회 속에 통합된다. (2) 그들은 직업의 상승한계와 지위(status)의 상승한계에 직면한다. 그리고 (3) 그들은 집합적인 제도적 차별의 측면에서 자신들의 경제적·사회적 문제들을 규정하는 경향이 있다는 점에서 이민 온 집단이나 여타의 소수집단들과는 구별된다. 미국사회에서의 신분적 소수집단들의 예로는 흑인계, 인디언계, 멕시코계, 푸에로토리코인 등이 포함된다. 이 중에서 흑인들은 400년 이전에 노예로서 미국에 팔려 왔으며 노예해방 후에는 낮은 신분적 지위로 분류되었다. 인디언들은 전쟁의 패배를 겪고 미국 사회가 개방되고 나서부터 거의 생활 근거지를 박탈당한 미국지역의 원래의 소유주들이었다. 멕시코계 미국인들은 20세기 초반의 멕시코와 미국간의 전쟁을 통해서 정복당했으며 그 이후 멕시코로부터 이주해 온 다른 멕시코인에게까지 확대된 지위인 종속적 지위로 하락되었다. 푸

에로토리코인들은 1898년 식민지인으로 합병되었다. 이상의 네 부류의 소수집
단들은 그들이 대대로 당한 종속의 영향을 절감하였다(Ogbu, 1982, 299).

그러한 신분적 소수집단들은 그들의 문화를 주류 집단의 문화와 대조시켜
정의한다. 다시 말해, 흑인문화는 "백인의 행동이 아니다. 일반적으로 흑인
문화란 백인문화와 반대되는 것으로 정의된다"(Ogbu, 1982, 299). 실제적
으로 지배적 문화는 그것이 전적으로 잘 못된 것은 아닐지라도 그에 대한
상당한 불신이 존재한다. 이중적 위험과 유사한 그 무엇이 내포되어 있다.
다시 말해, 비납세자들은 교육제도를 백인의 직업구조에 대한 폐쇄적 선택의
표현으로 보는 반면, 백인 납세자들은 백인 소수집단을 직업구조를 고려함이
없이 학교체제를 통한 '특별한' 서비스를 필요로 하는 사람들로 본다.

6. 요 약

이 장에 포함된 아이디어들은 특히 행정가에게 자극을 주는 것이다. 이 장
에 제시된 아이디어들은 우리가 관리할 책임이 있는 그 체제를 이론적으로
추상화하기도 하고 체제운영의 원인이 되기도 한다. 행정가들은 차이를 만들
수 있다. 여기에 포함된 대부분의 개념들은 오로지 대규모적 정치적 변화가
효과적일 수 있다는 것을 제시하는 반면, 각자의 위치에서 개개인의 작은 노
력에 의한 가능성도 여전히 존재한다는 것을 의미한다. 그러한 노력들은 교
사와 직원을 정치의식화하고 그들로 하여금 체제의 조건들에 대해 자각하도
록 만든다.

이 장에서는 행정의 중요성에 관하여 네 가지 주요개념을 제시하였다. 첫째
는 계급의 이념인데, 이것은 우리가 우리 자신에 대하여 무계급적 사회로 생
각하기 때문에 우리가 편안하게 받아들이는 개념은 아니다. 계급은 괴상한 종
류의 타고난 혹과 같이 고정된 개념으로 보일 수 있다. 그러나 여기에서의 연

구들은 계급은 사회 속에서의 자신의 위치인 자기 자원의 전유(專有)를 정의하는 개념이라고 밝힌다. 그러므로 지배계급과 노동계급이라는 개념들은 그렇게 부자유스런 개념은 아니다. 말하자면, 어떤 사람들은 자원을 통제하지만 다른 사람들은 이를 통제하지 못한다. 다시 말해, 어떤 사람들은 '규칙'을 제정하지만 또 어떤 사람들은 규칙을 받아들인다. 간단히 말해 지배계급은 그 자체에 의해 다른 사람들로 하여금 자신의 삶을 조직하게 되는 규칙을 만든다. 미국과 같은 사회는 다소 개방적이지만, 그럼에도 불구하고 어느 정도 계급적 이데올로기에 순응하는 아주 복잡한 사회구조를 갖고 있다. 흑인과 여타의 소수집단들은 관리적, 행정적 그리고 여타의 직위에서 적극적으로 필요로 하는데 이것이 계급간의 이동(mobility)을 나타내는 어떤 표시이다. 그러나 이동이라는 개념 그 자체는 하나의 계급은 다른 계급의 기준으로 상향되기 마련이고, 그러므로 토대적인(basic) 계급의 다른 구성원들은 직위에 고착된다는 것을 의미한다. 성공은 계급의 거부(rejection)에 달려 있기 마련이며, 그래서 그러한 계급을 뛰어넘는 성공은 단지 소수에게만 한정된다.

둘째, 여기에서 고려되는 내용은 실패를 개인적 병리현상(病理現象)으로 보는 것이 아니라 체제적 속성이라고 재정립한다. 이러한 분석에서 볼 때, 학교에서의 실패는 노력의 부족 또는 능력의 결핍 그 이상의 문제이다. 차라리 노력의 부족은 문화, 경제적 현실 그리고 압제의 역사적 체제라는 개념들을 내포하는 여러 가지 상호작용적 요소들을 포함하는 상황 속에서 어쩔 도리가 없는 것이었다.

셋째, 이러한 분석들은 '문화적 결손'이라는, 한동안 널리 유행되던 사회과학적 개념을 논박한다. 문화결손의 논리는 소수집단 학생들은 그들이 학교에서의 성공에 필요한 언어적 기술, 가치와 태도를 결여하였기 때문에 학교에서 하나의 집단으로써 성공하지 못하였다고 보는 것이다. 이미 논의가 있었지만 이들 집단들이 성공하기 위해서는 학교가 '표준적' 국어와 다른 기술들을 가르침으로써 교수에 의해 언어와 기타의 불리한 조건들을 개선시키기 위해 보다 어린 나이에 개입해야 한다. 여기에 제시된 것과 같은 연구들은 문화적 결손모델은 전적으로 논리적 토대가 없는 것으로 밝혔다. 예를 들어, 언어학자들은 도시빈민이 사용하는 흑인 영어는 백인들의 영어만큼 논리적이고 복잡하며, 아주 정확하다고 설명하였다(Labov, 1970). 마찬가지로 소수집단들은 다른 집단들과 마찬가지로 교육에 대해 높은 비중을 두지만 그들이 처한 상황의 생생한 현실들이 그 외의 다른 대안적인 통로들을 택하도록 하는 그러한 방법 속에 어쩔 수 없이 끼어들게 되는 것이 확실하다.

그러한 연구들을 고찰하는 데 있어서의 마지막 이점은 현재 유행되고 있는 개념으로써, 학교행정가들의 역할로서 새롭게 밝혀진 수업지도성에 관심을 갖는 것이다. 여기에서 이 연구들은 수업지도성은 결손모델의 부활 그 이상이 아니며, 사실 이것이 통제를 강화하고 엄격한 훈육정책을 실행하는 것을 의미한다면, 수업지도성은 의도한 것과 정반대의 효과를 가져올 것이라고 말한다. 행정가들에게 주는 메시지는 학교상황의 지도성은 사회적 변화를 시도하는 것과 관계되며 따라서 체제의 안정화와 관계된 것이 아니다. 지도자인 행정가는 최소한 두 가지 방식으로 효과에 영향을 미칠 수 있다—첫째, 그들은 여기에서 논의된 상황의 현실에 관하여 직원들을 교육시킬 수 있으며 둘째, 보다 거시적인 사회적 변형의 맥락 속에서 학교의 변형을 수행한다. 문화적 모델에 의해 정보를 얻는 행정은 학교에서 학생집단들에 대한 이해, 특히 도시 빈민지역의 청소년들의 높은 중도 탈락률(때에 따라서 50%에 도달)에 대한 이해를 위해 이와 같은 연구들에 주의를 기울일 것이다. 즉, 비판적 이론에 의한 행정은 권력과 부의 불균형에 의해 촉진되는 사회구조의 맥락 속에서 이러한 이해를 하도록 해 줄 수 있을 것이다.

제6장
조직이론에 대한 비판적 접근

1. 서 언

　현대의 복잡한 조직은 대부분의 사람들에게 언제나 삶의 중요한 한 부분을 차지한다. 대개 개인의 삶은 12년 내지 16년을 학교라는 특별한 조직 속에서 보내게 된다. 학교교육은 우리에게 아주 지배적이며 강력한 영향을 미치기 때문에 학교행정가들은 학교교육에 대해 더 깊은 이해를 도모하고 학교조직은 변화가능한 '人間考案的' 기관이라는 사실을 깨닫기 위해서 조직이론에 관한 기존의 견해를 발전시켜야 한다.

　조직이론과 행정이론은 구분되어야 한다. 조직이론은 주로 조직이란 무엇이며, 어떻게 구성되고, 어떻게 환경에 적응하는가의 문제를 다룬다. 반면에, 행정이론은 그 조직들이 어떻게 운영되는가—또는 운영되어야 하는가—의 문제를 다루는 것으로 통제와 관리의 문제를 취급하게 된다. 물론 두 가지 형태의 이론은 밀접하고 명백하게 관련되어 있으나, 분석적 목적을 위해서 이러한 구분이 필요하다. 행정과 관리에 관한 이론들과 조직에 관한 이론들을 식별하는 것은 일반적인 조직이론의 발전을 지체시키는 동시에 현재의 조직이론이 갖고 있는 관리지향적(managerial) 편견을 지적하는 것이다.

　행정은 필수적인 세 가지 자원—즉, 관리자문자(consultant to management), 관리자 자신 그리고 행정작용에 관심을 갖는 행정과학자—을 통해 이론을 전개한다. 테일러는 관리(자)에게 조직을 운영하는 '최선의 방법'을 제시하는 데 관심을 갖고 산업적 관리자 문자에 대하여 압축하여 설명한다. 바나드는 자기 나름대로 조직에 관한 이론을 추출하려고 시도하는 관리자(행정가, executives)들에 대하여 말한다. 싸이몬은 행정행위에 관한 궁극적이며 예측적인 법칙체계를 추구하는 대표적인 행동과학자이다. 바나드와 싸이몬은 행정이론을 지지할 뿐만 아니라 그 이론 체계 내에서 세워진 조직 이론을 갖고 있다. 이 장에서는 조직연구를 안내하는 명시적, 암시적인 개념적 틀에 대하여 고찰하고자 한다.

2. 조직이론의 개념적 틀

부렐과 모간(Burrell & Morgan, 1979)은 네 가지 지배적인 패러다임 -(1) 기능주의(functionalism) (2) 해석적 패러다임(interpretive para-digm) (3) 급진적 인본주의(radical humanism) 그리고 (4) 급진적 구조주의(radical structuralism)-을 이용하여 조직이론을 개념적으로 설명한다. 대부분 전통적인 서구의 조직이론들은 명백히 기능주의적 패러다임으로 분류될 수 있다. 대부분의 조직이론은 기능주의의 가정을 반영한다. 즉, 조직이란 조직이론가들에 의해 분석될 수 있고 조직수행에 관한 예측을 가능케 해 주는 사실들로 구분될 수 있는 객관적 실제적 실체로 보여 지고 있다. 조직세계는 안정적이며, 예측 가능하고, 관리 가능하다고 본다. 기능주의적 조직이론과 행정이론은 조직은 부분들로 구성되며 각 부분은 그 전체가 보다 생산적인 단위가 되도록 합리적으로 관리될 수 있다는 견해로 표현된다. 각종의 전체들은 협력해서 기능적 사회체제를 형성한다는 것이다.

조직 그 자체는 부분으로 분석될 수 있는 동시에 재조직될(reassembled) 수 있는 또 다른 사회적 사실이다. 물론 우리는 단지 많은 전통적인 조직이론이 조직에 관한 기본적인 몇 가지 전제들에 의존하여 왔다는 것을 밝히기 위한 일반적인 목적 때문에 이처럼 복잡한 영역을 단순화하고 있는 것이다. 현대의 접근들이 기능주의적 패러다임의 몇 가지 측면들을 수정하였을지라도 더 이상 기능주의는 조직이론을 뒷받침하는 주도세력이 아니라고 주장하는 것은 결코 공정한 것이 못된다. 동시에, 조직이 무엇이고 어떻게 연구되어야 하는가에 관하여 다양한 의견이 개진되고 있다. 예를 들어, 해석적 패러다임은 쉽사리 추방될 수 있는 것은 아니며 기능주의자의 입장에 대한 현대적 비판의 주요 세력으로 간주될 수 있다. 사실 조직에 관한 현대적 설명은 패러다임들간의 경계를 불분명하게 하는 듯 보인다. 따라서 어떠한 입장이든 조직연구에 내포된 상대성을 시인함으로써, 다른 입장을 참고해야 한다. 과거의 기능주의자적 설명체계가 조직의 절대적 측면을 발견하는 데 목적을 두었을지라도 현재에는 그 어떤 설명도 조직의 본질적 실체를 완벽하게는 파악할 수 없다는 것을 인정하고 있다. 이에 관한 문헌들을 검토하고 조직이론을 고찰하는 방법이 얼마나 많은가를 알아보기 위해 우리는 조직의 구조와 관료제에 관한 이론을 검토하게 될 것이며 조직의 여러 가지 차원에 대한 체제적 접근의 전개에 주의를 기울이게 될 것이다. 그렇기 때문에 현대적 이론뿐만이 아니라 조직이론에 관한 비판적 접근을 고찰할 것이다.

3. 관료제

현대의 조직이론은 주로 20세기에 접어들면서 현대적 관료제의 발전에 대하여 저술한 독일의 사회학자 베버(Weber)를 출발점으로 발달하였다. 베버는 세 가지 영역－(1) 관료적 조직에 대한 분석, (2) 권위의 형태에 대한 분석 그리고 (3) 관료적 형태의 영향에 대한 관심－에 중요한 공헌을 하였다. 조직에 대한 베버의 접근은 그것이 나중에 수행된 대부분의 연구를 위한 기초로 작용하였다는 점에서 대부분의 교재들이 '고전적' 접근이라고 명명하는 것과 연결되어 왔다. 보다 현대적인 많은 노력뿐만이 아니라 조직에의 고전적인 접근은 구조의 문제에 관심을 갖는다. 조직의 형태가 어떤 구조를 취하며 왜 그런 구조를 적용하는가? 베버는 확실히 이런 문제에 관심을 가졌으나 베버가 주장하는 바에 많은 호응을 보내는 것은 그가 조직의 구조가 현대 국가의 정치, 경제와 연결된 보다 넓은 사회적 문제와 어떻게 관련되는가에 관심을 가졌기 때문이다.

베버가 문제를 제기한 대로 현대 조직은 조직화하는(organizing) 방법에 있어서 봉건시대와 어떻게 다른가? 베버는 현대의 조직은 산업국가의 양대 주춧돌격인 효율성과 생산성의 가치를 촉진하는 관료제 원리에 따라 구조화된다는 점을 발견하였다. 베버(1946)에게 있어서 관료제는 다음과 같은 측면에서 그 이전의 전통적인 조직화의 방법과 다르다—① 엄격한 규칙을 통해 노동의 분업을 통제한다. ② 관료제 내에서 직위의 계층은 직원(officer)들에게 다른 사람들을 적법하게 통제하도록 허용한다. ③ 명문화된 기록이 관리의 토대를 이룬다. ④ 종업원들은 정실(情實)보다는 능력을 근거로 채용된다. ⑤ 종업원들에게는 고정급이 지불된다. ⑥ 종업원, 특히 관리자는 자기 자신의 직위를 '소유하지' 않는다. 즉, 그들은 무능력하면 해고된다. ⑦ 그리고 종업원들간의 관계는 전문적 수행에 기초한다.

얼핏 보아, 이러한 관찰들이 평범하게 보일지 모르지만, 베버의 천재성은 그러한 관찰내용들을 확인하고 과거로부터 일반적이라고 생각되어 온 가부장적 구조로부터 관료제를 분리시킨 데 있다. 그러므로 베버는 승진과 효과성의 기준이 충성심, 인척관계 그리고 개인적 판정 등에 근거하는 봉건적 형태의 체제를 관료제의 원리에 비추어 반박할 수 있었다. 관료제의 원리들은 결국 직위와 사람을 분리시켰다. 다시 말해, 관료제는 호의(好意), 선의(善意) 또는 가족관계에 의존하기보다는 능력이 성공의 지배적인 요소임을 통치의 기본으로 한다. 고정급과 명문화된 규칙은 능력을 강화해 준다. 관료제는 효율성을 높이기 위해 작용한다. 즉, 가장 능력 있는 자만이 전진적으로 보상을 받게 되고 그럼으로써 그들은 기술적 완전성에 대한 보상을 받는 분위기 속에서 일을 한다. 관료제는 양면성을 갖고 있다. 다시 말해 관료제가 개인들의 수행을 중시함으로써 사람을 비인간화할지라도 역으로 개인들을 보호한다. 고정급, 능력에 근거한 보상 그리고 절차의 규칙은 전횡적이고 부당한 권위로부터 개인을 보호한다. 관료제하에서 개인들은 그들을 비인간화 하는 데 기여할 수도 있는 바로 그 규칙에 근거하여 청구권(또는 불평)을 갖는다.

　명백한 몇 가지 이유 때문에 관료제는 기계에 비유되어 왔다. 사실 관료제 란 효율성이 지배하고 그 관계성은 아주 비인격적인 조직에 대한 기계적인 설명을 제시한다. 그러나 베버는 이상적 또는 순수한 형태의 측면에서 관료 제를 기계에 비유했다는 것을 주목해야 한다. 기계로써의 관료제에 대한 이 미지는 현대 조직의 형태가 근거하여 온 모델 또는 이상이었다. 그러므로 모 든 측면에서 그러한 이상적인 형태와 일치할 수 있는 실제의 조직이 없다고 해서 베버가 분석한 내용의 효력을 혼란스럽게 하지는 않는다.

　베버는 또한 관료제의 토대가 되는 원칙들을 앞선 시대의 그것들과 비교하 여 고찰하였다. 봉건적 왕국과는 달리 관료제는 합리적－합법적 행위를 중심 사상으로 하여 조직된다. 베버는 사람들이 왜 복종하는가에 대한 문제를 제기 하였다. 학교와 같은 조직 속에서 상사로부터 나온 지시가 어째서 힘을 갖게 되는가? 그러한 지시에 복종하는 것은 관습적 이유 때문인가 아니면 상사의 인격이 다른 사람들로 하여금 자발적으로 복종하고자 원할 만큼 탁월하여서인 가? 그렇지 않으면, 사람들이 복종하기로 명문화된 계약을 했기 때문인가? 베 버는 복종을 유도하는 세 가지 권위의 근원을 확인하였다. ① 전통적 권위 (traditional authority)는 관습과 전통으로부터 나온다. 그러한 권위는 공 동체에 바탕을 두며 정상적인 '행위방법'을 뒷받침하는 공통의 가치구조를 필 요로 한다. 베버가 말하는 권위의 또 다른 근원은 ② 신권적 능력(charisma, 카리스마적 권위)인데, 자신의 개인적 지도성을 통해 다른 사람에게 복종을 명령하는 개인의 능력을 말한다. 베버가 말하는 마지막 권위의 근원은 어떤 목적을 충족시키기 위한 당사자간의 공식적 계약이나 법에 근거하여 복종을 명령하는 ③ 합리－합법적 권위(rational-legal authority)이다. 관료제는 권위의 마지막 근원인, 합리－합법적 권위에 토대를 둔다. 즉, 관료제에서의 복종은 계약(법)에 기초한 일련의 규칙과 규정을 통해 이루어진다. 개인들은 규칙이나 규정을 준수해야만 원하는 봉급 또는 여타의 보상을 받게 된다.

그러므로 관료제에서의 합리성은 유목적적인(purposive) 것으로 간주될 수 있다. 즉, 합리적 행위는 수단을 결과(목적)에 연결시킨다. 목적적 합리성은 행위를 유도하기 위해 전통적으로 인정된 결과를 활용하는 실체적(substantive) 합리성과는 다르다. 이러한 구분이 조직사회학에 대한 베버의 세 번째 공헌점인 인간 삶에 미치는 관료제의 영향에 대한 베버의 분석의 토대를 형성한다. 관료제에 대한 논의는 종종 베버를 자연현상에 관한 중립적 과학자 아니면 관료적 조직의 제안자로 묘사함으로써, 이 세 번째 영역에 대한 베버의 공헌을 간과한다. 그러나 실제적으로 베버는 그 자신이 관료제는 현대 인간을 감금시킬 수 있는 '철의 장막(iron cage)'으로 변해 버릴 수 있다는 것을 알았기 때문에, 관료제가 개인에게 미치는 영향에 대해 각별한 관심을 가졌다.

유목적적 합리성은 보다 전통적인 형태의 합리성을 대신하였기 때문에 미신과 신비라는 폭정으로부터 개인을 해방시켰으며, 개인 자신이 자율적으로 목적을 설정하며 그것을 성취하는 데 알맞은 방법으로써의 수단을 동원함으로써 목적을 성취하도록"(Lenhardt, 1980, 5) 해 준다. 유목적적 합리성은 인간을 자유롭게 할 수 있다. 다시 말해, 유목적적 합리성은 인간으로 하여금 성취하고자 하는 목적을 합리적으로 고려함으로써 자신의 삶에 질서를 부여하도록 한다. 그러나 베버주의적 분석에서 보면 경제적 체제(자본주의)의 요구 때문에 경제성과 효율성을 증진하는 제도의 개발을 촉진시키게 된다는 것이다. 관료제는 노동자를 그들이 만들어 낸 생산품으로부터 분리시키며, 그럼으로써 노동자는 (자기 노동의) 결과로 나타난 생산품을 위해 열심히 일하는 것이 아니라 거기에 관련된 봉급을 위해 일한다. 결과적으로 개인의 선택은 제도적 요구에 종속된다. 구속이 없는 합리적 행위의 가능성은 상실되고 제도적 합리성이 지배하며 보통의 시민들은 기관과 관료제에 의해 설정된 목적에 대한 신념만을 갖게 된다. 개인은 더 이상 합리적 선택을 하는 자유로운 행위자가 아니며 자신을 포위하고 있는 관료적 합리성에 압도된다. 그러므로 베버는 현대 국가의 패러독스를 폭로한다. 다시 말해 관료제는 전통과 관습의 제약으로부터 개인을 자유롭게 한다. 그러나 산업과 기술의 발달은 개인을 조직에 의존적이도록 만들고 개인은 조직의 요구에 의해 움직이게 된다. 개인들은 그들이 우선적으로 조직의 이익에 봉사하기를 기대하는 동시에 그렇게 기대 받기 때문에 철의 장막 속에 갇히게 된다.

관료제는 '양날이 있는 검'과 같다. 관료제는 생산 또는 서비스를 조직하는 효율적인 방법을 제공한다. 다시 말해, 봉급과 수행 등에 의해 종업원에게 어떤 보증물을 제공한다. 그러나 동시에 관료제는 완전히 정확한 것은 아니지만 자체의 목적을 위해 종업원을 이용하는 것 같다. 베버와 마찬가지로 페로우(Perrow, 1979)도 조직은 조직소유자의 수중에 있는 도구이며 관료적 구조의 상층부는 결코 본래적 의미에서의 관료제로 되지 못한다고 지적한다. 말하자면 특정의 사람들이 규칙을 만든다. 즉, 관료제적 피라밋 구조상의 상층부가 중간층이나 하위층보다 규칙을 정하는 데 있어서 더 많은 투입요소를 좌우한다. 관료제는 기관의 소유자들에게 자기 자신들의 필요를 추구하는 데 있어서 다른 사람을 효율적으로 지배하기 위한 수단을 제공한다.

베버는 관료제를 분석하면서 확실히 조직의 구조적 요소에 주의를 기울였다. 그러는 중에 그는 다른 고전적 학자들이 간파하지 못했던 비판적 정신을 갖게 되었다. 베버는 객관적 견해를 가졌다. 그는 관료제의 형성에 관심을 가질 뿐만이 아니라 자본주의, 계급 그리고 경제와 관료제의 관계성에도 관심을 가졌다. 비록 조직이론이 그를 주로 관료제의 분석에 국한시키고 있지만 그의 관심영역은 다방면에 걸쳐 있었다.

4. 체제적 접근

조직이론에 대한 두 번째 주요 접근인 체제적 접근은 공학적 요소와 심리학적 요소를 강조한다. 체제적 접근은 관료제에 관한 베버의 생각과 많은 부분에서 공통되는 경향이 있으나, 베버가 '인간사(人間事) 속에서의 조직의 역할'에 초점을 둔 반면, 체제적 접근은 '조직 속에서 인간사의 역할'을 강조한다. 또한, 체제적 접근은 테일러의 연구와 그 밖의 또 다른 관리지향적 학자들의 연구로부터 도출된다.

(1) 체제적 접근의 기초

일반체제이론은 20세기 전반에 유기체와 환경과의 관계성을 검토한 버타란피(Von Bertalanffy, 1950)에 의해 개발되었다. 체제이론가들은 체제를 개방체제와 폐쇄체제로 구분한다. 폐쇄체제에서는 체제와 환경간의 상호작용이 없다. 즉, 폐쇄체제는 정적이며 균형상태(equilibrium)에 있다. 그러나 개방체제는 환경과 상호작용하며 역동적이고 변화적이다. 버타란피가 주장하는 개방체제의 대표적인 예는 아메바와 같은 생물유기체이다. 유기체는 어떤 방식으로든 환경과 상호작용을 해야 한다. 그럴 때에 유기체는 다음과 같은 체제적 특성―즉, ① 에너지의 투입과 변환, ② 항상성(homeostasis)―유기체가 환경의 요구에 대응해서 정적인 상태를 유지하려는 시도, ③ 분화―다양한 부분들이 전문화된 기능을 나타냄, ④ 부적(負的) 엔트로피(negative entropy) 또는 체제가 생존하기 위해 변화하고 성장해야 한다는 생각, 그리고 ⑤ 동결과성(同結果性, equifinality)―체제로 하여금 진화적 발전의 전단계 모두를 통과함이 없이도 최종상태에 도달 가능하도록 하는 속성, 예를 들어 신생아가 처음에는 물고기, 그 다음에는 파충류, 원숭이 등으로 되지 않고서도 태어나는 것―을 보여준다(Katz & Kahn, 1966).

조직이론가들 중에서 체제이론에 대하여 아주 설득력 있는 견해를 갖고 있는 사람들이 있었다. 폐쇄체제와 개방체제를 구분하는 것은 소위 말하는 고전적인 조직적 사고(테일러, 베버)와 보다 현대적인 조직적 접근간의 차이를 구분하는 데 사용된다. 예를 들어, 스코트(Scott)는 베버, 메이요, 바나드와 같은 이론가를 폐쇄체제적 사상가로 분류한다. 그 이후의 사상가들은 비록 환경이라는 개념이 다소 명료하지 못할지라도, 그들이 환경의 영향을 고려하고 있기 때문에 개방체제적 사고가로 간주되고 있다. 체제이론은 많은 조직적 사고에서 대부분 도덕적 질(moral quality)을 다루어 왔고, 그래서 체제적 관점으로부터 조직을 분리하여 개념화하려는 시도가 점점 어려워지고 있다. 조직분석에 대한 체제적 접근은 하나의 지배적인 개념적 틀이기는 하자만 더 보완되고 발전되어야 할 부분이 있기 때문에 전적으로 성공적이라고 볼 수는 없다. 그러나 현시점에서 우리는 조직을 유기체로 보는 관점의 변화는 조직을 구체화하고(reifying) 조직을 사물 또는 유기체 그 자체로 다루는 결과를 초래한다고 진술할 수 있다. 결과적으로 이러한 생각들은 행위에 관한 어떠한 이론도 형성하지 못한다. 다시 말해 인간들이 '무엇을 행하는가'하는 것은 그 체제가 어떻게 기능하는가에 비해 부차적인 문제로 취급된다. 마지막으로 우리는 인간적 의도와 행위를 반영하는 구성된(constructed) 행동(체)로서의 조직을 간파하지 못하였다.

5. 사회체제이론―사회심리학과 조직

메이요(Mayo)와 그의 동료들은 웨스턴 전기회사를 관찰함으로써 조직에 관한 사회체제적 관점을 발전시켰다(Burrell & Morgan, 1979). 그들은 초보적인 방식으로 조직상황 속에서의 노동자들의 상호작용에 주의를 집중시키고 그럼으로써 노동자를 관리적 구조 속에 짜 맞추는 과학적 관리의 강조점에서 탈피함으로써, 내·외적 조직환경과 노동자와의 관계성에 초점을 두었다. 바나드(1968)는 조직에 대한 이미지를 노동자와 관리자가 모조직(母組織, mother organization)의 욕구를 충족시키는 데 함께 노력하는 협력적 체제로 발전시킴으로써 이들 개념들을 계속 발전시켰다(1장을 참고). 메이요와 바나드의 아이디어는 자신들의 개념을 수정·확대시킨 이후의 사회체제이론가들에게 중요한 영향을 미쳤다. 메이요와 그의 협력자들은 조직구조 내에서 나타나는 비공식적 조직과 동료적 의사소통망의 역할, 그리고 이것들이 효율적인 생산을 위해 마련된 공식적인 구조적 제도를 수정하는 데 어떻게 기여하는가를 강조하였다.

현재의 사회체제이론가들은 주로 조직의 직무상황에서 더 많은 참여적 구조를 어떻게 수립할 것인가에 초점을 맞춤으로써, 조직에서의 노동자의 참여라는 관점에서 조직에 접근한다. 이러한 개방체제적 관점은 노동자의 동기에 미치는 외부의 영향을 고려한다. 이것은 아주 분명하게 직무장소에 속한 개인에 대한 사회-심리학적 접근을 나타는 것이다.

이러한 접근으로써 가장 단순하면서도 영향력 있는 모델은 『기업의 인간적 측면』(The Human Side of Enterprise, 1960)을 저술한 맥그리거(McGregor)에 의해 개발되어 왔다. 맥그리거는 노동자를 통제하기 위해 사용하는 기법에 관하여 서로 다른 시사점을 제공하는 인간에 관한 두 가지 모형을 비교하였다. 하나는 X이론으로 그것은 인간이란 본질적으로 게으로고 자발적으로 열심히 일하려는 의욕이 없고 책임을 회피한다고 제안하였으며, Y이론은 인간은 일을 좋아하고 자기수형에 관해 의식적이며 일반적으로 더 많은 책임을 지기를 원한다는 것을 시사하는 것이다. 역으로, 관리자는 과학적 관리의 원칙을 적용해서 노동자를 X이론 식으로 다룰 수 있거나 또는 노동자를 책임 있는 존재로 봄으로써 Y이론 식으로 다룰 수가 있다. 이러한 대조적인 모형들은 단순한 개념일지라도 조직이론에 놀라운 영향을 미쳤다. 조직이론들은 Y이론을-비록 이것이 관리적 도구로써 시작된 것이기는 하지만-조직의 구조를 짜는 데 있어서 인본주의적 대안으로 채택하였다.

맥그리거의 모형을 약간 변형한 것이 오우치(Ouchi, 1981)에 의해 제안된 Z이론의 개념이다. 오우치는 선두를 달리고 있는 일본회사의 관리실제(이론J)가 어떤 미국조직(이론Z)에서도 발견될 수 있으며, 그리고 보다 많은 회사들이 Z이론의 운영형태로 나아갈 수 있고 또한 나아가야 한다는 것을 제시함으로써 'X이론-Y이론' 분류방식을 새롭게 발전시킨다. Z이론은 관리철학을 발전시키고, 전체적(holistic) 관계성을 실행하며, 의사결정에 노동조합(union)을 관련시키는 것과 관계된다. 이런 접근에서는 관료제란 쓸모없는 허수아비 짚인형과 같고 공동악의 근원이 된다. 불행하게도 오우치는 노동자의 권리보호, 공평한 대우, 그리고 임명과 승진의 평등한 기회와 같은 서양의 민주주의에서 나타나는 관료제의 긍정적 효과를 소홀히 한다. Z이론은 단지 이상적인 일본기업의 실제를 문화적으로 수용한 것이라고 말하는 것은 아마도 이를 과소평가하는 것이다. 어느 정도로 일본의 노동세력에서 여성의 역할이 한정되어 있다는 등의 문화적 차이는 잘 나타나고 있지만 일본인의 관리에 대한 경제적 정치적 배경은 무시되고 있다. 일본과는 달리(Cole, 1982) 미국에는 막대한 예비노동력이 있다. 어떤 의미에서 일본의 관리는 일정기간 동안에 노동자들을 모집하기 위해 노동자들에게 유인가를 제공해야 한다. 또한 정치적 차이, 특히 보호무역정책이 일본인의 관리에 영향을 미친다. Z이론도 X이론과 Y이론이 실패하였던 것과 동일한 방법으로 실패한다. 다시 말해, 그것들은 복잡한 상호작용망을 아주 이상화하고 단순화한다. 그럼에도 불구하고 이 이론이 좋은 명성을 얻는 것은 최소한 짧은 기간 동안에 그것의 영향력이 검증된다는 점이다.

인간관계에 대한 이러한 접근은 틀림없이 테일러리즘이 갖는 기계주의적 개념에 비해서는 진전된 것이지만, 그것들도 여전히 관리적 편견을 갖고 있다. 이러한 이론들은 노동자의 만족을 결정하기 위해 과학적 방법을 사용함으로써 조직구조 속으로 노동자를 동화(incorporate)시키려고 시도한다. 아마도 이러한 과학적 실험들이 노동자들로 하여금 관리적 개입에 대해 더 회의적이도록 만든다.

(1) 사회체제이론―기술적 학파

개방체제적 개념은 또한 조직을 구성원들 사이에서 일어나는 관계성을 다루기보다는 실체로서 취급하는 이론들을 포함할 수가 있다. 이들 접근들은 조직의 구조가 조직들간의 차이에 어떻게 공헌하며 나아가 환경이 이들 조직에 어떠한 영향을 미치는가를 강조한다. 여기서 검토되는 구조의 주요 측면들은 규모와 조직기술(organizational technology: 미완성품을 완성품으로 전환하는 특별한 과정)을 포함한다. 조직의 규모는 다른 구조적 차이에 기여하지 않는 것처럼 보인다. 다시 말해 페로우(Perrow, 1979, 61)가 지적하다시피, "규모'는 분석적 대상으로 증명되지도 않고 지리적 위치, 성, 물리적 자원과도 관계가 없다." 생산적 과정들에 대한 연구인 기술이 더 흥미로운 대상이다.

조직의 기술 때문에 이론가들은 조직의 구조적 측면, 특히 규칙의 개발, 운영절차, 그리고 권위의 계통에 관심을 집중시켰다. 그들은 조직들의 사회적 측면들이 어떻게 해서 가장 효율적으로 기술적 측면들과 서로 조화될 수 있는가를 이해하고자 하였다. 로렌스와 로쉬(Lawrence & Lorsh, 1967)는 조직은 구조적으로 역할과 노동(labor)을 분화시키는 동시에 여러 부분들을 기능적인 전체로 통합하는 것이 요구된다는 것에 주목하였다. 이것은 상당한 정도로 조직에서의 기술의 본질에 의존하는 규칙과 역할을 통해 이루어진다.

조직의 기술(우리는 뒤에서 과연 학교가 하나의 '기술'을 갖고 있느냐를 고찰할 것이다)은 조직구조와 관계가 있는 것으로 언급되어 왔다. 예를 들면, 일관작업과 같이 판에 박힌 기술들은 판에 박힌 관료적인 조직을 가져오는 반면, 혁신적인 기술들은 개성화되고 비관료적인 조직을 가져온다. 생산과정(기술)과 사회적 구조(개인간의 관계성)간의 관계성에 대한 이러한 탐구체계는 생산과정의 형태(원래, 탄광업)와 현장에서의 계층형태(개인 대신에 작업팀으로서의)의 상호관계성에 근거를 둔 조직설계를 언급하기 위해 '사회－기술적 체제(socio-technical systems)'라는 용어를 사용하였다.

기술에의 강조가 최근에 넓게 통용되는 개념인 상황적응이론(contingency theory)의 발전을 가져왔다. 번스와 스토커(Burns & Stalker, 1969), 로렌스와 로쉬(Lawrence & Lorsch, 1967), 그리고 톰슨(Thompson, 1967)은 상황적응이론을 여러 가지 방법으로 설명하였고, 근래에 와서 상황적응이론은 조직에 관련된 지배적인 지적 세력이 되었다. 본질적으로 상황적응이론은 규모, 기술 등의 조직변인들과 조직의 사회적 구조들간에 결정적인 관계성은 없으며, 단지 각각의 구조는 환경의 압력과 기업의 산출에 따라 다르다고 본다. 상황적응이론에 따르면 조직관리의 '최선의 방법'이란 존재하지 않으며 관리는 그 조직의 산출뿐만이 아니라 시장의 속성과 특정 시점에서의 정치적 환경의 속성과 같은 주요 환경적 세력들에 의존하기 마련이다. 그러므로 어떤 상황에서는 완고하고 관료적인 관리가 알맞을 수가 있으나 또 다른 상황에서는 보다 유연하고 느슨한 접근이 필요할 수도 있다.

상황적응이론은 아마도 조직에 대한 가장 지배적인 현대적 접근이다. 이 이론은 '옳은(right)' 조직구조가 무엇이냐를 그 조직이 상호작용하게 되는 환경의 형태와 관련시켜 탐색하는 이점을 갖고 있다. 소위 몹시 거친 환경 속에서는 조직은 외부에서 발생하고 있을지도 모르는 변화에 역점을 둔 관리를 통하여 환경에 반응적이어야 한다. 그러나 평온한 환경 속에서는 내부적 일치에 관심을 갖는 관리가 더 적절할 것이다. 그러므로 항상 고정적인 요구가 있는 재화를 생산하는 회사는 정치적 환경에서 어떠한 위기가 일어나든 간에 한 가지 형태의 원칙을 요구한다. 그러나 정치적 움직임에서의 약간의 변화에 대해서도 심하게 반응하는 회사들은 여러 가지 원칙들을 필요로 한다.

마지막으로, 상황적응이론의 특징인 상대성은 지적으로 보면 만족스러운 것이 못된다. 전통적인 조직적 사고에 토대를 두고 있는 관점은 계속적으로 조직분석을 시도하라는 유혹에 직면한다. 전통적인 조직이론은 조직현상을 설명하기 위한 보편적인 법칙이 도출될 수 있다고 가정하기 때문에 상황적응이론은 단지 고도로 정확한 설명에 이르는 도정(道程)의 중간단계에 해당될 뿐이다. 상황적응이론은 "새로운 포도주를 낡은 병에 담음으로써 과거의 분류방식으로 되돌아가는 격이다"(Perrow, 1979, 165). 상황적응이론은 조직을 설명하는 데 있어서 관료적 모델과 인간관계적 모형의 구분에 의존하며, 환경적 안정성 또는 난기류에 의존하고 있는 관료적 접근과 인간관계적 접근 사이에서 혼란을 일으키는 조직관리에 대한 새로운 접근을 제공한다. 마지막으로, 상황적응이론은 조직을 관리적 판단에 종속되고 환경으로부터 어떻게든지 구별되는 실제적 실체로 보려고 함으로써, 조직의 본질에 관해 확실한 가정을 취한다. 이러한 모든 개념들이 도전의 대상이 된다.

6. 현대적 접근-은유로서의 과정

스코트(Scott, 1978)는 조직에 대한 몇 가지 현대적 접근들은 개방체제적 맥락을 사용함으로써 웨스턴전기회사 연구(호손연구)를 확대시키는 '사회적 모형'으로 분류될 수 있다고 주장하였다. 그러나 많은 현대적 접근들은 전반적으로 체제이론과는 근본적인 차이가 있으며, 대부분 자체의 모형 내에서 다소 전통적인 분석을 유지하고 있다. 그럼에도 불구하고 이들 현대적 접근들은 다소 고루한 문헌들과는 현저하게 다른 새로운 은유(隱喩, metaphor)를 사용한다. 이러한 모형들은 기술 또는 구조보다는 차라리 조직의 과정에 관심을 집중하며, 우리가 인식하는 방법과 조직하는 방법간의 차이를 비교하기 위한 특별한 은유들을 통해서 그 과정을 설명한다. 흥미롭게도 이들 접근들의 대다수는 교육조직과 관련되어 시작되었다. 그것은 아마도 교수의 기술이 특히 잘 정의되지 않았기 때문일 것이다. 대체로 조직의 기술적 또는 합리적 측면을 특징적으로 나타내는 이 접근들은 앞서의 모델들의 보편화에 대한 반작용으로 간주될 수 있다. 이런 의미에서 이러한 접근들은 이론에서 구조, 목적 그리고 조직합리성이라는 신비적(神秘的)인 개념들을 제거하고 그러한 개념들을 행위자들(actors)이라는 개념으로 대체시킴으로써, 조직이론을 탈신화화(脫神話化)하고자 한다. 예를 들어, 이완적 결합(loose coupling)이라는 웨이크(Weick)의 개념은 그 자신이 과거에 사용한 조직에서의 '실행화(enactment)'라는 개념에서 비롯된다(Weick, 1979; 1976). 실행화란 조직과 조직의 환경을 창조하고 정의하는 심리적 과정이다. 이것은 중요하며 조작될 수 있는 세계의 부분들을 확인하고 선정하는 과정과 관계된다. 이 세계는 조직에 관한 합리적 모델에서 말하는 것처럼 주어진 것이 아니라 창조되는 것이다. 그러므로 건강체제(health system)의 구성원들은 레코드 회사나 자동차 회사의 구성원들이 실행화하는 조직세계들과는 전혀 다른 조직세계를 창조한다. 각 조직의 구성원들은 그들이 자신을 발견하는 전체 환경의 여러 측면에 자신들을 조화시켜야 한다. 웨이크(1979, 27)가 말하다시피 사람들은 이미지 축적을 통해서 스스럼없이 친해지고, 자신을 분석하며, 자기를 표현하고, 모든 사람들이 포착하지 못한 조직실체의 일부분을 이해하는 실행화와 그에 상응하는 실체에 대한 상호형성은 이완체제의 상당부분을 형성한다. 환경을 실행화함으로써 사람들은 미묘하게 서로 다른 실체들을 만들며, 그래서 사물이 어떻게 연결되고 조직되는가에 관한 차이가 발생한다.

(1) 이완적 결합

비록 '느슨함(또는 이완성, looseness)'이라는 아이디어가 이전의 문헌(예로 Bidwell, 1965)에서 나타났을지라도, 웨이크(Weick, 1976)가 사용한 '이완적 결합'이라는 개념이 소개되었을 때 조직이론가들은 한결같이 큰 충격을 받았다. 체제이론이 조직기능의 다양성을 제대로 설명하지 못하고 있다는 이론적 무능력에 불만을 갖고 있던 웨이크는 조직의 하부체제들간의 관계를 설명하기 위해 '이완적 결합'이라는 개념을 만들어 냈다. 일반적으로 체제이론에서는 하나의 하부체제에서 일어나는 것은 정의상으로 다른 하부체제에 영향을 주게 마련이다. 즉, 하부체제들은 전체의 부분들과 상호관련된다. 그러나 특히 교육에 있어서는 학급에서 일어나는 일이 학교장의 행위의 변화에 단지 간접적인 조건으로 작용할 뿐이다. 그러므로 웨이크는 이러한 하부체제들은 단지 느슨하게 연결될 수 있다고 결론짓는다.

웨이크는 다음과 같은 유추를 제시함으로써 이완적 결합체제에 대한 자신의 설명을 전개한다.

당신이 비정규 축구게임에서 심판이나 코치 또는 선수, 아니면 관중의 입장으로 임하게 된다고 상상해 보라. 운동장은 둥글다; 둥근 운동장 주위에는 되는 대로 여러 개의 골문이 널려 있다; 사람들은 원할 때는 언제라도 그 게임에 참여할 수도 있고 그만 둘 수도 있다; 그들은 그들이 원하는 때에 공을 던질 수 있다; 그들은 자신들이 원하는 수만큼 언제라도 "내가 골을 넣었어"라고 말할 수 있다; 전체적인 게임은 경사진 운동장에서 진행된다; 그리고 그 게임은 마치 정상적인 것처럼 진행된다.

당신이 지금 이 예에서 심판 대신에 교장을, 코치 대신에 교사를, 운동선수 대신에 학생을, 관중 대신에 학부모를, 축구경기 대신에 학교교육으로 대치시킨다면, 당신은 학교조직에 대해서도 똑같이 '판에 박히지 않은' 묘사를 하는 셈이다(March의 '개인적 의사소통'을 인용한 Weick, 1979, 541).

학교교육에 대한 이러한 묘사는 합리성 그 자체 그리고 조직을 분석하는 합리-합법적인 틀은 실제에 있어서는 단순히 우리가 적용해 온 관습의 체계에 불과하며, 그리고 조직이란 우리가 보통 의식하고 있는 그 이상의 '실체들'을 내포한다는 가정에서 출발한다. 그러나 웨이크(Weick)는 우리가 습관적으로 조직에 대해 상당히 합리적인 방법으로 생각하고 있기 때문에 그러한 여러 가지 다른 실체들을 이완적 결합체로 보지 못했다고 주장한다. 축구경기에서처럼 이완적 결합이란 조직에서의 요소들(하위체제)이 단지 아무렇게나 그리고 명확하지도 합리적이지도 못한 목적으로 연결되는 방법을 지칭한다. 그러므로 웨이크가 제시한 예를 사용하자면 상담교사는 교장과 단지 느슨하게 연결될 수밖에 없다. 각자는 어느 정도의 자율성을 갖고 있으며, 그래서 교장과 상담교사는 단지 가장 일반적인 방법으로만 타인에 대해서 영향을 미칠 수 있다. 그러나 여전히 그들은 어떤 방식으로든 같은 경계 내에 속한다.

이완적 결합은 조직에 대해 몇 가지 기능적 이점을 제공해 준다. 예를 들어, 변화하는 사건들은 단지 그 체제의 한 부분에만 한정될 수 있기 때문에 상당한 정도로 조직의 안정성을 부여한다. 일반적으로 학급에서의 소란이 교무실의 소란을 가져오지는 않는다. 또한 이완적 결합은 전체 조직을 변화시키지 않고서도 성공적인 국지적(local) 적응을 가능하게 해 준다. 나아가 이완적 결합은 조직행위자들로 하여금 제한된 분야의 사건에 대해서 더 많은 통제를 하도록 해 준다. 말하자면 행위자들을 계층적으로 확고하게 연결시키지 않음으로써, 각자는 다소간 자기 방식대로 일을 처리할 수 있고, 그러면서 각자는 더 많은 자유와 통제권을 갖는다. 그러나 이완적 결합이 조직에 대해 여러 가지 이 점을 갖고 있다고 할지라도 어떤 상황에서는 이들 이점들이 단점이 될 수도 있다. 오늘날 조직의 생존을 보장해 주는 이완적 결합이 갖는 각각의 특징들이 결국에는 동일한 조직에 대해서 부적합하게 작용할 수도 있다.

이완적 결합이 체제로서의 조직에 대한 우리의 이해를 확장시킨다 할지라도, 본질적으로 그것은 전반적인 체제적 관점에 구속되기 마련이고 그러한 관점에 대한 비판을 면할 수가 없다. 이완적 결합은 우리가 조직이란 유기체를 본뜬 체제라는 개념을 인정하는 한에서만 충격적이다. 웨이크는 이 점과 관련하여 자신의 사고 전개를 수정한다. 체제이론은 기본적인 유기체를 하나의 체제로 상정해서 결국에는 사회적 조직이 정점에 위치하는 보다 복잡한 체제에 이르기까지 계층적인 방식으로 나아간다. 웨이크는 사회체제들이 단지 유기체제들의 복잡한 변형일 뿐인가의 문제를 제기하면서도 여전히 단순한 조직으로부터 보다 복잡한 체제로 이어지는 계층적 접근을 선호한다.

이러한 것을 암시함으로써 그들은 지나치게 환원주의자가 될 수도 있으며 사회체제 특유의 본질을 설명하는 데 실패할 수도 있다.

(2) 기관적 접근

또한 많은 조직이론가들은 특히 조직으로서의 학교에 초점을 두어 왔다. 하나의 지배적인 관점인 기관적(institutional) 사고학파는 학교를 단지 별개의 조직으로 본 것이 아니라 하나의 사회적 기관으로 생각한다. 기관은 공공적 관심과 탐색의 대상이 되며, 어떠한 중요한 사회적 목적에 봉사한다는 점에서 조직들과 차이가 있다. 페로우(Perrow, 1979, 186)가 말하는 것처럼, "기관화(제도화, institutionalization)의 과정"은 그 조직이 내부 집단들의 노력과 외부 사회의 가치를 채택한다는 점에서 '유기적 성장의 과정'이다. 이러한 접근이 갖는 주요 문제는 기관으로서의 학교들이 어떻게 사회적 요구들에 반응하는가에 관심을 갖는다. 마이어와 로완(Meyer & Rowan, 1977; 1978)은 기관으로서의 학교가 갖는 특징은 불확실한 기술—수업의 기술이 명료하지 않고 개인특유적(idiosyncratic)—이라고 제안한다. 생산업자들은 기계와 생산속도를 통제할 수 있으나 학교는 지식의 전달과 습득을 규제할 수 없다. 그러므로 교사들의 평가도 주로 의례적(ceremonial)이다. 수업에서 발생하는 것을 통제한다는 것이 거의 불가능하다 할지라도, 교사는 자신의 선택에 따라 자유로이 통제를 행사할 수 있다. 그러므로 공교육은 국가기관으로부터 신임장을 받아 행하여지게 되므로 국가로부터 고도의 통제를 받는다. 학교는 부분적으로 그 행정이 수업과정을 통제하도록 내부지향적이기보다는 계속적인 공공의 지원을 보장받기 위해 외부에 더 지향되기 때문에 '느슨하게 연결된' 것으로 생각될 수도 있다. 학교 자체에서 발생하는 것은 마이어와 로완(1978)이 '신임의 논리(logic of confidence)'라고 명명한 것에 기초한다. 학교 내에는 활동을 지배하는 공식적 절차들이 거의 또는 전혀 없기 때문에 우리는 학교에 속한 개인들은 자신들이 하기로 되어 있는 것을 실제로 하고 있다고 가정한다. 학교에서 이루어진 일들의 대부분은 등급과 평가라는 의식이나 관계를 통해 이러한 신임의 논리를 강화하려 한다. 학교에 대한 이러한 견해는 학교가 생산하는 것(예를 들어, 졸업생)은 재능, 지식 그리고 능력에서 아주 다르다는 것을 인정한다. 개개 졸업생을 능력이라는 측면에서 평가하는 것은 여러 가지 경우에서 학교에 대한 신뢰를 손상시킨다. 그러므로 학교는 자기 학교 졸업생에 대한 의식적인 공적 증명을 해 준다. 학교와 대중은 똑같이 이러한 증명이 졸업생의 편에서 일정 수준의 능력을 보장한다고 가정하며, 이렇게 함으로써 학교는 사회에 대해 인력분류자로 작용한다. 고용이라는 측면에서 보면 고등학교에 다녔느냐 하는 것은 별로 중요하지 않으나, 문제가 되는 것은 고등학교를 마쳤다는 사실이다. 그러므로 학교는 고용주들에게 개개인의 능력을 검토하지 않고서도 능력을 보증해 준다.

이러한 접근이 학교교육을 더 넓은 사회체제와 연결시키기 때문에 참신하다 할지라도, 이것은 학교교육의 기본적인 이슈, 특히 사회 속에서의 학교가 갖는 정치적 경제적 역할을 다루지는 않는다.

(3) 쓰레기통 모형과 무정부주의

원래 대학의 상황에 적용되었으나 요즈음은 보다 일반적으로 사용되고 있는 조직에 대한 또 다른 개념이 있다. 그것은 마치와 올슨(March & Olsen, 1976)이 제안한 의사결정에 관한 쓰레기통 모형(garbage can)과정을 특징으로 하는 조직화된 무정부(organized anarchies)로서의 조직의 개념이다. 웨이크와 마찬가지로 마치와 올슨은 질서정연하고 합리적인 행위로서의 조직에 대한 개념을 거부한다. 그들이 연구하는 조직은 아주 무정부적이다. 조직 속에서 일어나는 사건은 완벽하게 계획적이지도 못하고 그럴 수도 없다. 다시 말해, 사건은 종종 아무렇게나 발생하며 그것들의 최종적인 결과도 대개 우연히 예측된다. 그러므로 조직에서는 체계적인 통제방법을 확립한다는 의미에서의 완전한 관리란 있을 수 없다. 즉, 조직은 바람직한 결과를 얻기 위한 바램으로 무엇을 제공할지라도 치밀하게 통제될 수는 없다.

조직화된 무정부(무질서)라는 조직개념의 핵심적인 사항인 불명료성(ambiguity)이라는 말은 합리성이라는 말과는 아주 상이한 사고에서 비롯된다. 싸이몬(Herbert Simon)은 자신의 초기연구(1965)에서, 진정으로 합리적인 조직은 특정의 목적을 달성하기 위해 이용 가능한 모든 대안을 정확하게 평가할 수 있고, 나아가 가장 효율적이고 효과적인 대안을 선택할 수 있는 사람들이 모인 조직이라고 제안하였다. 싸이몬은 인간은 이러한 점에서 한계가 있다는 것, 즉 완전하게 합리적인 결정은 인간적 합리성의 범위를 벗어난다는 사실을 발견하였다. 그래서 인간은 "만족을 추구한다"(satisfice). 즉, 인간은 현 시점에서 최선으로 여겨지는 대안을 취한다. 마치와 올슨(1958)은 사람들이 조직 속에서 어떻게 만족하는가—즉, 어떻게 결정을 내리고 대안을 선택하는가—는 주로 그 조직에서 설정된 기대들에 의해 조절된다는 것을 밝힘으로써 싸이몬의 발견을 확대한다. 일반적으로 그러한 불문율과 절차들이 개인적 행위를 지배하고 조직적 수행을 위한 활동범위를 결정한다. 그러므로 개인적 결정은 설정된 기대의 먹락 내에서 이루어진다. 조직에서의 기대의 정도는 조직의 목적을 정의하는 데 도움이 되는 조직적 목표에 관련될 것이다. 그러나 목적이 나쁘게 정의되거나 또는 단지 가장 일반적인 방법으로 정의되는 조직 내에서는 그 기대가 행위를 안내하기에는 모호하고 제한적이다. 의사결정과 합리적 행동간의 관계성을 밝힘으로써, 마치와 올슨(1976)은 구체적인 목표에 대한 합의가 없는 조직에서는 불명료성이 특징인 '의사결정의 쓰레기통 모형과정'과 조직화된 무질서가 존재한다고 결론을 내린다. 그러한 조직은 기술(예를 들어, 교사가 무엇을 또는 어떻게 가르칠 것인가)에 대한 합의가 거의 또는 전혀 없고 계층성이 약한(행정이 교수들의 의사결정의 힘을 통제하지 못하는) 대학과 같은 구조 속에서 발전된다.

이러한 의사결정의 쓰레기통 모형은 다음과 같은 것을 암시한다. 즉, 조직구조 내에서 문제가 야기되면 표준적 해결책이 적용되나, 그 문제들은 종종 어떤 주어진 해결책에 따르는 것이 아니다. 그러므로 해결책과 문제들은 조직의 상징적인 '쓰레기통' 속으로 마구 넣어지는데, 거기에서는 계획된 해결책이 부적절한 문제와 결부되기도 하고, 문제에 대한 뜻밖의 해결책이 찾아지기도 한다. 변화에 민감한 자들은 종종 무엇이 발생할 것인가를 결정하기도 하고 중대한 사건이 단지 사소한 원인에 기인되기도 한다.

쓰레기통 모형과정은 세 가지 중요한 특징들—① 불명확한 기술, ② 상충하는 목적, 그리고 ③ 유동적인 참여—을 갖는다. 경영학의 예를 빌리자면, 대중소비용 생필품을 생산하는 조직에서의 생산기술은 아주 명확하게 알려져 있다. 즉, 어떤 정해진 절차를 따라야 하고 일정한 방식으로 생필품을 얻기 위해서 정해진 원료를 처리해야 한다. 그러나 덜 명확한 과정을 따르는 조직에서는 이러한 원칙이 통하지 않는다. 대학에서는 심성을 계발하고 그에 관련된 기술을 제공하기를 원하지만 이것을 아주 표준화된 방법으로 어떻게 수행할 것인가는 명확하지가 않다. 다시 말해, 심성계발의 기술이 모호하다. 동일한 논의가 목적이나 기호에도 적용된다. 대학의 사명에 대해서는 대학총장이 유창하게 말할 수 있으나 구체적인 실행적인 제안들은 몇 가지 귀속된 관심을 만족시켜야 하고 그 결과로써 자유스런 논쟁이 종종 제한된다. 마지막으로 쓰레기통 의사결정과정은 유동적 참여가 특징이다. 조직에 속한 모든 사람들이 어떤 이슈에 대하여 동일한 정도의 관심을 나타낸다. 그래서 의사결정 참여자는 수시로 바뀌게 된다.

샌프란시스코에서의 흑백 통합사건에 대한 와이너(Weiner, 1976)의 연구는 유동적 참여를 잘 설명해 준다. 그는 학교의 흑백 통합과정을 권고하기 위한 위원회가 구성되었을 때, 그 위원회는 가장 많은 영향을 받게 되는 사람들의 유동적 참여를 특징으로 하였다는 것을 발견하였다. 이 위원회의 이슈와 추진계획은 주로 정규적으로 회의에 참석할 수 있고 그 이슈에 관한 전문적 지식을 개발할 수 있었던 구성원들에 의해 통제를 받게 되었다. 이렇게 할 시간적인 여유를 가질 수 있는 위원들은 주로 정규직업을 갖고 있지 않은 백인, 중상류 여성들이었다. 소수집단의 대표자들은 일을 해야만 했고 위원회의 추진계획을 통제하는 데 필요한 시간을 가질 수 없었다.

마치, 올슨, 코헨 등이 개발한 흥미로운 개념들은 어떤 방식으로든 교육상황의 사건을 이해하는 데 도움을 준다. 그러나 무정부라는 아이디어는 상당한 정도로 과장되어 왔다. 학교와 다른 조직들은 어떤 규칙성을 특징으로 한다. 즉, 사건은 예정되고 사람들은 직위를 차지하며 이를 유지하고 봉급은 정규적으로 지급된다. 나아가서 코헨과 마치(1974)는 조직화된 무정부하에서의 지도성의 규칙을 개발하고자 시도하는 과정에서(예를 들어, 대학총장들은 이슈가 되는 문제들에 시간을 투입하며, 그 조직역사를 재구성하며, 반대

자의 요구를 허락하며, 어느 정도 마키아벨리적 술책을 사용한다고 설명한
다), 그들은 자신들의 첫 번째 전제들과 모순 된다. 규칙들과 규칙의 적용은
조직에 대한 합리적 접근이 갖는 특징이다. 예를 들어, 실제적으로 관료제는
규칙체계들로 둚여져 버린 사람들로 정의된다. 결국, 조직화된 무정부조차도
정치학과 경제학의 요구(지시)에 맞게 작용하는 기관의 기본적인 관료적 구
조를 인정하지 않을 수 없다.

(4) 문화로서의 조직

최근에 조직문화(organizational culture)라는 개념이 관리분야에서 풍
미되고 있다. 이러한 문헌들은 '문화로서의 조직'에 주의를 기울이고 행정과
조직문헌에서 나타났던 과거의 과학적 행동적인 측면에 강조를 두는 것과는
근본적으로 다르다. 조직문화라는 개념은 부분적으로는 조직에 대한 여타의
평범한 관리적 접근이 갖고 있는 허점으로부터 출발하며, 부분적으로는 조직
문화를 확립하는 데 성공한 일본(의 조직양태)을 미국화(미국에 적용)해야
한다는 주장에 대한 1980년대의 강조로부터 비롯된다. 여하튼, 문화에 대한
이러한 중요한 접근은 조직문화에 대한 전통적, 인류학적 연구를 반복한다.
말하자면 조직문화는 조직은 문화를 갖고 있으며 생산성을 증대시키기 위해
어떻게 그런 문화들을 개발할 수 있을까에 대하여 관리자들에게 조언을 해
준다고 가정한다.

『우수성의 추구』(In Search of Excellence, Peters & Waterman,
1982)와 『기업문화』(Corporate Cultures, Deal & Kennedy, 1982)와
같은 유명한 책들은 조직의 조종 가능한 측면으로서의 '문화'에 초점을 둔다.
조직에 대한 이러한 접근은 특정 조직이 상징, 의식, 전설 그리고 신화와 같
은 중심적인 특징을 통해 어떻게 자체의 문화를 형성하게 되는가를 강조한다.
여기에서 강조되는 요지는 원하든 원하지 않던 간에 회사나 여러 조직들은 문
화를 형성한다는 것이다. 이러한 문화는 조직목적에 공헌할 수도 있고 그렇지

않을 수도 있다. 그러나 이러한 많은 저자들이 보다 중요하게 여기는 것은 관리자들은 혁신적인 동시에 생산적이 되도록 문화를 조작할 수 있다는 것이다.

조직에서의 문화라는 개념은 과거의 관리적 접근에서 강조하는 행동적이고 과학적인 관점에서―중대하면서도 긍정적인 반응을 받으면서―벗어난다. 조직문화는 사람들은 언제든지 모이기만 하면 세계를 표현하는 공통된 방법의 제도를 가져오는 일정한 형태의 의사소통에 참여한다는 사실에 주의를 기울인다. 의식, 상징 그리고 은유는 개인들로 하여금 그들의 일상적인 경험에 서로 영향을 주고 그 경험을 공유하기 위해 개인들을 조직적 공간 속에 한정시키는 데 사용된다. 이것은 보편적인 현상이다. 즉, 학교, 회사, 국가는 모두 문화를 갖고 있다.

조직문화에 관한 문헌들은 이보다 더 발전적이다. 말하자면 우리는 문화를 연구할 뿐만 아니라 이를 조작하도록 자극받는다. 유명한 연구들은 관리자들이란 자신들이 속한 조직의 특별한 문화를 분석해야만 하고 행해지고 있는 상징과 은유들을 이해하고, 나아가 관리자가 계획하는 특정의 실제를 반영하기 위해 지배적인 상징과 은유가 변경될 수 있는 새로운 문화를 만들기 위한 문화변화 프로그램에 참여해야 한다는 점을 밝히고 있다. 이것은 문화에 대한 아주 무언적(muted) 견해이다. 우리는 문화를 이론적인 방법으로는 분석할 수 없고 또한 진보적인 합리적 전략을 통해서 문화를 변화시킬 수도 없다. 실제적으로 문화란 관리자들의 합리적인 개입을 허용하지 않는 생생하고 경험적인 신념들의 집합이다.

지도자들은 문화를 변화시킬 수는 있으나 그것이 특정의 개입프로그램을 통해서 가능한 것은 아니다. 대신에 지도자들은 자신들이 가치롭다고 여기는 문화의 측면들을 그들 스스로 실천함으로써 문화를 변화시킨다. 그러므로 문화는 지적인 실행이 아니라 부모로부터의 훈련, 형식적 학교교육, 그리고 비공식적인 경험을 통해 형성되는 자기 신념의 직관적인 표현이다.

조직이론의 일표현으로서의 이러한 문화적 접근은 여러 가지 측면에서 결점을 지니고 있다. 생각건대 이러한 접근은 기관을 어떻게 관리해야 하는가에 관한 평범한 관리이론을 한 단계 뛰어넘는 것이다. 그러나 동시에 이러한 접근은 문화를 관리하기 위한 호기심 있는 조작적 접근을 취한다. 딜과 케네디(Deal & Kennedy, 1982, 19)는 관리자는 문화의 일부분이 아니며 그러므로 실제적으로 외부인의 입장으로서 보다 높은 관점에서 조직의 문화를 조작할 수 있다는 것을 전제함으로써, "우리는 독자들에게 문화 속에는 강점이 있다"라는 직업생활의 새로운 법칙을 깨우쳐 주고 싶다"고 말한다. 이러한 연구들은 확실히 '좋은' 관리자와 '나쁜' 관리자가 있다는 것을 나타내 준다. 좋은 관리자란 실제에 대하여 비전을 제시하는 자신들의 방법에 일치하는 문화를 만드는 관리자이다. 나쁜 관리자는 인류학적 문헌에는 나타나지 않으며, 과거에 직무조직의 공통적인 특징이었던 것에 적용되는 불가해한 용어들을 표면적으로 사용하는 사람이다. 확실히 커피시간(커피브레이크)을 의식(儀式)으로 명명하는 관리자는 거의 조직의 문화적 분석을 할 능력이 없는 사람이다. 또한 이러한 문헌은 조직의 기본적인 정치적·구조적 측면을 무시한다. 동시에 이것은 관리자들에게 있어서 조직을 이해하는 합법적인 접근이기보다는 전략적인 접근이다. 이러한 접근이 보다 거시적인 사회구조에 기본적인 가치에의 헌신을 채택하고 이를 협동적인 조직의 필요에 맞게 적용하면 아마도 이러한 접근은 완벽하게 주의를 받게 될 것이다.

(5) 정치적 접근

일반적인 조직이론의 접근에서 간과되어 온 것이 정치가 조직을 어떻게 유인하고 이에 협조하는가에 관한 조직의 정치적 차원이다. 정치적 모형은, 비록 직접적으로는 기업에서의 집단협상, 동맹과 이익집단의 발생, 그리고 조직적 패권과 통제를 위한 경쟁과 같은 과정들에 초점을 둔다 할지라도, 문화와 이완적 결합이라는 개념을 통합하려는 것이다. 정치적 접근은 조직행동의 합리적, 목적추구적 모형에 대한 의식적인 대안책으로 발전되었다.

페퍼와 사라닉(Pfeffer & Salanick)은 다음과 같이 설명한다.

상충하는 요구, 불완전한 정보, 통제를 위한 경쟁, 그리고 조직과 환경간의 이완적 결합 때문에 합리적 행동과 합리적 설계는 정의상으로는 현실 불가능하다. 합리성이라는 모든 정의 속에는 목표달성이라는 개념이 내재되어 있지만, 만일 목표가 다원적이고 상충하는 것이라면 합리성을 어떻게 정의할 수 있을 것인가? 우리는 조직설계란 그 자체가 모순과 딜레마로 가득찬 과정이라고 제안하고 싶다(Pfeffer & Salanick, 1983, 105).

정치적 모형에서는 영향력과 통제라는 두 가지 주제가 지배적이며, 관리(management)란 일상적인 절차와 문화를 확립하는 과정이라기보다는 가치 있는 자원의 할당을 위한 중재의 과정에 가깝다. 그러나 조직에서의 권력은 개인들과 직위 내에서 제도화될 수 있으며, 권력의 사용을 지배하도록 조직의 규칙이 확립될 수 있다. 규칙이 구조설정에 기여하지만 구조는 규칙에 맞추어 설정되지는 않는다. 조직 속에는 더 나은 공통적인 관심사를 갖고 서로 연합하며 그럼으로써 권력구조를 위협하는 자기관심적인 사람들이 존재한다. 조직에 대한 정치적 분석은 미시적 수준(Bacharach & Lawler, 1980)과 거시적 수준에서 동시에 발생한다.

조직을 정치경제학으로 분석하는 잘드(Zald)는 시간이 흐름에 따라 조직은 "집단과 서로 다르게 관계하면서 집단에 참여하고 있는 참여자의 책임과 권리뿐만이 아니라 집단(집합적으로)의 한계와 목적을 정의해 주는 합의와 이해체계로서의……기본적인 규범적 구조로서의 제도(constitution)"를 발전시킨다고 제안하였다(Zald, 1970, 225). 제도는 환경과의 대내외적 조직적 상호작용을 위한 틀을 결정한다. 조직 속의 행위자들은 정치(권력)와 경제(자원)에 대하여 제도의 한계 내에서 협상한다. 권력의 분배, 특정 보상구조, 그리고 행정적 성공을 위한 절차 등은 모두가 경쟁과 협상의 대상이 될 수 있다. 예를 들면, 어떤 교육구에서 제도는 비공식적 규칙, 규정 그리고 그 지역의 규범뿐만이 아니라 교육구 체제의 공식적이고 승인된 주(州)의 헌장을 반영한다.

이러한 조직구조는 많은 체제이론가들이 제안하는 것처럼 합리적, 목적추구적 실체를 반영하는 것이 아니라 차라리 어느 정도 상호공통적 목적과 지향을 공유하는 행위자들의 집합(collection)을 반영한다. 그러나 이러한 구조 내에서도 권력의 분배(교사와 학생, 교사와 행정가, 행정가와 다른 행정가들 간의)와 보상의 차이는 존재한다. 개인들은 집합적으로(예, 교사연합회) 보상의 할당과 권력의 분배를 변경시키고 제도의 내용을 개정하기 위해 협상한다.

  조직을 보는 이러한 방식들은 중범위(middle range)이론이라고 명명되어 왔다(Bacharach & Mitchell, 1981). 중범위이론들은 베버와 같은 구조주의자의 이론들이 초점을 두는 조직의 거시적 측면, 특히 보다 대규모적인 환경적, 사회적 요인들과 조직과의 관계에는 초점을 두지 않는다. 또한 중범위이론들은 웨이크 등의 이론가들이 강조하는 조직 속에서의 개인적 실행화(enactment)와 같은 미시적 과정에도 초점을 두지 않는다. 차라리 중범위이론들은 조직을 조직적으로 적절한 행동—정치적 책략과 집합적 행동—에 참여하는 행위자들의 집합으로 보고자 시도한다. 미시적 측면과 거시적 측면 모두 이러한 모델에 정보를 제공하나 그러한 측면들이 일차적인 주의를 받지는 못한다. 역사적으로 전개되어 온 조직의 제도를 개정하는 데 관련하여 온 집단들이 그 조직을 구성한다.

  행정가와 이론가들에게 세 가지 수준의 분석은 모두 타당한 것이다. 말하자면 조직은 사회적 상황 속에 존재하는 개인들과 집단들로 구성된다. 조직이론에 대한 비판적 접근은 세 가지 수준을 모두 인정하고 각각에 부여된 의미를 평가하려고 시도한다.

7. 조직이론에 대한 비판적 관점

(신과학과 변증법적 접근에서 비판적 관점을 제시하고자 한다.)

(1) 신과학(新科學, New Science)

라모스(Ramos, 1981)는 현재의 공식적인 조직이론은 생산, 분배 그리고 재화의 판매에 몰두하는 조직인 시장조직(market organization)에 전적으로 기반을 두고 있다는 것을 암시하는 '신조직과학(新組織科學, new science of organizations)'을 제안하였다. 그는 여러 가지 조직형태가 가능하다고 제안하면서 조직이론 그 자체가 사회의 다양한 욕구를 충족시키는 대안적인 조직화(organizing)의 방법을 인식하지 못했기 때문에 조직이론은 실제적이지 못하다고 주장한다. 현재의 조직이론과 현재의 조직은 시장중심적이다. 즉, 그것들은 시장의 요구에 중심을 두며 생활의 다른 모든 측면에 만연되어 있는 도구적 이론을 영속화한다.

여기에서 라모스(Ramos, 1981, 104~105)는 현재의 조직이론에 대한 비난을 다음과 같이 바꾸어 표현한다.

① 시장조직은 경제의 요구에 맞게 조정된다. 다시 말해, 시장조직은 아주 도구적이다. 조직이론은 시장조직들은 세계사회에서 아주 최근에 발달된 것이라 할지라도 이러한 도구성(instrumentality)을 모든 인간행동의 특성으로 간주한다.

② 조직이론은 인간행동은 도구적이라는 관점을 적용하므로 인간의 상호작용과 대인적 관계의 역동성을 설명하지 못한다. 이러한 역동성이 언급된다고 할지라도 그것은 조직이 조직 자체의 목적을 진척시키기 위하여 어떻게 그러한 상호작용을 이용할 수 있는가의 맥락 내에서만이 언급된다.

③ 시장적 사회에서 '노동(labor)'과 '직무(work)'라는 개념은 임의적이고 부정확하게 상호교환적으로 사용된다. 즉, 노동은 경제적 체제의 구조 때문에 개인적 생산력을 파는 것이고 직무는 개인적 만족을 달성하기 위해 자유스럽게 일정한 노력을 지출하는(들이는) 것이다. 시장적 사회에서는 사회체제로부터 소외된다. 여가시간은 앞에서의 의미처럼, '가장 진지한 행위'에 참여하는 시간이라기보다는 차라리 노동을 필요로 하지 않는 시간과 동일시된다(Ramos, 1981, 113).

라모스의 견해대로 말하자면 우리는 생산과 소비에 열정적으로 몰두하는 사회를 발전시켜 왔다. 이러한 특징들이 현대 생활에서 여타의 다른 가치보다 우선시되었으며 결국은 불만족하고, 불행하며, 복수적이고 그리고 권리가 박탈된 개인을 만들어 낸다. 또한, 이러한 특징 때문에 자연으로부터 사회의 끝임 없는 소외를 가져온다. 이것은 또한 절박한 환경적 재앙과 대규모적 전쟁의 문제들은 시장자체의 내적인 역동성에 맞게 조정된 시장체제가 어째서 그러한 내적인 역동성의 결과를 예측할 수 없게 되는가를 보여준다. 그러한 시장중심적 조직 형태를 구체화하고 합법화하는 조직이론은 확실히 문제를 파생시킨다.

이에 대한 라모스의 대답은 조직이론이 다원적(multicentric) 사회를 지적으로 정당화할 수 있도록 조직이론을 수정하는 것과 관계된다. 다원적 사회란 여러 가지 형태의 조직이 존재하며 그래서 시장은 그러한 조직들 중 단지 하나에 불과한 사회이다. '의사경제적(擬似經濟的) 패러다임(para-economic paradigm)'으로 명명되는 라모스의 새로운 접근에서 보면 시장 또는 경제는 전체 사회의 일 측면에 불과하다. 라모스는 다음과 같이 말한다.

> 의사경제적 패러다임은 시장이란 여러 가지 종류들의 불연속성, 개인생활에 대한 다원적인 실체적 기준, 그리고 다양한 목적을 갖는 대인적 관계성 등을 특징으로 하는 다원적 사회실체 내에 존재하는 외로운 고도(孤島)로 가정된다. 둘째, 이러한 사회실체에 속한 개인들은 단지 우발적인 효용극대론자(utility maximizer)이다. 다시 말해, 기본적으로 인간은 개인적 실현을 위해 자신의 요구에 맞게 자신의 존재를 규제하려고 노력한다. 셋째, 여러 가지 사회적 생활공간에 접근하는 인간은 시장가격체제에 대한 전적인 동조를 강요받지는 않는다. 개인들은 본질적으로 차이가 나는 다양한 사회적 상황들을 만들고 거기에 참여함으로써 시장체제를 움직이거나 심지어는 와해시킬 기회가 부여된다(Ramos, 1981, 123).

라모스는 개인들로 하여금 다양한 방법으로 기여하고 개인적 성장과 만족을 일차적으로 고려하도록 허용하는 선택적인 사회적 공간으로서의 사회를 계획한다. 이러한 비전을 통해 개인들은 가치를 소유한다. 재구성된 조직이론은 이러한 사회를 이루고, 그 사회가 생산적이면서도 만족스럽도록 하고, 나아가 새로운 조직형태를 발견하는 데 도움이 되는 아이디어를 개발하고 검증한다. 라모스의 주장 중 많은 부분은 앞에서 고찰한 스트라이크(Strike)의 연구와 일치한다는 것을 알 수 있다. 예를 들어, 라모스는 다양한 선택적인 생활양식과 나아가 다양한 가치까지도 허용하는 다원적 사회의 필요성을 주장한다. 한편, 스트라이크도 단 하나의 공적으로 지지된 조직체제는 이러한 다원적 사회가 토대를 두고 있고 신봉하고 있는 다양한 선택적인 사적 가치체계를 재창조할 수 없다고 주장한다. 라모스와 마찬가지로 스트라이크도 대안들이 표현될 수 있는 규모가 보다 작고 다양한 조직을 찬성할 것이다. 조직에 대한 라모스의 거시적 지향은 우리에게 비판적 통찰력을 제공해 준다.

(2) 조직에 대한 변증법적 접근

조직에 대한 라모스의 비전은 본질적으로 낙관적이다. 말하자면 라모스의 생각은 만일 우리가 하고자 하는 것이 무엇인가를 재고하는 기회를 갖게 된다면, 개인에게 초점을 두는 다원적 사회는 틀림없이 가능할 것임을 시사한다. 그의 분석이 설득력이 있기는 하지만 이는 사회세력들에 대한 자발적이며 개인주의적인 비판에의 믿음을 지나치게 강조하는 반면 역사적으로 정해진 목적과 물적 구조(material structure)에 대한 분석을 지나치게 소홀히 한다. 최근의 어떤 조직분석가 집단은 합(合, synthesis)에 이르는 정(正, thesis)과 반(反, antithesis)이라는 논리적 분석을 사용하여 역사적으로 형성된 조직의 연구에 변증법적 접근을 적용한다.

조직분석의 변증법적 접근은 종래의 정통적 접근과 비교하면 잘 이해된다. 조직의 과학적 연구는 조직에 관한 객관적 지식은 궁극적으로 과학적 연구를 통해 획득될 수 있으며 증명되고, 지식이란 그 요소들을 연구함으로써 수집될 수 있다는 것을 가정한다. 변증법적 접근은 사회생활의 요소들은 각각 자체의 모순을 갖고 있으며, 변증법적 접근은 이 모순과 모순의 해결 과정을 연구한다고 제안한다. 사회과학에서의 과학적 지식은 은유를 사용하는 것에 의존하나, 각 은유는 그 자체의 모순을 내포한다(모든 진술은 그 반대를 포함한다).

그러므로 테일러리즘에서 조직은 기계에 비유된다. 그러나 이제 우리는 최소한 조직은 기계가 '아닐' 가능성이 있다는 사실을 깨닫고 있다. 조직연구는 조직을 기계로 보는 입장과 기계로 보지 않는 입장 속에 포함된 모순을 인식하고 분석하는 것을 포함한다. 변증법적 사고는 조직을 기계로 보는 입장 대신에 기계로 보지 않는 입장과 관계된다. 변증법적 사고는 '……이다' 대신에 '……이 아니다'라고 인식하는 것과 관계가 깊다.

변증법적 접근은 조직의 여러 측면 특히 조직이 관한 모순적 이론화에 대한 분석을 포함한다. 벤슨(Benson, 1977a)은 세미나 발표 논문에서 조직을 변증법적으로 분석하는 데 필요한 몇 가지 원칙을 제안하였다. 첫째, 조직은 언제나 변화의 과정에 있으나 변화의 과정은 기존의 구조 내에서 일어난다. 조직의 구조와 과정간에는 뿌리 깊은 긴장상태가 있어서 조직분석가들은 어떻게 하면 이러한 긴장이 영원히 해결될 것인가를 연구한다. 둘째, 벤슨은 조직이란 개별적, 독립적인 실체(정통적 조직이론의 일차적 초점)로 존재하는 동시에 또 다른 조직이나 기관의 사회적 망(網)의 부분으로 존재한다는 '전체성'을 주장한다. 조직분석의 또 다른 과업은 부분들과 전체간에 나타나는 이러한 긴장이 어떻게 하면 변증법적으로 해결될 수 있을 것인가를 모색하는 것이다. 벤슨이 밝힌 세 번째 원칙은 조직의 사회적 구조는 "불화, 불일치 그리고 부조화"(Benson, 1977a, 3)가 팽배하며 이러한 것들이 적절한 관심의 대상이 된다는 모순에 관한 것이다. 조직의 모순은 규명되고 연구되고 조직에 관한 이론들은 수정되기 때문에 역시 모순에 빠지게 되는 새로운 제도가 나타난다. 이것이 벤슨의 네 번째이자 마지막 원리를 구체화하는데, 그것은 공통으로 보유하고 있는 가치와 목적을 구체화하는 대안적 실제를 찾는 능력 또는 실천적 행동, 즉 프락시스이다. 다시 말해 이러한 대안들은 그 자체가 변증법적 분석을 받게 된다.

8. 종 합

아스트리와 벤(Astley & Van de Ven, 1983)은 조직이론에 관한 주요 논쟁을 분석하기 위해 벤슨의 개념적 틀을 사용하였다. 그들의 분석은 우리가 조직을 어떻게 바라보아야 할 것인가에 관하여 귀중한 변증법적 관점을 제공한다. 그들은 조직이론의 주요 흐름에 대한 개괄적 관점을 제공한 후에 널리 퍼져 있는 이슈의 대강을 밝혀 주는, 변증법적으로 지향된 물음을 제기하였다.

① 조직은 기능적으로는 합리적이고, 기술적으로는 강제적인 체제인가 아니면 사회적으로 구성되고, 주관적으로 의미 있는 개인행동의 구체적 표현인가?

② 조직형태의 변화는 내적인 적응으로 설명되는가 아니면 환경적 선택으로 설명되는가?

③ 조직생활은 어쩔 수 없는 환경적 구속에 의해 결정되는가 아니면 전략적인 관리적 선택을 통해 창조되는가?

④ 환경은 외부적인 경제적 세력들에 의해 지배를 받는 조직들의 단순한 집적(集積, aggregation)으로 간주되는가 아니면 자체의 내부적인 사회적 정치적 세력들에 의해 지배를 받는 조직들의 통합적인 집합(集合, collectivity)으로 간주되는가?

⑤ 조직행위는 일차적으로 개인적 행위에 관심을 갖는가 아니면 집단적 행위에 관심을 갖는가?

⑥ 조직은 목적을 달성하기 위해 활성화되는 중립적인 기술적 도구인가 아니면 더 넓은 사회의 귀속적(vested) 관심과 권력구조를 제도화하여 표명한 것인가?(1983, 245)

이러한 물음들은 조직이론에서의 주요 논쟁점들을 요약한 것이다. 최근까지 조직이론은 행정가들에게 어떤 가치가 있는 몇 가지 서로 다른 접근들의 측면에서 검토되어 왔다. 조직이론들은 관료제 그리고 체제이론의 부분들과 같은 구조; 쓰레기통 모형식 의사결정, 이완적 결합, 그리고 조직화된 무정부 등과 같은 심리학과 실행화(enactment); 정치학과 집합적 행동; 그리고 문화와 상징학(symbology)에 입각한 관점들을 포함한다. 조직에 관한 이러한 다양한 견해들은 이론가나 실천가들 모두를 당황하게 한다. 과연 이러한 견해들이 비판적 이론가들의 관심과 제휴될 수 있도록 어떤 조직적인 방식으로 종합될 수 있을까? 우리는 이에 대하여 두 가지 가능한 방법을 탐색할 수 있는데, 하나는 관습적인 접근으로부터 얻어질 수 있고 또 하나는 비판적인 접근으로부터 얻어질 수 있다.

볼맨과 딜(Bolman & Deal, 1984)은 조직을 고찰하는 방법은 인식하는 '틀' 또는 방법들에 비유될 수 있다고 제안하였다. 조직이론은 네 가지 주요 개념적인 틀을 갖는데 그것들은 첫째, 테일러와 베버에서 상황적 접근과 기술적 접근에 이르는 구조적 틀과, 둘째 Z이론을 통한 인간관계학파를 설명해 주는 인간자원적 틀, 셋째 동맹, 권력 그리고 지위 등에 초점을 두는 정치적 틀, 그리고 넷째 이완적 결합, 조직화된 무정부 등과 관련된 문화적 접근과 제휴되고 조직을 극적인 방법으로 취급하는 상징적 틀을 말한다. 각각의 틀은 조직을 고찰하는 방법을 제공하며 그 관점으로부터 조직 내에서의 문제해결 방법을 제공한다. 그러므로 어떤 것들은 정치적이고 상징적일 수 있지만 또 어떤 문제들은 구조적인 것이기 때문에 구조적 틀을 사용하는 것이 적절하다. 볼맨과 딜(1984)은 "새로운 통찰력을 얻고 선택을 하기 위해서, 관리자들은 틀을 바꾸는" 과정인 '틀 개조'의 전략을 적용해야 한다고 주장한다(1984, 240). 틀의 개조란 다원적 실제를 반영하는 통합적 접근에 이르기 위하여 서로 상이한 네 가지 렌즈 모두를 통하여 어떤 상황이나 문제를 바로 보고 이를 분석하는 것을 필요로 한다. 볼맨과 딜은 상황이나 문제들은 각각의 틀이 그 상황에 적용될 때 무엇을 경시하고 무엇에 공헌하는가를 물음으로써, '비판적으로 틀이 개조될' 수 있다고 본다. 그들은 다음과 같이 주장한다.

문제를 다시 생각하는 것은 직접적으로 제기해야 할 새로운 물음들과 새로운 행동의 선택여지를 제시한다. 일정한 상황에서 한 가지 또는 두 가지의 틀은 다른 것보다 훨씬 더 유용해질 수가 있다. 그러나 중요한 것은 비판적으로 개조된 틀(critical reframing)은 우리의 '심리적 감옥'―우리가 보는 것, 생각하는 방법, 그리고 행하는 것을 제한하는 무의식적인 가정―을 타파하는 데 강력한 방법이 될 수가 있다는 것이다(Bolman & Deal, 1984, 245).

틀의 비판적 개조는 그 자체 역시 여전히 조직을 역사적 사회적 사건들로부터 어느 정도 고립된 것으로 인정한다 할지라도, 다양한 연구체계들을 통합하는 데 유용한 방법이 될 수가 있다. 모간(Morgan, 1980)은 조직에 관하여 논의하기 위해 우리가 사용하는 언어와 은유가 어떻게 우리를 사로잡고, 그럼으로써 우리가 어떻게 계층과 지배의 역사적 구조를 조직과 연결시키는 비판적 능력을 상실하게 되었는가를 설명하기 위해 심리적 감옥이라는 은유를 사용하였다. 개조는 우리로 하여금 조직에 대한 상충하는 인식을 고려하도록 허용하지만 조직에 대한 개념 그 자체를 의문시하도록 하지는 않는다.

조직이론의 모순에 접근하는 두 번째 방법은 랜슨(Ranson), 히닝스(Hinings), 그린우드(Greenwood, 1980)에 의해 창안된 관점을 사용하는 것이다. 그들은 사회적으로 만들어진 조직이 어떻게 여전히 구조를 표현할 수 있는가에 의문을 제기한다. 볼맨과 딜이 이 문제에 대하여 아주 반시간적(反時間的, atemporal)이고, 반역사적(反歷史的, ahistorical)인 접근을 취하고 있지만 랜슨 등은 이에 대하여 역사적인 방식으로 접근한다. 이들에 있어서 조직구조는 개인행위자들에 의해서 만들어지기도 하고 조직구조가 그들을 만들기도 한다―시간을 통해서 그들이 "구성 성분인 동시에 구성되는"(1980, 3), 랜슨 등은 자신들의 주장을 변증법적으로 상호관련된 세 가지 관심사―즉, 의미의 영역, 권력의 의존성, 그리고 상황적 구속―로 분리한다. 이것들은 구조에 공헌하기도 하고 이를 변화시키기도 한다.

의미의 영역(provinces of meaning)은 조직행위자들에 의한 의미의 창조와 재창조와 관계된다. 이러한 '해석적 도식(interpretive schemes)'들은 우리로 하여금 사건에 의미를 부여하도록 해 준다. 나아가서 그것들은 우리가 인정할 수 있거나 또는 거부할 수도 있는 기존의 도식 내에 우리 자신을 위치하게 해 준다. 의미의 영역에 의해 계속적으로 재창조되는 조직구조는 조직구성원들간의 권력과 지위의 분화를 반영한다. 권력은 물적이고 구조적인 자원에의 차별적인 토대가 되는 능력으로써 조직 내에서 그리고 조직을 위한 '산출'을 결정하는 능력이다(1980, 7). 그러므로 해석적 의미는 상황으로부터 발생하지는 않는다. 다시 말해, 상황은 조직적으로 정당화된 자원의 분배이다. 랜슨과 그의 동료들은 의미의 창조와 해석적 도식의 확립에 대한 강조는 과장될 수 있다고 제안한다. 다시 말해, 사실 넓은 사회적, 물리적 그리고 경제적 구속 때문에 실체의 창조를 표현하지 못한다. 다른 '상황적 구속'은 규모와 기술과 같은 조직적 특성과 시장과 같은 환경적 특성으로부터 야기된다. 의미, 권력 그리고 구속이라는 세 가지 개념들은 상호작용하며 시간적인 틀 속에서 발생한다. 일상적인 토대 위에서 조직행위자들에 의해 발생되는 의미가 우선시된다. 다시 말해 시간의 흐름에 따라 자체의 환경 속에서 지속되는 조직의 구조에 주의가 기울여진다. 랜슨 등은 다음과 같이 말한다.

> 그러므로 우리는 행위자들 그리고 상호거래형태가 조직의 불확실한 일상적인 경험 속에서도 결정적인 요소가 되기를 기대하곤 한다. 다시 말해, 규모, 기술 그리그 수시로 나타나는 환경의 규칙성과 구속성은 중기적인 시간 속에서는 명료하게 되나 의미, 가치 그리고 신념의 질서는 조직과 조직상황의 장기적 구조화 속에서는 의미가 무색해진다(Ranson 외, 1980, 14).

지금까지는 무시되어 왔으나 중요한 변인인 '시간' 변인을 소개함으로써 이들 저자들은 과거에는 연결되지 않았던 현상학, 정치학 그리고 구조의 관점들을 조직분석에 통합시킬 수가 있었다. 앞에서 논의한 조직이론들 중 대부분은 랜슨 등이 설명하는 시간적인 연속선상의 어느 한 곳에 위치한다. 조직은 구조적 고안물이다.

볼맨과 딜과 랜슨, 히닝스 그리고 그린우드의 연구는 논란이 있기는 하지만,

변증법적 틀뿐만이 아니라 비판적 틀까지 통합하는 것이라고 말할 수 있다. 그들은 상당히 비판적이어서 조직을 보는 여타의 방법들을 분석하고 비평한다. 즉, 그들은 관점들을 비교하고 관점에 대한 긍정적인 견해들을 통해 지금까지 언급되지 않았던 것 속에서 타협점을 발견한다는 점에서 변증법적이다.

본질적으로 변증법적 접근은 벤슨(1977b)이 주장하는 조직이론에서의 네 가지 중요한 분석적 문제들에 중심을 둔다. 말하자면 행위의 문제는 조직현상과 구조들이 조직에 속한 일정한 사람들의 행위를 통하여 어떻게 재생산되며 이들 행위들이 어떻게 집합적 정체와 실체의 형성에 공헌하는가와 관련된다. 권력은 문제의 소지가 있는 물음을 제기한다. 즉, 누가 권력을 잡는가? 조직 내에서 어떻게 해서 권력이 불평등하게 분배되는가? 권력의 관계성은 어떻게 사회적 통제의 기제로 작용하는가? 또한, 분석의 수준도 중요하다. 조직연구의 전통적인 접근이 분석의 단위로서 개개 조직에 초점을 두어 왔을지라도, 우리는 개인들이 어떻게 자신들의 실체를 구성하는가를 알아보기 위하여 미시적 과정에 주의를 기울여야 하며 사회에서 조직들간의 관계성을 이해하기 위해서 거시적 과정에 주의를 기울여야 한다. 마지막으로 과정 그 자체도 관계가 있다. 전통적인 연구들은 시간의 변칙적인 흐름 속에서도 조직이 여전히 존재하는 것처럼 조직에 초점을 두어 왔다. 과정적 분석은 시간의 흐름에 따라 조직을 고찰하고자 시도할 것이며, 그리고 변화와 혁신이 그 사회체제의 다른 변화들과 관련하여 어떻게 발생하는가를 알아보고자 할 것이다. 그렇다면, 행정가들은 다양한 틀을 통해서 뿐만이 아니라 변증법적 방법을 통해서 개인들과 구조들의 관계성을 파헤치고 그것들을 보다 광범위하게 관련시키거나 조직의 본질에 관한 지각들을 제한함으로써 조직을 고찰할 수 있을 것이다. 이것은 학교와 학교체제를 개념화하는 새로운 방법을 우리에게 제공해 준다. 즉, 정적인 체제모형에서 벗어난 새로운 모형은 조직을 시간의 흐름에 따라 응결되지만 인간의 개입에 의해 여전히 변화가 능한 인간고안체(人間考案體)로 인식한다.

제7장
조직변화

인류의 역사에서 이러한 변화보다 더 역설적인 것은 없다—즉, 인간이 실제적으로 향유하기를 원하는 만큼의 재화를 만들 수 있는 수단을 소유하지 못하였으며 경제적 이유로 인하여 노예, 전쟁 그리고 개발을 하게 되었던 때인 산업사회의 초기에 인간은 단지 새로운 과학의 가능성과 기술과 생산에의 과학의 적용가능성을 인식할 뿐이었으나, 그럼에도 불구하고 결국 현대적 발전의 초기에는 꿈으로 가득하였다. 4백년이 지난 후 이러한 모든 희망은 실현되었고, 인간들은 만인에게 충분한 생산을 할 수 있고, 기술의 진보로 인하여 모든 나라들이 영토 정복보다 더 많은 부를 얻을 수 있기 때문에 전쟁은 불필요하게 되었고 이 세계가 4백 년 전에 하나의 대륙이었던 것처럼 통합되어 가고 있으며, 이 시점에서 바야흐로 인간은 자신의 희망을 실현하는 순간에 있으나 바로 거기서 인간은 희망을 잃기 시작한다.

―에릭 프롬(Erich Fromm, 1961)―

1. 서 언

조직의 변화(organizational change)는 거대한 사업이다. 기업, 자선기관, 주와 연방과 지방정부, 복지단체, 학교 그리고 여타의 집단들은 '어떻게 변화시킬 것인가'를 지도 조언하기 위한 프로그램의 개발에 상당한 재정을 투자하고 있다. 이러한 국가적 노력에는 변화하는 환경에 어떻게 조직을 적응시킬 것인가에 관하여 저마다의 접근(종종은 자체의 신속한 위상설정)과 모형을 갖고 있는 수많은 자문인사들이 관계된다.

　사회적 행위의 범주로서의 조직변화는 주로 조직에 관한 기능주의적 관점과 관련이 있다. 즉, 조직이란 그 조직 내에의 구조 또는 상호작용형태를 변화시키는 데 영향을 주기 위해 어느 정도 조작될 수 있는 고유의 실체로 간주된다. 변화는 조직 내에서 일어나지만, 많은 조직분석들은 조직의 변화를 권고하지는 않는다. 조직은 그 존재와 목적이 결코 주의의 대상이 아닌, 일정한 사회문화적 체제의 상황 내의 실체로 계속 존재한다. 많은 현대의 전략가들은 변화를 역사적 진화가 아니라 '계획된 변화'로 여긴다.

　그러나 굿맨과 그의 동료들은(Goodman, et al., 1982) 조직변화를 두 가지 차원—① 계획된 변화와 ② 적응—으로 범주화한다. 적응(adaptation)은 특정의 시간적 상황에서 왜 어떤 조직은 생존하고 어떤 조직은 사멸되는가에 관하여 진화적 관점을 취한다. 적응의 지배적인 모형인 인구-생태학(population-ecology)적 관점은 어떤 조직은 다른 조직보다 그들의 특정의 환경적 범위에 더 잘 적응하고, 그 결과로써 적응하는 조직은 영속하는 조직이 될 것(Aldrich, 1979)이라고 시사한다. 이러한 모형은 오랫동안 지속되어 왔으며 결국 다원적 관점을 조직에 적용시키는 진화적 변화관을 취한다. 이 모형은 조직은 삼 단계의 과정—즉, ① 조직이 무작위적 방식으로 분화하는 변형(variation), ② 특정의 환경에 적절한 특성이 선택되는 선별(selection), 그리고 ③ 조직이 특정의 환경에 적합한 특성을 유지하고 강화하는 보전(retention)—을 따르고 있음을 시사한다. 이러한 진화적 변화모형에서는 조직은 유기체들이 환경에 의해 영향을 받는 방식으로 조직 자체의 환경으로부터 영향을 받는 유기체로 간주된다.

　이러한 모형은 새로운 관심을 자극하기는 하지만 변화를 연구하는 데 있어서 약점을 갖고 있다. 본질적으로 이 모형은 증명 불가능하고 순환적인 논쟁—즉, 실패하는 조직은 그 조직이 환경에 적용하지 못하기 때문에 실패하고 성공하는 조직은 그 조직이 환경에 적응했기 때문에 성공한다—의 약점을 내포한다. 어떠한 객관적인 기준도 이러한 모형의 주장을 정당화시키지 못한다. 그러나 차라리 그것들은 자명한 것으로 취급된다. 또한 이러한 모형은 진화이론 그 자체가 갖고 있는 약점과 동일한 약점을 갖는다. 최근의 논쟁은 다윈의 이론은 수정이 가해질 수 있다는, 예를 들어 오랜 기간의 휴지(dormancy) 후에도 중요한 변화는 아주 빠르고 극적으로 일어날 수 있다는 것을 제안한다. 조직변화에 관한 또 다른 생각은 조직의 실제에 영향을 미치는 결정을 내리는 사람은 바로 조직의 관리자라고 주장한다. '전략적 선택' 모형을 제안한 차일드(Child, 1972) 그리고 제너럴 모터스 자동차 회사에 대한 역사적 설명을 제시한 챈들러(Chandler, 1977)는 관리적(managerial) 의사결정은 진정으로 조직의 혁명에 영향을 준다고 설득력 있게 주장한다. 관리자들은 조직으로 하여금 환경적 요구에 적응하게 할 수도 있고 적응하지 못하게 하는 원인이 되기도 하는 전략적 선택을 한다. 이러한 진화적 접근에 대한 또 다른 반응은 조직은 장기간의 시간에 걸쳐 체계가 세워지므로 조직을 어떻게 변화시킬 것인가에 관한 논의는 부적절하다는 것이다. 역사가 진행되는 동안에 어떤 조직은 다른 조직보다 그들의 환경에 더 잘 적응한다는 것이 사실일지라도 그래도 이러한 사실이 조직변화를 우리의 생활범위 내에서만 고찰해야 할 필요성을 배제하지는 못한다.

조직의 변형에 영향을 주기 위해 의도된 계획된 변화(planned change)와 그러한 조정주의자(interventionist)의 전략들이 우리가 강조하고자 하는 것이다.

조직과 그 조직에 속한 사람들은 계속적으로 변화하고 있다. 매일매일 새로운 또는 다른 문제가 야기되며 다른 반응이 나온다. 그렇다면 새로운 또는 최소한 다른 종류의 조직을 만들기 위한 변화의 과정에 어떻게 관여할 수 있을까?

조직의 변화에 관한 중요한 개념화를 제공하는 데는 최소한 다섯 가지의 변화모형—① 개인-치료적모형 ② 체제-유기적 모형 ③ 합리-관리적 모형 ④ 정치-경제적 모형 ⑤ 상징적-문화적 모형—이 있다([그림 1]을 참조).

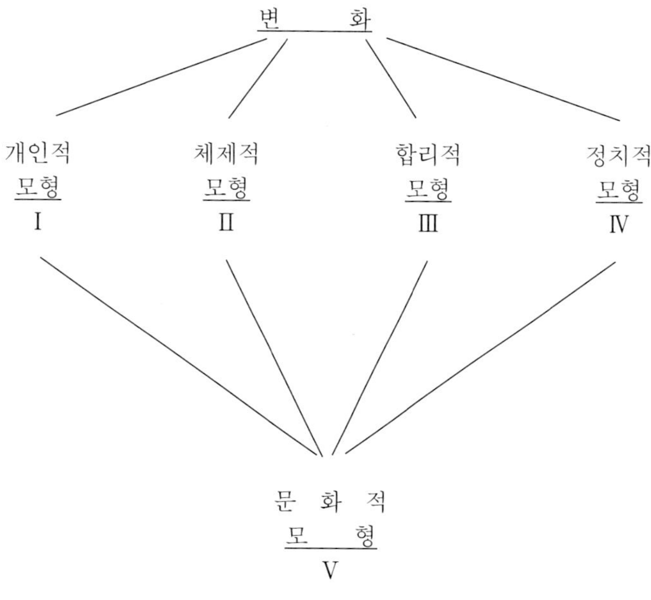

[그림 1] 변화의 모형

　위에서 각각의 모형들은 실체의 한 측면을 조직변화를 위한 상황으로 정의하려 한다. 물론 각각의 모형이 실체의 어느 한 부분을 파악하는 데 있어서 완벽한 것은 아니다. 어떤 모형에서 중요한 차원이 다른 모델에서는 고려되지 않는다. 조직변화는 커다란 레이어케이크(카스텔라)에 비유될 수 있다. 케이크는 불가해한 화학적 성질이 함께 작용하는 여러 가지 요소들로 구성된다. 케이크의 다양한 층(層)은 변화의 다양한 측면을 의미한다. 따라서 하나의 층은 조직의 변화에 영향을 주기 위한 합리적 행동과 합리적 시도를 나타내고, 다른 또 하나의 두 번째 층은 조직의 정치적 환경을 나타내며, 세 번째 층은 조직의 개인적이고 정서적인 측면을 의미한다. 케이크 전체는 상징, 은유 그리고 문화로 구성되는 당분(糖分)으로 덮어진다. 변화에 대한 이들의 접근들은 개별적으로 고려되나 이들 모형은 단지 분석적 목적을 위해서만 독립적으로 다루어진다. 실제적으로 변화 프로그램의 과정에는 어느 정도 이들 각각의 모형들이 적용된다.

2. 합리-관리적 접근

합리-관리적(rational-managerial) 변화전략은 조직이란 합리적인 행위자들로 구성되고, 그러한 합리적 행위자들은 변화의 필요에 부응하며, 그러한 변화는 주로 자료에 입각한 전략이나 프로그램을 통해 수행될 수 있다는 가정을 취한다.

축적된 자료에 바탕을 두고 관리의 주도하에 조직을 변화시키려는 대규모적 노력은 이러한 모형에 해당되는 것으로 간주될 수 있다. 예를 들어, 이러한 접근은 교육청으로 하여금 수업을 조직하는 방법에 변화를 가하도록 하기 위해 교육과정의 향상에 관한 자료를 수집하는 개발연구소(R & D)를 설치하는 일을 포함한다. 또한, 교육구로 하여금 연방정부의 기금을 받는 조건으로 교육구 체제의 변화를 가져오는 프로그램을 고안하도록 요구한 1960년대와 1970년대의 광범한 프로젝트를 생각할 수 있다. 이러한 것들은 모두가 변화과정에 대한 아주 합리적이고 체계적인 접근법이다. 해브록(Havelock, 1973)은 자신의 6단계 모형 속에서 '변화촉진자'를 이용함으로써 조직변화에 대한 합리적 접근을 제공한다. 간단히 말해 해브록이 말하는 변화촉진자는 다음과 같은 절차를 따른다.

> 1단계-조직 속에 들어간다: 조직의 고객, 지도자 그리고 수위와 조직의 환경과 관련된 조직의 현상태를 인식한다.
> 2단계-진단한다: 조직의 문제와 가능성을 확인한다; 조직의 목적과 그 목적을 뒷받침하는 지원의 정도를 결정한다.
> 3단계-이용가능한 자원을 발견한다: 누가 전문가이고 혁신자인지를 결정한다.
> 4단계-해결책을 선택한다: 문제를 진단하고 자원을 확인한 후 연구와 중지수렴 그리고 가능한 대안의 검증을 통해 해결책을 발견한다.

5단계-선택된 해결책에 대한 승인(지지)을 받는다: 해결책에 대해 다른 행위
자들과 의사를 교환한다-반대자를 확인하고 설득한다.
6단계-혁신을 지속화하고 조직의 자기혁신(self-renewal) 능력을 배양한다
(Havelock, 1973에서 원용).

그 당시에 이러한 절차들은 현명한 절차였다. 언제나 외부자문인인 변화촉
진자는 조직에 들어갈 수 있고 조직의 문제, 연구가능한 대안을 규명하고 나
아가 해결책을 선택하고 그것에 의해 조직혁신의 수단을 제공하기 위해서
자료수집장치('확실한 피이드백', 영향력 처소분석, 요구사정 등등)를 이용할
수 있었다. 마치 기계공이 점화되지 않은 점화장치를 진단하여 수리를 하거
나 교체하는 것처럼 합리적인 전문가는 합리적인 해결책을 제공해 주기 마
련이었다.

그러나 연방프로그램과 대규모적 연방기금의 지원에도 불구하고 이러한 변화
접근은 결코 원래의 계획을 달성할 수는 없었다. 발드리지와 딜(Baldridge &
Deal)은 다음과 같이 논평한다.

조직변화에 관하여 논의한 지난 20년간의 많은 문헌들은 계획된 합리적인 변
화에 초점을 두어 왔다. 이들의 접근은 합리적인 기획만사해결의 철학을 갖고 있
으며, 그러한 철학을 바탕으로 사회과학적 '기획·평가' 모형을 강조한다. 그러나
변화에 대한 그러한 접근은 환경적, 정치적 그리고 경제적 경향이 도래함으로 인
하여 빛을 잃고 공격을 받게 되었다(Baldridge & Deal, 1983).

계획적, 합리적인 변화의 시도 중 많은 것들이 실패하거나 또는 그것들이
의도된 목표를 성취하지 못하게 된 이유는 변화에 관하여 논의한 다른 모형
에서 찾아질 수 있다. 종종 조직과 조직구성원들이 합리적이라 할지라도 이
러한 접근이 가정하는 것처럼 조직구성원이 꼭 기계적으로 합리적인 사람은
아니다.

3. 개인-치료적 모형

변화에 관한 문헌에서 널리 통용되는 또 다른 모형은 개인-치료적(personal-therapeutic) 접근이다. 전문적으로 말하여, 이 모형은 조직적 변화에 관한 모형은 아니다. 그러나 이러한 접근은 조직변화를 다루는 문헌 속에서 자주 나타난다. 이러한 변화모형은 변화란 개인과 개인간의 수준에서 출발해야 한다는 주요 가정에 바탕을 둔다. 의미 있는 조직변화는 단지 개인에게서 발생한 변화로부터 나올 수 있다. 조직은 어떤 역할 또는 각본에 따라 행동하는 개인들로 구성되기 때문에 조직을 변화시키기 위해서는 우선적으로 개인 자신들이 어떤 유의미한 방식으로 변화되는 것이 필요하다. 개인 치료적 모형은 자아개념, 인성, 통합, 갈등관리, 의사소통과정, 신뢰감 개발, 성격고착, 가치명료화 등과 같은 주제에 대한 관점을 포함한다. 사실 이러한 주제들 중 많은 것들은 전통적으로 조직발전(OD: organizational development)이라는 제목하에 등장한 것이지만 조직발전 그 자체가 지난 수십 년간에 상당히 변화하였기 때문에, 이것을 또 다른 방향에서 고찰하게 된다. 조직적 용어로써 개인-치료적 모형은 1960년대의 국립훈련원의 연구, 관리적 대면집단, 그리고 회사에서의 명료하고 공개적인 의사소통을 방해하는 인성적 장애를 제거하기 위한 여타의 조직적 노력에서 반영되고 있다.

개인-치료적 모형의 고전적인 예로는 변화에 관한 레빈(Lewin)의 연구(1951)를 들 수 있다. 레빈은 변화과정을 3단계—해빙, 변화, 재동결—로 구분하였으며 샤인(Schein, 1969)이 이를 구체화하였다. 쉐인이 말하는 해빙(unfreezing)은 유의미한 행동, 신념, 태도 등은 자신의 자아 이미지에 의해 조직된다는 것을 가정한다. 고프만(Goffman, 1967)의 설명에 의하면, 자아 이미지는 여러 가지 상황에서 타인에 대해 '자아의 표현'을 다르게 하게 되는 원인이 된다. 자아의 표현은 상황에 따라 다르며, 그래서 가정에서의 자아 이미지는 본질적으로 직장에서의 자아 이미지와는 다를 수도 있다. 해빙은 자아 이미지가 여러 가지의 과정들 중 어떤 것에 의해 불일치할(disconfirmed) 때 이루어진다. 예를 들어 당신이 당신 자신에 대해 생각하는 바가 다른 사람이 당신을 지각하는 바와 근본적으로 차이가 나거나, 또는 당신의 실체가 다른 사람들의 실체와 다르다는 것이 명확해질 때, 해빙이 일어난다.

이러한 '불일치(disconfirmation)'의 과정이 변화가 나타날 수 있는 상황을 가져오는 원인이 된다. 즉, 기본적인 가정과 신념이 검토될 수 있고 그 상황에 대한 새로운 정보가 수용된다. 또한 이것이 특수한 대상이나 일반화된 타인에 대한 동일시에 바탕을 두고 있는 자아를 재정의하는 '인지적 재정의(cognitive redefinition)'를 가져올 수 있다. 세뇌(brainwashing)의 실제(Schein, 1969)가 이러한 과정의 단적인 예이다. 예를 들어 교도관은 죄수에게 노란 색처럼 보이는 것이 실제로는 붉은 색이라는 것을 확증시키기 위해서 그 죄수가 갖고 있는 기존의 신념의 부당성을 증명시키고자 시도한다. 그러면 자아 이미지가 흔들리고 있는 죄수는 교도관을 동일시하고 그가 처한 상황의 본질을 재정의하기 시작한다. 보다 온건한 예를 들면, 신혼부부들이 결혼을 하면 상호간 재정의와 그들이 처한 상황을 수용하기 위해서 적응을 시도한다. 조직상황에서도 새로운 교장, 장학사 그리고 어느 정도 권위를 갖고 있는 사람들은 새로운 방법으로 상황을 재정의할 수 있고 그것에 의해 조직의 행위자들이 바뀌진 상황에 맞게 자신들의 가치와 신념을 재고하도록 요구하는 어떤 '인지적 부조화(cognitive dissonance)'(Festinger, 1957)를 야기할 수 있다.

개인—치료적 모형의 마지막 부분인 재동결(refreezing)은 다른 사람들이 타당성을 인정할지 부정할지 모르는 다양한 상황 속에서 새로운 이미지를 안정적으로 만들고 실천하는 것과 관련되며, 그럼으로써 개인—치료적 모형의 첫 단계로 되돌아가는 것을 말한다.

이러한 모형의 적용에 대해서 자기 자신을 조직발전 이론가로 간주하고자 하는 알더퍼(Alderfer, 1982; Alderfer & Smith, 1982)는 몇 가지 개인—치료적 개념을 조직에서의 인종적 관계(race relation)에 적용하였다. 미국에서의 인종적 편견을 의식한 알더퍼는 특히 흑인에 대한 편견이 조직 속에서 나타나게 되는 방법에 관심을 가졌다. 그는 조직 속에서 많은 백인남성들은 조직생활에서 편견에 직면하고 있는 흑인에 대한 동정심과 관심을 표현하고 있지만, 그럼에도 불구하고 백인들은 인종적 정체성이라는 개념에 대해 어떠한 실제적 자각을 하지 못하고 있다는 것을 발견한다. 그들은 자신들에 대해 '백인임'이 일반적이고 현상적(現狀的)이기 때문에 '백인'이라는 것이 무엇을 의미하는가에 대한 개념이 없었다. 백인이 지배적이고 미국사회의 지배적인 집단이라는 것이다. 알더퍼는 미국인들로부터 흑인에 대한 동정심을 유도해 내는 데 관심을 갖지는 않았다. 그는 특별히 20세기 미국사회에서 '백인 남성임'이 무엇을 의미하는가에—즉, 사실적으로 백인 남성들은 다른 종족을 억압하는 역사를 가진 인종집단의 일부라는 것에—그들이 친숙해지도록 하려고 시도하였다.

알더퍼는 이러한 노력에서 치료적 모형을 이용한다. 그는 백인 남성들이 자신들의 인종적 정체성을 인식하고 유색인종에 대한 자신들의 책임감(심하게는 죄의식의 수반)을 자각하도록 돕는다.

4. 유기체적 – 체제모형

유기체적 – 체제(organic-systems) 모형에서의 두 가지 중요한 가정은 이 모형의 이름에 다 나타나 있다. 유기체적 측면은 조직은 유기체와 우사하다—조직은 성장·발전하고 변화하고 그리고 죽는다—는 것을 가정하는 것이다. 체제적 측면은 조직이란 상호 관련되고 상호의존적인 하위체제로 구성되는 체제라고 가정한다. 이러한 양면적 가정이 조직에서의 변화를 수행하는 가장 대규모적 운동인 조직발전을 가져왔다. 조직발전(OD)은 그 뿌리가 다양하며 개념정의도 다양하고 진정으로 그 실체가 무엇인가에 관한 의견의 일치가 어렵다. 시간이 흐르면서 조직발전의 강조점은 어떻게 해야 개인들이 의사소통을 잘할 것인가에 관한 개인적 이슈들로부터 보다 구조적인 이슈로 그 관점이 이행되어 왔다.

　본질적으로 조직발전은 조직을 자기교정적이고 자기혁신적으로 만드는 데 목적을 둔 개념적인 틀과 동시에 일단의 전략들을 갖고 있다. 조직구성원들은 조직의 문제를 다루고, 구성원들이 서로 상호작용하고, 그리고 그들의 개인적·집단적 기술에 대한 확신감을 계발시키는 생산적인 방법을 배운다. 일반적으로 조직발전은 외부의 자문가를 포함하는데 그들의 공식적 역할은 해결책을 강요하는 것이 아니라 조직 속의 행위자들이 다양한 문제를 극복하는 데 요구되는 지식과 기술을 습득하도록 훈련시키는 것이다.

　이러한 모형은 개인-치료적 접근의 특성인 인성적이고 개인적인 수준을 넘어선다. 예를 들어 대인적 기술의 훈련, 개인보다는 작업 집단에 대한 상담 그리고 구조적이고 규범적인 영역에 대한 개입을 강조한다.

　조직발전은 조직에서 세 가지 수준의 활동—대인적, 하위체제적, 그리고 전체로서의 조직수준—에 주의를 기울인다. 조직발전의 궁극적인 목적은 조직의 환경적 조건의 변화에 효과적으로 반응하는 조직능력으로서의 적응성(adaptability)이다. 쉬머크(Schmuck)와 그의 동료(1977)들은 적응성을 측정하는 네 가지 기준을 제시하였다. 즉, ① 문제해결(problem solving)-발생하는 문제를 인지하고 해결하는 능력, ② 자원관리(resources)-상황이 어려울 때 사용될 수 있도록 다양한 자원을 유지하는 능력, ③ 반응성(responsiveness)-개별적 하위체제에 영향을 주고 행동을 요구하는 환경적 변화에 관하여 조직 전체에 걸쳐 정보를 쉽게 의사소통하는 능력, ④ 평가(assessment)-조직이 목적을 달성하고 있는가를 결정하는 능력 등이 그 기준이다.

　조직발전의 자문가는 조직으로 하여금 이러한 기준을 조직의 구조 속으로 결합시키도록 도움을 준다. 자문가는 의사소통 경로를 검토하고 명료화하며, 하위체제 내의 갈등과 하위체제들간의 갈등을 파헤쳐서 해결하며, 그리고 회의절차를 개선하고, 확인된 문제에 대한 해결책을 심사숙고하며 나아가서 변화전략을 평가한다(Schmuck et al., 1977). 조직발전은 개념상으로는 합리-관리적 접근과 유사하다. 실제로 조직발전은 합리-관리적 접근과 개인

-치료적 모형의 측면들을 결합한 것으로 생각될 수 있다. 그러나 합리-관리적 접근이 프로그램이나 산출을 강조하는 반면, 조직발전은 과정을 강조하고 개인-치료적 접근이 개인지향적인 반면에 조직발전은 조직체제적 관점을 견지한다. 그럼으로써 종종 조직혁신으로 명명되기도 하는 조직발전은 조직 속에서 인간적 과정(규범, 가치, 의사소통형태)과 비인간적 과정(기술, 구조, 정책 그리고 절차) 양자를 모두 다룬다(Lippitt, 1982). 근래에 조직발전은 조직의 대인적 측면을 소홀히 하고, 부분적으로는 조정주의자(interventionist)의 프로그램을 정당화하는 어떤 가시적 결과를 성취하려는 입장에서 조직의 구조적 측면에 더 초점을 맞춘다.

아지리스와 쉔(Argyris & Schön, 1978)이 개발한 용어인 조직학습(Organizational Learning)도 조직발전과 밀접한 관련이 있지만 그 본질에 있어서 차이가 있다. 아지리스와 그의 동료들은 조직이 어떻게 변화하는가보다는 조직이 어떻게 학습하는가—마치 인간이 무엇을 배우는 것처럼—에 더 관심을 갖는다. 아지리스의 개념은 유기체적-체제적 접근하에서 이루어진 연구보다 진일보한 것으로 간주될 수 있다. 조직학습의 개념은 변화에 관한 합리적 모형에 의존하지는 않지만 변화를 학습과정으로 본다. 이것은 심리학적, 사회학적, 언어학적 그리고 문화적 차원을 통합하고 조직화의 과정을 검토하는 인간체제에 관한 보다 복잡하고 정교한 견해를 제공한다. 아지리스는 우선 우리가 '말하는 것'과 '행동하는 것' 사이에는 근본적으로 차이가 있고, 그리고 우리는 그 차이를 의식하지 못한다고 주장한다. 그는 우리가 말하는 것을 행위의 신봉이론(espoused theory of action), 즉 우리가 우리의 행동이나 행위를 자신이나 타인에게 인지적으로 이해시키는 방법이라고 명명한다. 우리가 행동하는 방법은 우리가 실천하는 '실천이론(theory-in-use)', 즉 타인에 의해서 관찰된 바로써 우리의 실제적 행동으로 명명된다. 그러므로 사람들은 자신은 일차적으로 타인의 이익을 위해서 행동한다고 말할 수 있으며 진실로 그렇게 믿을 수 있으나(신봉이론), 그럼에도 불구하고 타인에 의해서는 자기를 위해서 행동하는 것(self-serving)으로 이해되도록 계속 행동한다. 이러한 이유 때문에 생각을 결합시키지 못하고 실제로 다양한 실수를 가져온다.

이 모형에서 오류의 교정(error correction)은 일반적으로 두 가지 방법으로 일어나는데 두 가지 방법 모두 '피드백 고리(feedback loops)'를 이용한다. 아지리스는 이를 단일피드백 고리(single-feedback loop)와 이중피드백 고리(double-feedback loop)로 구별한다. 단일고리는 오류를 확인하고 나서 그 오류를 교정하기 위해 고리를 조여 맨다. 이것은 마치 저녁식사 중에 촛불이 꺼지면 이를 다시 켜는 것과 같다. 이중고리는 직접적인 오류를 교정한 후 그 다음에 그 오류의 근원을 교정하기 위해 다시 고리를 맨다. 이것은 촛불을 다시 켤 뿐만 아니라 일어서서 창문을 닫는 격이다.

단일 또는 이중고리학습이 가능하다는 것은 행위에 관한 두 가지 모형이 가능하다는 것을 시사해 준다. '모형 I 행동'은 본질적으로는 고리가 하나(단일)인 행동을 나타내는 것이다. 다시 말해 오류가 확인되어 그것이 교정되기는 하나 그러한 오류들의 근본적 원인—아지리스와 쉔(Schön, 1978)이 지배변인(governing variables)이라고 명명한—은 해결되지 않은 상태로 남는다. 이러한 지배변인은 우리의 행동을 지시하는 사회적 규범—가령 합리적 경제적이고, 감정적이지 말며, 부정적인 감정 표현을 하지 말아야 한다는 요구—으로 간주될 수 있다. 예를 들어 우리 사회에서 전형적인 아동은 어른에게 '공손'할 것으로 기대된다. 다시 말해서 소년다우려면 씩씩해야 하고, 소녀다우려면 귀여워야 한다. 그러나 또한 아동은 학교 성적을 잘 받아야 하고 성공을 해야 한다. 이러한 규범들은 이중고리의 학습이 일어나는 것을 막는 일차적인 금지적(inhabitory) 고리이다. 역으로 이러한 기본적인 규범들은 이차적인 금지적 고리에 의해 강화된다. 이러한 모형 I 의 행동이 조직수준으로 옮겨질 때, 아지리스의 말대로 하면 모형 I 이 되며 방금 언급한 것과 동일한 속성을 반영한다.

모형 II 는 이중고리학습을 반영하는 행동모형이다. 여기에서 지배변인들 자체는 아지리스가 '논의불가능성의 논의(discussing the undiscussable)'라고 명명한 것으로 귀결되는 것으로 밝혀지고 검토된다. 그 오류들은 조사를 해 보면 쉽게 알 뿐만이 아니라 그러한 오류들을 조장하는 기본적인 규범들 또한 고찰 가능하다. 우리 자신이 스스로 행하고 있다고 생각하는 것과 다른 사람들이 우리를 보는 것 사이의 본질적인 갈등을 통해서 야기되는 불일치가 폭로되며 분석의 대상으로 떠오른다. 예를 들어, 협동적 학습이나 공통의 목적을 자랑스럽게 여기는 학습에서도 자체의 현존하는 경쟁적 보상구조에 대해 논의할 수 있다. 아지리스(1982)는 대부분의 사람들은 모형Ⅱ의 행동을 열망한다고 달한다. 즉, 대개의 사람들은 조직 속에는 신뢰가 있어야 하며, 의사소통은 공개적이어야 하며, 구성원들은 자유스럽게 자신의 감정과 생각을 표현해야 하며, 인간사에서는 희생이 있기 마련이라고 믿는다는 것이다. 그러나 대부분의 사람들은 또한 모형Ⅱ의 행동을 자신들의 행동목록 속에 포함시키는 데 상당한 어려움을 갖게 되나 그들은 자신들이 이런 어려움을 갖고 있다는 것을 인식하지 못한다.

그러므로 아지리스의 관심—그리고 조직발전에 대한 그의 노력—은 조직이 모형Ⅰ로 명명된 그런 수준에서 모형Ⅱ의 행동을 나타낼 수 있도록 하는 것이다. 아지리스는 최고경영진들과 일을 하면서 많은 고객들이 실제로 실험형태의 상황에서는 모형Ⅱ의 행동을 해낼 수 있지만 조직 속으로 복귀하면 모형Ⅰ의 행동으로 되돌아간다는 것을 발견하였다. 이러한 결과는 우리에게 '논의불가능성'의 규범들이 깊이 박혀 있으며, 비록 기반이 확실할지라도 그의 설명과 같은 조직발전의 프로그램들은 인간행위에 관하여 천진난만하고 고지식한 가정을 하고 있다는 것을 의미한다. 아지리스는 적절한 훈련과 지원을 통해 관리자들이 조직을 위한 행동에 영향을 미칠 수 있는 모형 이론의 활용을 전개할 수 있다고 생각할지도 모른다. 어쨌든 아지리스의 관심사는 유기체—체제적 접근이 인본주의적 이슈들에 정통하고 관리자들이 단지 다른 사람들에 대해 편안하게 느끼도록 하기 위해 사용된 실험실적 전략을 능가할 수 있다는 가능성을 보여주는 데 있다.

5. 정치-경제적 모형

　조직의 변화에 관한 또 다른 사고방식이 최근에 그 영향력을 증대하여 왔다. 정치-경제적 모형(political-economic model)은 변화를 위한 모형으로서의 정치와 경제의 영향 그리고 포괄성, 경제성, 합리성이라는 가치에 주의를 기울인다. 이 모형 속에는 많은 조직 실체가 포함되지만 정선된 개념들을 사용하지는 못한다. 이 모형은 조직구성원들의 정치경제적 활동을 인정한다. 즉, 조직구성원들은 단순히 하향적으로 내려오는 변화를 수동적으로 받아들이는 수용자가 아니라 적극적으로 권력과 보상에 관심을 갖는다.

　정치적 접근은 특히 조직을 규모, 기술, 역할분화 등으로 측정될 수 있는 관료적 구조로 보고 있는 조직에 대한 구조주의적 접근과 비교해 볼 때 그 특징이 뚜렷해진다. 구조주의적 접근은 조직의 개개 구성원들이 적극적으로 자신들이 속한 조직의 실체를 만들고 변화시키는 방법을 무시하였다. 이러한 구조주의적 접근에 대한 반작용으로 이론가들은 의사결정의 쓰레기통 모형, 이완적 연결, 그리고 조직생활의 특징으로 적용가능한 여타의 개념들을 만들어 냈다. 그러나 이러한 개념들도 시간이 흐름에 따라 조직구조가 어떻게 출현하며 그것이 안정적으로 되고, 조직이 자체의 정체성을 유지하면서도 어떻게 변화하는가―때로는 일상적 토대에 입각하여―에 대한 물음을 소홀히 하는 것처럼 보인다. 정치-경제적 모형은 조직의 변화에 주의를 기울이면서 구조(관료제)와 과정(조직화된 무질서) 모두에 대해 설명한다.

　조직변화에 관한 정치-경제적 모형은 여러 가지 뚜렷한 특징을 갖는다. 첫째, 조직을 실제적이고 상징적인 자원을 갖고 있는 정치적 체제로 본다. 실제적인 자원이란 봉급 등과 같이 조직이 통제하는 가시적이고 비교적 영속적인 자원을 말한다. 상징적인 자원은 지위, 권력 그리고 명성과 같이 비교적 불가시적이고 자주 변하는 자원을 말한다. 둘째, 이 모형은 조직은 각자 자신의 개인적 관심을 중히 여기는 정치적 행위자로 구성된다고 주장한다. 셋째, 조직 내에서 연합(coalition)이 형성되며 어떤 자원에 대해 공동의 통제를 하기 위하여 집단적 전략이 발전한다. 역사적 구조와 조직의 규범 (누가 무엇을 통제하고 있으며, 누가 무엇을 통제해야만 하는가)간의 관계성은 연합의 발달에 영향을 준다. 즉, 조직의 역사적 구조와 규범은 연합의 목적에 영향을 주고, 역으로 연합은 역동적인 관계성 속에서 규범과 구조의 발전에 영향을 미친다. 마지막으로 갈등이 통합적이고 심지어는 바람직한 요소로 작용하는 그런 정치적 환경 내에서 조직은 존재한다.

잘드(Zald, 1970)는 경제적 요인, 정치적 요인, 내적 차원과 외적 차원을 포함하는 정치경제학의 범주화를 전개함으로써, 이 분야에 많은 가치 있는 공헌을 하였다. 이러한 결합을 통해 정치경제학이 어떻게 조직에 영향을 미치는가에 관한 아주 종합적인 설명을 제공한다. 외적인 환경과 내적인 환경 모두 정치적인 측면과 경제적인 측면을 갖는다. 외부적 환경에 영향을 미치는 정치적 요인들은 입법기관, 행정기관, 법원, 정당과 이익집단, 대중매체, 경쟁자 그리고 이익관련 시민들이다. 나아가 외부적 환경은 기술적 요인, 노동의 공급, 소비자의 요구, 시장의 경쟁능력 등과 같은 경제적 통제력을 갖고 있다. 정치적이고 경제적인 외부의 제약요소들은 조직이 자체의 환경에 어떻게 적응할 것인가에 영향을 준다. 외부적 요인들이 시장과 그러한 시장의 요구를 충족시키는 데 필요한 기술과 노동을 가질 수 있느냐를 결정하는 데 도움을 준다.

정치적 경제적 차원들은 또한 조직 내에도 존재한다. 내적인 경제적 요인들은 회계와 보고의 절차, 보수, 승진, 정년보장조건, 예산과정, 업적제도와 다른 경제적 보상 또는 유인제도 등을 포함한다. 내적인 정치적 측면은 권력과 권위의 배분, 계층의 본질, 연합, 직원모집형태, 그리고 조직의 규정을 포함한다. 조직 속에서의 인간 행위에 관한 불문율인 규정은 개인의 행위를 지배하는 규범, 가치, 신화 등을 포함한다. 조직의 규정이 허용하는 것이 무엇인지를 알 수 없을지라도 이것을 금지하는 것이 무엇인가는 아주 명확하다. 다시 말해, 조직에 들어오는 사람들은 빠르게 조직생활의 의미와 구조를 사회화한다.

조직에서의 변화는 경제적 정치적 과정들의 조작을 통해서도 일어난다. 이러한 모형은 조직을 변화시키는 것은 과정의 개입이나 합리적 전략, 나아가 개인적 변화에 의한 것이라고 생각하지 않는다. 차라리 보상의 조작, 공급과 수요의 변화, 그리고 이익집단들의 발전이 조직생활에 가장 심오한 영향을 미친다고 본다. 물론 정치적 과정은 연합, 협상 그리고 중재에 의존한다. 그러므로 변화는 바로 이들의 과정을 통해서 일어난다.

6. 상징적 · 문화적 측면

조직이론과 조직변화에 관한 문헌에서 상징, 은유 그리고 조직의 문화에 관한 여러 측면이 광범하면서도 자주 강력한 힘을 갖고 있다는 인식을 좀더 하게 되었다. 이러한 입장은 은유의 변화는 결국 조직의 변화를 가져올 것이라는 것을 시사한다. 혼란하거나 또는 상충하는 상징은 혼란하고 갈등을 일으키는 조직을 만들게 하는 원인이 된다.

딜과 위스크(Deal & Wiske, 1983)는 서로 다른 은유가 어떻게 조직실체에 대한 서로 다른 관점을 갖게 하는가를 검토함으로써 조직에 대한 이러한 견해에 공헌한다. 합리-기술적 관점에서의 지배적인 은유는 공장이며, 그러므로 여기에서의 강조점은 목표의 성취에 있다. 정치적 관점에서 사용되는 은유는 밀림이며 강조점은 권력이다. 상징적 관점에서는 사찰로 은유되며 조직을 집합적 단일체로 통합시키는 각종의 관습, 신화, 의식을 강조한다. 6장에서 살펴 본 것처럼 여러 저자들(Bolman & Deal, 1984; Deal & Kennedy, 1982)이 조직분석과 변화에 대하여 '문화적' 접근을 추구하여 왔다. 그들은 효과적인 조직은 상호작용적이고 넓게 받아들여지는 신화, 상징, 그리고 의식 등이 결합되어 작용한다고 주장한다. 그러므로 변화도 이러한 영역에서의 변화를 통해 일어난다.

조직문화에 관한 이러한 관심은 두 가지 중심적 토대, 즉 문화인류학과 현상학에서 출발한다. 인류학자들은 가족제도, 의례와 관습, 상징 그리고 종교적 금기 등과 같은 특징들에 주의를 기울임으로써 토착민의 문화를 오랫동안 연구하고 분류하여 왔다. 특히 후설(Husserl)로부터 비롯되고 슈츠(Schutz)를 통해 발달한 현상학은 주로 일상적인 상호작용에서의 대면적 접촉을 통해 의미가 어떻게 형성되어지는가를 고찰한다. 지역사회마다 공개적이든(예를 들어, 교과서를 통한) 아니면 묵시적이든(예를 들어, 어떤 의도를 갖고 행간을 읽든) 상징을 발전시킴으로써 의미를 공유한다.

터너(Turner, 1972)가 관찰하였듯이 문화란 공통의 상징을 전달하고 확증하기 위한 체계적이고 반복 가능한 방법으로 관습을 이용한다. 산업의 문화적 측면에 주의를 기울인 최초의 현대적 학자들 중에서 터너는 현대 조직에서 여러 가지 형태의 관습이 관찰 가능하다고 제시한다. 개인들이 조직에 들어가고, 승진을 하고, 조직의 내·외적으로 이동이 있을 때는 통과의식을 거행한다. 학교는 학기 동안 어떤 일이 발생하였는가를, 즉 교육이 이루어졌고 교사들은 성공적으로 그 의무를 수행하였는가를 관습적인 방법으로 보증하기 위해 졸업식을 거행한다. 둘째, 동일성 또는 차이에 대한 의식이 지위 분화 또는 관습에 대한 유사성(점심을 먹을 때 누가 어디에 앉고 전통적으로 어떤 집단들이 어떤 옷을 입고)을 강화한다. 셋째, 관습은 다른 조직에서도 보편적이기는 하지만 특히 학교의 특징적인 실제인 시간관리에 관심을 갖는다. 터너는 시간엄수라는 문화적 덕목을 상징화할 뿐 아니라 시간엄수가 그렇게 문제가 되지도 않는 조직구성원들의 지위를 강화해 주기도 하는 하나의 예로써 打鐘을 인용한다. 마지막으로, 특별히 직무와 그 직무성과간의 관계가 명확치 않을 때는 수행에 대한 의식이 중요하다. 학교에서는 특히 교사가 가르치는 내용과 학생이 어떻게 성취하는가의 관계가 명확하지 않기 때문에 수행에 관한 의식이 중요하게 보인다.

사라손(Sarason)의 연구(1979)는 '학교의 문화'가 그 기관을 변화시키는 데에 있어서 의도는 좋으나 별 효용이 없는 시도들과 어떻게 상호작용하는가를 보여준다. 사라손은 흥미로운 주장을 피력한다. 그는 만일 우리가 火星

에서 온 사람이라면 짧은 시간 동안에 지구에 도착할 것이 아니냐고 묻는다. 우리가 학교를 관찰한다면 무엇을 볼 수 있을 것인가? 왜 학교는 엿새 동안 수업을 하고 하루는 쉬는가에 대하여 의문을 가질 수 있지 않은가? 우리는 교실을 배열하는 방법을 탐구하고 어째서 많은 아동들에게 하나의 성인(교사)만을 배정하는가에 의문을 가할 수 있을 것인가? 사라손에게 있어서 이러한 질문들은 학교란 우리의 관심을 끌지 못하는 규칙을 포함하고 있다는 것을 나타낸다. 왜냐하면 그러한 규칙들은 조직구조의 부분이기 때문에 그러한 규칙들은 프로그램적이고 행동적이다. 다시 말해 그것들은 우리가 '행하는 것'뿐만이 아니라 우리가 갖고 있는 프로그램까지도 규제한다. 이 규칙들은 문화라는 접착제(glue of culture), 예를 들어 영광을 위한 우리의 일상적 탐색에 의미를 제공하는 관습, 상징 등등에 의해 모습이 정해진다. 사라손은 우리가 학교의 문화에 대해 그러한 체계적인 표현을 하기 때문에 학교란 변화시키기에 지극히 어렵다고 결론을 내린다. 최소한 변화는 학교 내에서의 우리의 행동에 영향을 미칠 뿐만이 아니라 이런 주어진 체제 속에서 우리가 어떻게 행동하도록 되어 있는가의 기대에 영향을 주는 규칙에 대한 이해와 수정을 필요로 한다.

　요약하면 상징, 관습 등은 우리가 살고 있는 사회적 세계를 이해하는 데 도움을 주는 표현이다. 우리는 우리의 특정 문화를 다른 문화와 비교함으로써만이 우리의 문화를 이해하고 감상할 수 있다. 다시 말해 어떤 의미에서 보면 우리는 차이를 인식함으로써 동일성을 인식한다. 문화라는 개념은 사회 집단들이 어떻게 응집하고 동일한 가치와 세계관을 발전시키는가에 관하여 생각하는 수단이 된다. 동일한 맥락에서 사회가 문화를 가질 뿐만 아니라 조직도 역시 문화를 갖는다. 실제로 상당한 시간에 걸쳐 유지되는 인간회상(人間會象)은 문화를 형성하게 된다. 조직에서 출현하는 '문화'는 단편적이고 특정장소에 국한되고 그래서 인류학자들이 사용하는 그러한 깊은 개념을 나타내는 것이 아니기 때문에 조직문화라는 개념은 의미가 약하다. 그러나 이것은 우리가 조직에서 발생하는 여러 가지 실체들을 이해하고, 특히 다양한 조직들이나 기관들간의 차이를 분명히 하는 데 도움이 된다. 그런데 우리가 변화를 도모하기 위하여 그러한 구성개념을 사용할 수 있느냐 하는 것은 문제가 된다. 예를 들어, 어떤 기관 속에서 우리의 행동을 지배하는 규범, 관습 그리고 관계성을 이해하는 것은 우리가 반드시 변화를 가져오는 원인이 되는 그러한 동일한 지배규칙의 외부에 머무를 수 있다는 것을 의미하지는 않는다.

7. 변화모형에 관한 평가

조직이 왜, 어떻게 변화하는가를 설명해 주는 변화에 관한 단 하나의 유일한 모형은 존재하지 않는다. 앞에서 언급한 레이어케이크(카스텔라 빵)의 유추는 어떤 모형보다도 변화의 실체와 조직변화를 더 잘 파악할 수 있도록 해 준다. 조직과 기관은 복잡하며 그 속에서의 계획된 변화도 역시 복잡하다. 경험적으로 보아 합리적, 하향적 변화접근이 의도된 대로 실현되지는 않는다는 것을 알 수 있다. 랜드(Rand) 재단의 연구들(Berman & McLaughlin, 1978)은 실제로 계획된 변화란 연구기금 기부자와 기금수혜자 양측의 상호적응의 과정이었다는 것을 밝혀 주었다. 파라 등(Farrar et al., 1980)은 이러한 변화는 실제적으로 가든파티—즉, 많은 사람들이 와서 음식을 즐기고 대화를 나누지만, 그들은 강요에 의해 오게 되고 자신들이 왜 왔는가를 알지 못하는—에 불과하다고 설명한다. 이러한 관점에서 보면 계획된 변화는 그 '손님들'이 각자를 알고 각자의 기대와 능력을 알게 될 때 보다 계속적인 진보와 발전의 과정이 된다.

마찬가지로, 조직발전도 본래 계획한 결과를 가져오지는 못한다. 예로써, 변화에 관한 문헌들은 오랜 기간 동안 외부의 자문이 필요하고, 그래서 사람들이 변화를 거부한다는 생각에 의문을 제기해 왔다. 사실 조직발전은 실제적으로 이를 어떻게 정의할 것인가에 대한 합의가 없는 여러 가지 색으로

된 외투처럼 보인다(Fullan, Miles and Taylor, 1980).

또 다른 모형들, 즉 개인-치료적, 정치-경제적, 문화-상징적 모형들은 인간과 조직이 어떻게 변화하고 있는가에 대해 우리가 알고 있는 것에 보다 정확하게 일치하기 때문에 보다 나은 지지를 받는다. 물론 이들 모형들은 변화과정을 분석하는 데 있어서 심리학, 정치학 그리고 문화인류학 등의 전통적 학문을 반영하고 이들 학문에 의해 변화과정을 '개념화한다'. 비록 각각의 모형은 다른 모형들이 공헌하는 점을 독자적으로 설명할 수는 없을지라도 모든 변화모형들은 각각 자체의 본질적인 공헌점을 갖고 있다. 예를 들어, 정치-경제적 모형은 조직에서의 '제도'의 문제를 고려하고 규범적인 것을 반영함으로써 문화적인 것과 합의적인 것을 반영하지만 이것을 깊이 있게 탐구하지는 못한다. 각 모형은 다른 모형들과 중첩되는 부분을 갖고 있다. 즉, 상징적-문화적 관심은 정치-경제적 환경의 일부로 간주될 수 있으나 집단에 대한 정치학과 경제학은 단지 조직의 전반적인 문화의 한 측면으로 간주될 수도 있다.

그러므로 교육행정가들이나 여타의 학교인사들은 변화를 복잡한 요인으로 생각한다. 각 요소들의 다층적이고 상호작용적인 체계로써 변화를 잘 이해할 수 있는 것이지 그 모든 요소들을 동시적으로 고찰할 수는 없는 것이다.

8. 변화에 관한 비판적 관점

학교행정가가 변화 그 자체의 개념에 대하여 비판적인 관심을 갖는 것은 절대적으로 필요하다. 만약 학교행정가가 변화를 너무 생각하지 않는다면 도리어 변화라는 개념에 압도당할 수 있다. 즉, 미국국가위원회의 보고서, 주와 연방기구의 재정보조 조건, 주교육감의 성명 등은 그들이 돌보고 있는 젊은이들에게 유의미한 경함을 제공하는 일에 주요 관심을 두고 있는 사람들의 변화를 요청하고 있다. 그러나 누가 무엇 때문에 변화를 필요로 하는가?

우리는 변화라는 용어의 변화에 대해 비판적인 접근을 적용시킬 수 있다. 변화에 대한 접근의 많은 것들은 조직에 대해 거의 그것을 구성하고 있는 개인들의 외부에 존재하는 것으로 그리고 동떨어져 존재하는 무감정의 실체로 보아 왔다. 우리는 앞에서 이것은 논박될 수 있는 것임을 알아보았다. 조직은 사람들로 구성되고, 각 개인들은 결국은 객관화될 특정의 사회적 실체를 구성하는 데 도움을 준다. 그러므로 변화의 목적을 그 조직에 두어서는 안 되고 조직에 속한 개인에 두어야 한다. 나아가서, 우리가 알고 있는 많은 것 중에서 변화란 어떤 것을 계획하고 그것을 수행해야 할 것으로 간주한다는 것이다. 이러한 언어적 술수를 통해서 변화라는 용어는 우리에게 '변화란, 공기여과기를 바꾸고 오일을 교환하는 것처럼, 기계적인 것'이라고 설득한다. 그러나 우리가 굴리적이고 기계적인 대상을 취급하고 있는 것이 아니라면, 변화는 끝이 없고 계속 전개되는 하나의 과정이다. 이러한 모델에서의 변화는 한 아동이 성숙해 가는 방법과 아주 흡사할 수가 있다. 말하자면 아마도 우리는 매 시간마다 또는 매일매일의 성장을 간파할 수는 없어도 약 6개월의 기간이 지나면 그 아동의 성장이 뚜렷해진 것을 알 수 있다. 변화라는 말은 기만적일 수가 있다. 왜냐하면 이것은 만일 우리가 'X'를 하면, 곧 'Y'가 일어날 것이라고 우리에게 말해 주기 때문이다. 그러나 변화에는 인과성(causality) 그 이상의 문제가 있다. 즉, 우리 모두는 계속적으로 성장하고 발달한다. 조직도 마찬가지이다.

변화는 또한 하나의 활동(motion)으로 위장될 수가 있다. 폽케위츠(Popkewitz, 1982; Popkewitz & Tabachnick, 1981)는 두 가지 중심적 패러다임, 즉 ① '중심—말초접근(center-to-periphery approach)'과 ② '문제해결모형(problem-solving model)'이 현대의 변화노력을 유도해 왔다고 주장한다. 그는 이 두 가지 접근은 변화의 기본적인 개념을 소홀히 한다고 주장한다. 중심—말초접근은 파라(Farrar, 1980) 등이 주장하였다시피 연방정부와 같은 중앙의 기관이 변화의 각종 모형과 계획을 세우고 이를 '말초'에 적용시키는 것을 의미한다. 문제해결접근은 그 체제의 여러 가지 문제를 정의한 다음에 그에 대한 해결을 모색하는 다양한 행위자들의 활동과 관련된다. 폽케위츠에 따르면 이 두 가지 접근은 모두 여러 가지 공통적 특징을 공유한다. 이 두 가지 접근은 분석을 하고 해결책을 제공하는 전문가들에게 주의를 기울이고, 그리고 체제 자체의 모든 구조 속에 내재한 기본적인 부조화를 고찰하기를 거부한다. 그러므로 변화는 단지 활동에 불과하다. 즉, 교육체제를 재정의하는 데 필요할 수도 있는 심층적인 구조적 변화는 그럴싸하게 얼버무려 넘어가고 단지 피상적인 변화만을 제안한다. 따라서 많은 움직임이나 활동은 있으나 진정한 변화는 없다.

> 그러나 이러한 움직임이나 활동은 하나의 실체로서의 '체제'에 초점을 둠으로써 그 구조를 당연한 것으로 생각한다. 또한 체제의 목적을 문제시하지 않는다. 독립된 실체로서의 체제에 초점을 둠으로써 그 체제의 일상적 생활 속에서 기관의 규범과 신념들이 어떻게 여과되며 그것들이 어떻게 개입하는가에 관한 문제를 도외시한다(Popkewitz, 1982, 30).

보다 거시적인 체제적 속성을 설명하고 전체 체제를 고정적인 것으로 가정하지 않는 변화 관점을 전달하기 위해서는 변화 과정에 대한 비판적인 관점을 채택하는 것이 필요하다. 오케이스와 시로트닉(Oakes & Sirotnik)(그리고 Sirotnik, 1984; Oakes & Sirotnik, 1986 참고)은 다음과 같이 말한다.

> 무비판적인 자세를 취함으로써 우리는 언제나 학교를 중립적이고 비정치적인 장소로 생각하고 될 수 있는 한 아이들을 교육하는 일에만 매달린다. 우리는 교사들 자신들이 '더 일을 잘할 수 있도록' 해 줄 수 있는 새로운 실제를 열망한다고 생각한다. ……그러나 학교 실제가 바탕을 두고 있는 가치와 신념을 검토하는 일에는 주의를 기울이지 않았다(Oakes & Sirotnik, 1983, 3).

그러나 그들은 학교가 어떻게 조직되고 운영되는가에 대한 토대를 형성하는 것은 바로 이러한 숙고되지 않은 신념들이라고 주장한다. 그렇다면 변화는 비판적 탐구를 지향해야만 한다. 오케이스와 시로트닉은 세 가지 탐구모형을 포함하는 세 부분으로 된 패러다임을 이용한다. 첫째는 조사연구와 의사(擬似)실험적인 방법과 같은 객관적인 수단을 통해 상황에 대한 '사실들'을 수집하는 데 목적을 둔 경험적(empirical) 패러다임이며, 둘째는 행위자들이 사상(事象)에 부여하는 의미와 이해를 정사(情査)하는 데 목적을 둔 해석학적(interpretive 또는 hermeneutic) 패러다임이며, 셋째는 인간의 정신을 억압하는 원인이 되는 조건들을 폭로하고 분석하는 데 목적을 둔 비판적(critical) 패러다임이 바로 그것이다.

이러한 체계들은 반성적이고 비판적인 탐구과정을 전개하는 데 있어서 학교 인사들과 공동제휴하고 있는 '협력가'를 이용해서 수행될 수 있다. 오케이스와 시로트닉(1983)은 "관습적이고 상징적인 권위게임을 추방시키는"(Oakes & Sirotnik, 1983, 27) 권력게임(power game)의 추방 그리고 일반적으로는 문제가 되지 않는 것으로 간주될 수도 있는 것에서 문제를 만드는 '문제화(problematization)'와 관계가 있는 남미에서의 프레이리(Freire, 1970)의 연구로부터 추출된 전략을 적용한다. 예를 들어, 학교에서 교사들과 행정가들은 왜 어떤 집단들이 어떤 권력을 행사하고 있으며, 왜 행정이 어떤 자원을 통제하며, 왜 특정의 스케줄이 힘을 갖고 있는가 등의 문제를 제기할 수 있다. 이러한 문제화를 통해 조직구성원들은 지배적인 조건들에 대해 반성적인 의식을 계발할 수 있고, 그럼으로써 대안을 탐색할 수 있다. '변화'—본질적으로 실제를 어떤 유의미한 방향으로 변화시키는 계획 또는 전략의 고안—는 어떤 문제를 해결하는 것을 목적으로 하지는 않는다. 차라리 변화란 그 자체가 문제화 또는 비판적 탐구의 과정에 해당되는 실제를 조직하는 여러 가지 방법들의 계속적이고 진행 중인 시도를 의미한다.

그럼에도 불구하고 학교체제로 하여금 변화에 대한 이러한 자기 반성적인 접근에 몰두하게 하는 시도는 어려움을 갖는다.

학교 개선 프로젝트에 상당한 관심을 보여 오면서 학교에 보조를 맞추도록 시도하고자 하는 협력자들이 직면하는 두 가지 중요한 장애가 있다. 그 하나는 사람들로 하여금 근본적인 변화 노력에 참여하도록 진정한 유인을 확보하는 일이며 다른 하나는 그들이 직면하는 중요한 문제가 무엇인가를 그들과 함께 결정하기 위하여 침묵의 문화(culture of silence)를 타개하는 일이다. 이 두 가지 장애는 서로 아주 밀접하게 얽혀 있기 때문에 이 장애들을 극복한다는 것은 특히 어려운 일이다. 행정적 수준에서 유대감을 확립하는 것과 협력적 변화 노력을 지원(최소한 승인)하는 일은 일반적인 선결과제이다(Oakes & Sirotnik, 1983, 31).

보조를 맞추는 것과 타파하는 것, 이것들은 유의미한 변화를 일으키는 두 가지 중요한 측면이다. 일단 이 두 가지가 성취되면 변화를 위한 행동의 가능성은 높아진다. 여기서의 행동은 학교환경을 개선하는 데 있어서 규준지향적 검사(상대평가) 대신에 준거지향적 검사(절대평가)와 같은 기술적으로 지향된 전략을 채택하는 그 이상을 의미한다. 그러한 전략들이 실제로 유용할지라도 비판적 탐구의 핵심은 변화를 위해서 현존의 학교의 조건과 가능성에 관하여 계속적이고 억압되지 않는 의사소통에 참여할 수 있는 학자들의 공동체로 구성되는 조직을 개발하는 일과 관계된다. 그러한 공동체는 변화노력을 이미 존재하고 있는 구조에 덧붙여지는 부가적인 요소로 보는 것이 아니라 기존에 설정되어 있는 기본적인 구조를 변화시키고 변형시키는 변환적(transformative) 요소로 본다. 이런 의미에서 학교변화에 대한 이러한 접근은 비판적이다.

그러므로 여기에서 우리는 프락시스, 즉 사회적 조건들을 명료화하고 해결하는 실천적 행동으로서의 변화에 대한 개념에 접근한다. 프락시스란, 다양한 조건들을 변화시키려 시도하는 이론에 의해 뒷받침된 실천적 행동(practical action)으로 생각되어야만 한다. 학교상황에서의 프락시스란 현재의 현실에 대한 비판적 평가와 사회적 구조에 관하여 우리가 갖고 있는 지식에 비추어 그러한 현실들을 평가하고 변화시키려는 비판적 시도를 포함한다. 이것은 부분적으로 학교에서의 변화는 보다 거시적인 사회적 각축장의 변화와 분리될 수 없으며 그래서 어떤 하나의 변화는 다른 것에서의 변화를 전제로 한다는 것을 말하는 것이다. 확실히 행정가들은 항상 그러한 각축장들을 다루어야 한다.

변화를 위한 주요 노력은 학교에서의 참여에 관한 진정한 대의체제(代議體制, representative systems)와 조직에 현실감을 주는 민주적인 방법들을 개발하는 데 목적을 둘 수 있다. 합리적 모델에서의 변화는 새로운 산출과 헤드스타트(Headstart)와 같은 프로그램을 통해 실제를 조직하고, 그리고 보다 최근에는 효과적인 학교를 개발하는 방법에 지향된다. 그러한 노력들은 변화노력의 기본적인 원리들을 이해하는, 즉 개인들이 왜곡 없이 욕구나 원망을 합리적으로 의사소통하기 위해 시도할 수 있는 과정을 개발하지 못하는 한계가 있다.

그러므로 어떤 측면에서 보면 변화란 지배적인 아이디어들 또는 전체 이데올로기를 통찰하고, 있을 수 있는 생활형태를 분석함으로써 가능성에 관한 의식을 제고하는 것을 포함한다. 이러한 지향은 정치적이고 문화적일지라도, 또한 비판적이다. 왜냐하면, 이것은 우리가 새로운 제도를 탐구하기 위해 '자연적이고', 당연시하던 現狀을 파헤치기 위해 시도하는 것을 제시하기 때문이다. 이러한 도전적인 과업은 우리에게 주어진 구조와 불일치—예를 들어, 교사와 행정가와 학생들간의—에 대하여 문제를 제기하도록 요구한다. 이것은 또한 우리가 순간적으로 우리의 유산과 역사를 중단한다는 것을 의문시한다—왜냐하면, 그것들이 우리가 갖고 있는 현재의 구조를 결정해 왔기 때문이다.

마지막 분석으로, 변화에 관한 비판적 관점은 사회의 변화에 대한 총체적 고찰을 필요로 한다. 학교 내에서의 계급의 재생산에 관련된 문화적 연구에 의해, 조직의 실행화(enactment)와 재생산을 강조하는 조직이론에 의해, 그리고 보다 넓은 정치적·경제적 관계의 연계 속에서 조직구조를 파악하려는 비판이론에 정통한 변화이론가는 기관이 어떻게 변화되는가에 관하여 신중하게 고려해야 할 것이다. 변화는 합리적인 프로그램의 개발 그리고 특정의 학교문화를 변경시키는 시도 그 이상을 포함한다. 변화의 본질상 유의미한 의미에서의 변화는 보다 넓은 사회 내에서 기관을 분석하는 것을 포함해야 한다. 이것은 실제로 프락시스가 관심을 갖고 있는 것이다. 즉, 프락시스는 이론을 실천적 행동의 수준에서 의미롭게 만드는데, 그리고 일상적인 조직의 긴장 속에 사로잡힌 개인들이 그들이 원하는 것을 수행하는 방식으로 자신들 특유의 세계를 어떻게 재창조하는가를 보여주는 데 관심을 갖는다. 재정보조가 충분한 합리적인 변화전략이 실패하였다고 해서 조직변화는 정치적인 행동을 포함할 필요가 있다고 결론 내리기는 어렵지 않다. 분명히 행정가들은 정치적으로 정통해 있지만, 우리는 여기서 그들에게 사회적 변화의 창조에 정통하라고 요구한다. 정치적 행동은 수단이 아닌 결과를 성취하려는 시도이나 그것들이 실현될 때 모든 학교의 인사들에게 보다 공평한 조건들을 제공하려는 목적을 성취하고자 시도한다. 이러한 노력은 학교 내에서의 지도성—사회적 변화라는 개념에 지향된—에 참여하는 것을 의미한다.

제8장

지도성 이론

1. 서　언

　　핫지킨슨(Hodgkinson, 1983)은 일찍이 행정은 지도성이라고 말한 바 있다. 특히 교육행정은 적절한 방식에 의해 가치와 이미지를 구현하는 것과 관련되어 있다. 다시 말해서 교육행정은 지도성을 수반한다. 그러나 지도성의 개념은 종종 학자들과 교육자들 모두에게서 별로 비중 있게 다루어지지 않은 것 같다. 종종 지도성은 과업을 성취하는 과정에서 소집단을 관리하는 능력으로 오해되기도 하였으며, 때에 따라서는 단순히 생산을 높이는 수단으로 여겨지기도 하였다. 그러나 이 두 가지 관점은 지도성을 관리의 측면에서만 규명하고 과업성취에 초점을 두는 반면 추종자의 요구와 그 요구 조건을 다루지 않는다는 점에서 지도성에 대해 근본적으로 오도된 접근을 취하고 있다고 본다. 따라서 지도성이라는 개념이 유용하고 도움이 되려면 이러한 관점들은 파기되어 재조직되어야 할 것이다.

2. 지도성 연구의 문제점

우리 모두는 '지도성'이라는 용어를 우리의 경험을 통해서 이해하고 있다. 즉, 우리는 초등학교 다닐 때 지도자라는 낱말을 배웠고, 고등학교 다닐 때에는 이것을 선망했으며, 대학 다닐 때에는 이를 실천해 보기도 하였다. 그러나 많은 사람들이 지도성이라는 일상적 용어를 간명하게 설명하고자 하여 왔음에도 불구하고 그 용어에 대한 정의, 특히 그에 대하여 과학적으로 엄밀한 정의를 내리고자 한 것 같지는 않다. 설사 정의를 내렸다고 할지라도 그 정의는 주로 정의하는 사람들의 다학문적 관심 때문에 한계성을 드러내고 있다. 가령 허시와 브랜챠드(Hersey & Blanchard)는 지도성을 다음과 같이 정의하고 있다.

> 지도성은 주어진 상황 속에서 개인이나 집단의 활동이 목적달성을 지향하여 노력하도록 영향력을 행사하는 과정이다. ……그러므로, 지도성(L, Leadership)의 과정은 지도자(l, Leader), 추종자(f, follower), 여타의 상황변수(s, situation)간의 함수(f, function), 즉 L=f(l · f · s)이다(Hersey & Blanchard, 1972, 68).

이러한 정의가 널리 통용되어 왔으며(예를 들면, Owens, 1981; Fiedler, 1967; Blake & Mouton, 1975), 동시에 상황적응적 지도성이나 9·9격자(관리망) 등 수많은 훈련프로그램의 기초가 되어 왔다. 그러나 자세히 검토해 보면, 이 정의는 일반적으로 지도성이라고 고찰해 온 것들의 중심내용과 합치되지 않는다. 지도성이라고 해서 모두가 반드시 특정한 목적달성을 위한 동기부여와 관련된 것은 아니며, 그리고 모든 지도성이 유사한 상황 속에서 일어나는 현상도 아니다. 나아가서 분명한 사실은 모든 지도성이 단순한 하나의 공식으로 환원될 수 있는 것도 아니다. 문화·정치·권력이라는 중요한 차원을 등한시한 이러한 정의는 단지 무의미한 추상화에 불과할 뿐이다.

그러면 어떤 방식으로 지도성을 정의하고 연구할 것인가? 베니스(Bennis, 1959, 259)는 "우리는 지도성이라는 개념을 알 수 없으며, 그것은 모호함과 복잡성으로 인하여 우리를 또 다른 형태로 비웃고 있다"고 하였다. 스토그딜(Stogdill, 1974, vii)은 "경험적 자료만 무수히 축적한다고 해서 지도성에 대한 통합적 이해가 도출되는 것은 아니다"라고 했으며, 마이너(Miner, 1975, 5)는 "지도성이라는 개념 자체는 그 유용성에 관계없이 존재한다"고 하였다. 번즈(Burns, 1978, 2)는 "지도성의 개념이 좁고 구체적인 의미로 이해되고 있으며……지도자에 관하여 알려진 사실들은 많지만 이에 상응하는 지도성 이론은 나오지 않고 있다"고 주장하였다. 더빈(Dubin, 1979, 227)은 "추종자와 지도자의 대인관계성에 초점을 집중시킴으로써 단지 비교적 사소한 차원을 선택하여 왔다"고 말한다. 자고(Jago, 1982, 315)는 "행동과학자들이 상당한 관심을 갖고 연구해 온 몇 가지 주제별 영역이 있기는 했지만 지금까지 진지하게 조직을 공부해 온 대부분의 학도들이 수행한 연구결과조차도 잡동사니 연구로 나타나고 있다"고 하였다. 또한 맥콜(McCall, 1976, 142)은 "40여 년에 걸쳐 우리가 쌓아온 지도성에 관한 수많은 결과들은 명쾌한 실제를 보여주지 못하는 것 같다"고 하였다. 이와 같이 비교적 확실하게 드러난 대부분의 사실들조차도 진실이 아닌 것을 다루고 있으며 우연하게 발견된 진리가 아닌 것을 통해서 지도성을 이해하려고 하는 경향을 보이고 있다". 이와 관련하여 페로우(Perrow)는 다음과 같이 말하고 있다.

> 지도성 연구를 통해서 볼 때, 사물은 우리가 처음에 믿었던 것보다 훨씬 더 복잡하고 '상황의존(적응)적'이라는 것을 우리는 알 수 있다. 사실 그것은 너무나 복잡하고 상황의존적이기 때문에 더 많은 요건들을 들어 이야기할 필요조차 없는 것이다(Perrow, 1979, 107).

과학적 렌즈를 통해서 지도성이라는 현상을 보는 그런 연구는 막다른 골

목을 향하여 나아가는 연구라 할 수 있다. 주로 사회심리학적 접근을 통한 과학적 접근법은 그 접근 자체의 문제점 때문에 바람직한 것이 못된다. 그리고 이와 같은 지도성이라는 개념에 대한 부정적 평가는 우리로 하여금 두 가지 문제에 대해서 고찰해 볼 것을 요구한다. 그 하나는 "어떠한 종류의 지도성 연구가 이러한 평가를 하게 했는가?"이고, 다른 하나는 "지도성의 기본 토대와 목적을 다시 고찰함으로써 우리는 무엇을 알아낼 수 있는가?"하는 문제이다.

3. 지도성 연구의 심리학적 모형

자고(Jago, 1982)는 네 가지 주요한 전망을 통해서 지도성을 고찰하고 있다. 그리고 우리는 여기에 한 가지 관점을 첨가하게 될 것이다. 이러한 관점 모두는 광범위한 심리학적 영역의 모형에 해당되며, 그러한 모형은 개인과 사회집단에 대한 관심을 토대로 하고 있다. 자고가 말한 첫 번째 관점은 지능, 자신감, 의사소통 능력과 같이 지도자가 가지고 있을 것으로 예상되는 특성을 다룬다. 그러나 지도성 연구에 대한 이러한 특성적 접근법은 유익한 바가 별로 없는 것으로 입증되었다. 즉, 사람들은 지속적으로 특정한 특성을 연구할 수 있었지만 거기서 발견된 것은 어떤 지도자들은 어떤 특성을 갖고 있지 못하다는 것뿐이었다. 그래서 특성적 접근법은 일반화될 수 없었다. 스토그딜(1984; Bass, 1981, 68에서 재인용)은 지도성 연구에 대해 고찰하고 나서 "지도성은 수동적 상태의 문제도 아니며 단순히 몇 가지 특성들이 결합되어 이루어지는 문제도 아니다"라고 말하면서 특성적 접근을 전적으로 인정하지 않았다.

그래서 연구자들은 특성이론을 포기하고 지도자의 '행동'에 관심을 갖기 시작하였다. 1940년대 중반에 미국의 중서부에 있는 대학교에서 시작된 연구들은 지도자의 행동과 관련된 것으로 여겨지는 두 가지 요인을 밝혀냈는데,

그 하나는 지도자가 사람중심이고 집단에 관련된 개인적 문제에 관심이 있는가의 여부를 알려 주는 '배려성'이고, 다른 하나는 지도자가 과업중심이고 목표성취에 관심이 있는지의 여부를 알려 주는 '과업주도성'이다. 이 두 가지 요인의 조합을 통해서 사분도(四分圖)가 나올 수 있으며, 각각의 영역은 두 요인의 높고 낮음의 범위를 나타낸다. 그러므로 지도자들은 높은 과업주도성과 낮은 배려성, 낮은 과업주도성과 높은 배려성, 낮은 과업주도성과 낮은 배려성, 그리고 가장 바람직하다고 할 수 있는 높은 과업주도성과 높은 배려성 중 어느 한 영역에 해당되게 된다. 그리고 이러한 연구가 있은 후 과업주도성과 배려성 행동을 증진시키기 위한 많은 훈련프로그램이 설계되었다. 그러나 자고(1982, 320)가 관찰한 바와 같이, "관리자들은 높은 배려성과 높은 과업주도성의 특징에 따라 처신하도록 훈련을 받을 수 있지만, 그러한 훈련을 통해서 기대되는 결과가 반드시 실현되는 것은 아니었다."

이상에서 고찰한 여러 이론들은 관리(management)와 지도성(leadership)을 분명하게 구별하지 못하였다. 즉, 두 개념을 동의어로 사용함으로써 지도성을 정의하고 개념화하는 데 있어서 오류를 범하고 있다. 이러한 이론들이 지도성을 진지하게 취급하였다면, 그 이론들은 마땅히 지도성이 추종자와 관계없이 독립적으로 존재하지 않는다는 사실을 인정했어야 했을 것이다. 추종자들의 문화적·규범적 세계를 경시하고 관리에만 초점을 맞춤으로써 그러한 이론들은 중요한 것으로 인정받지 못하게 되었다.

지도성을 제대로 예측하지 못하는 양요인적(兩要因的) 모형은 1960년대 중반에 이르러 세 번째 관점을 낳게 했는데, 여기에는 휘들러(Fiedler, 1967)의 '상황적응적' 지도성 모형이 해당된다. 이것은 지도성 연구에 있어 가장 널리 연구되는 동시에 또한 비판도 받아 왔다(Bass, 1981, 341). 휘들러는 개개 지도자들은 특정한 지도성 '스타일'을 갖고 있으며, 나아가서 주어진 상황 속에서의 지도자의 효과성은 지도자의 스타일과 지도자와 집단, 과업의 본질 그리고 지도자가 수행하는 권위형태들간의 관계성과의 '적합여부'에 의존한다고 가정한다. 따라서 지도자가 사용해야 할 지도성 유형은 "① 지도자와 집단

사이의 관계가 양호한가 아니면 불량한가? ② 과업이 구조화되어 있는가, 비구조화 되어 있는가? ③ 지도자는 높은 지위권력을 갖고 있는가, 낮은 지위권력을 갖고 있는가?"하는 문제에 의존하게 된다. 휘들러의 연구에서 이와 같이 다양한 구성요소들 사이의 상호작용은 여덟 가지 가능성 또는 '팔분도(八分圖)'를 만들어 낸다. 그의 이론에 따르면 지도자-구성원의 관계가 양호하고, 과업이 구조화되어 있으며, 지도자가 강력한 지위권력에 근거할 경우 이러한 상황 속에서 가장 효과적인 지도성은 과업지향적인 지도성이다. 그리고 이와 반대의 상황일 경우에 효과적인 지도성은 과업지향적인 지도성이다. 그러나 상황이 혼합될 경우에는 배려성을 지향하는 지도자를 필요로 한다. 그러므로 휘들러의 지도성 모형에서는 여덟 개의 단절된 부분이 합해져서 하나의 연속선을 이루고 있는 것으로 생각될 수 있다. 그래서 지도성의 효과는 지도자가 과업과 배려성이란 측면에서 어느 부분에 위치하고 있으며, 또 그가 어떤 구조와 과정에 의존하는가에 따라 달라지 게 될 것이다.

그래서 지도성에 대한 휘들러의 관점은 현존하는 조직상황에 '적당한' 지도자를 내세워야 한다는 것이다. 그리고 적당한 지도자가 없을 경우 그러한 상황은 현재 권력을 가진 사람들의 특성에 조화될 수 있도록 변화되어야 한다는 것이다. 이것이 바로 휘들러 등(1976)이 개발한 "지도자 조화(적합성) 개념(leader match concept)"이다.

이러한 상황적응이론과 지도자 조화개념은 교육훈련기관과 중간단위의 기관에서 인기가 있었음에도 불구하고 현장에서 완전히 수용되고 있는 개념이 아니며 상당한 논란을 불러일으키고 있다. 다음에 제시되는 경험적 연구결과들도 그 총체적인 접근법에 상당한 의문을 제기하고 있다. 호스킹과 쉬라이셈(Hosking & Schriesheim, 1978, 500)은 "사실, 관련연구들을 비판적으로 고찰해 보면 그 모형을 적절하게 검증한 연구들과 그렇지 못한 연구들 사이에는 차이가 있다. 그리고 그 결과는 전혀 고무적인 것이 못된다"라고 하였다. 또 이들은 지도성 효과를 연구한 휘들러, 체머스, 마허의 책(Fiedler, Chemers, Maher, 1976)을 고찰한 후 다음과 같은 결론을 내리고 있다.

상황적응모형과 지도자의 조화가 "아주 근거 있다"는 저자들의 주장에도 불구하고 이것은 아주 상식 밖의 이야기이다. 지금까지 고찰된 심각한 문제들을 본다면······ 만일 몇 명의 지도자들이 지도자 조화개념의 적용을 통해 많은 손해를 입었다면 그러한 주장은 유익한 것이 되지 못한다(Hosking & Schriesheim, 1978, 504).

헌트(Hunt, 1984b)는 경로—목적이론(path-goal theory)이나 브룸/예톤(Vroom/Yetton)의 의사결정모형과 같은 2세대 상황적응이론들을 지도성 연구의 네 번째 발전 4단계라고 명명한다. 경로—목적이론(House, 1971)에서는 지도자의 기능을 추종자들에 의해 가치 있게 여겨지는 목적을 만들어 내도록 조직의 경로를 명료화하는 것으로 보았다. 즉, 지도자는 추종자들에게 그들이 나아갈 적합한 방향을 제시해 줌으로써 그러한 목적을 성취하도록 돕는 사람이다. 그래서 지도성은 추종자들의 본질(기술수준, 성숙도 등)과 작업환경의 본질(성취할 과업의 유형, 사용될 절차의 명료성)과 같은 상황에 따라 달라진다. 따라서 지도자는 동기를 유발시키고 경로를 명료화하기 위하여 자신의 스타일을 상황의 필요에 맞게 조정한다(휘들러는 지도자의 스타일은 기본적으로 조정가능한 것이기보다는 고찰적이라고 주장한다). 통로—목적이론의 고찰을 통해서 나온 연구결과는 상당히 복합적이다(Bass, 1981, 446~447; Jago, 1982, 326).

2세대 상황적응이론가들에 의해 인용되고 있는 또 다른 모형이 브룸/예톤의 접근법(1973)이다. 이 모형은 지도자들에게 어떤 상황 속에서 '최선의' 결정을 할 수 있도록 돕는 '결정의 나뭇가지(decision tree)'를 통해 지도성을 설명한다. 브룸과 예톤은 지도자의 단독결정(leader-only decision)으로부터 집단 단독결정(group-only decision)에 이르는 다섯 가지의 있을 수 있는 결정 스타일을 구별하고 있다. 그리고 집단이 결정을 내려야만 할 것인지 결정을 내리는 데 있어서의 시간상의 요구조건이 존재하는가와 같은 여러 문제들에 대한 개인의 반응에 따라 특정한 스타일을 선택하게 된다. 그리고 사람들은 이러한 문제에 대한 응답을 통해서 '결정의 나뭇가지'를 거슬러 올라가고, 그에 따라 결정문제에 적합한 특정한 의사결정의 스타일을 찾아내게 된다. 이 모형 또한 몇 가지 점에서, 특히 관리자들이 자기보고식 방법을 사용하는 실제 때문에 비판을 받아왔는데, 그 자기보고는 관리자들이 자신들이 하고 있는 것으로 자기 부하들이 관찰한 것과 똑같은 것을 말하는지의 여부를 결정하는 데 있어서 성공적인지 아니면 그 반대인지를 검증하고 있다(Field, 1979).

지도성에 대한 다섯 번째의 관점은 3세대 접근법으로 간주될 수 있다. 이 관점은 지도성을 이해하려는 마지막 노력으로써, 본질적으로 지도성을 심리학적 현상 내지는 소집단 현상으로 다루고 있다. 이러한 부류의 이론에는 귀인이론·강화이론·교환이론·지도성에 관한 복합적 영향모델이 포함된다.

귀인이론(Attribution theory)은 지도성이 무엇인가를 문제시 않고 우리가 어떻게 특정의 사람에게 지도성을 귀인시키게(attribute) 되는가를 문제삼는다. 헌트(1984b, 37)가 말한 대로, "지도성이라는 용어의 의미를 알아내기 위해서 우리는 지도성이란 말이 어떤 방식으로 언제 사용되며, 개인들이 지도성의 성격에 대한 가정을 어떻게 발전시키는지를 연구해야만 한다." 지도성에 대한 이러한 접근은 지도자들의 행동보다는 지도자들과 추종자들이 '지도성'이라고 이름 붙여진 행동이 일어나는 특정한 현실을 창조하는 과정에 보다 많은 관심을 갖는다. 그러나 지도성에 대한 이러한 접근이 상당히 새롭고 흥미로운 것이기는 하지만 그것은 해결되지 않는 악순환을 반복하는 경향이 있다. 지도성과 같은 개념들이 실제로 존재하는지, 아니면 그것들이 유용한 것이지만 허구적인 개념인가에 대한 실재론자(realist)/명목론자(nominalist)간의 토론은 그 본질상 해결될 수 없는 것으로 여겨진다.

강화이론(reinforcement theory)은 지도성을 지도자의 입장에서 행동을 강화하는 것이며, 추종자들에 의한 지도성의 동시적 재강화로 봄으로써 지도성을 행동적으로 고찰한다. 그렇지만 이 모형은 우리가 인지심리학이나 사람들이 학습하는 방법에 대해서 알고 있는 모든 것을 어지럽게 만든다. 보다 흥미로운 교환이론(exchange theory) 모형은 지도성을 지도자와 추종자들 사이에 존재하는 상호교환의 결과라고 설명한다. 지도자는 추종자들에게 심리적, 물질적 보상을 제공하면서 동시에 그들에게 지지와 충성을 요구한다. 다시 말해 지도자가 추종자들에게 집단이 해야 할 과업의 방향과 만족감 및 성취감을 제공하게 되며, 그 대가로 집단은 지도자에게 권력과 통제를 할 수 있는 힘을 부여해 준다. 보상의 상호교환이 있는 한에서 지도성 과정은 무난하게 전개된다. 그러나 성취할 과업을 지도자가 적절히 명료화하지 못하게 되면 그러한 과정은 단절되고 새로운 지도성의 탐색이 시작되게 된다. 그라엔과 캐쉬만(Graen & Cashman, 1975)은 이러한 모형을 다소 수정하였는데, 그들은 그것을 수직적 양자간 이론(the vertical dyad linkage theory)이라고 이름 붙이고 있다. 이 이론은 지도자와 개별적인 추종자 사이의 개인적인 교환관계에 초점을 두고 있기 때문에 '수직적'이란 말과 '두 쌍(양자간)'이란 말을 사용하고 있다. 이 이론은 조직 내에서 수직적 두 쌍이 지위·권력 등과 같은 보상을 지도자가 조직통제를 위해 의존하는 '집단 내부에(in-group)' 차별적으로 배당하는 것을 의미한다.

마지막으로 고찰하게 되는 모형은 헌트(Hunt, 1984a; 1984b)가 말한 지도성의 복합적 영향모형(multiple influence model)이다. 이 모형은 다음과 같은 가정을 취하고 있다.

> 조직 내의 작업단위의 조건(미시적 변인)들은 물론 조직의 환경, 조직의 행정 상황(조직의 크기나 기술) 그리고 조직의 (거시적) 변인 등은 관리자의 역할에 영향을 준다. 이러한 조건들은 우선적으로 관리자의 '지도자로서의 행위'에 영향을 미침으로써 관리자의 역할에 영향을 준다. 둘째로, 그것들은 집단단위의 수행과 직무만족, 조직적 관여, 직무에의 참여, 결근, 사기 등과 같이 만족감과 관련된 결과에 영향을 미치도록 지도자적 행위에 결부된 부수적 상황(contingency)으로 작용한다(Hunt, 1984b, 32).

이 모형은 조직이란 고려해야 할 복합적인 상황을 갖고 있기 때문에 관리자는 그러한 상황에 의해 영향을 받을 뿐만 아니라 그러한 특정한 상황에 대해 복합적인 영향력을 행사할 수 있다고 보는 것이다. 이러한 모형에서 "자율적 (discretionary) 지도성"(Hunt, 1984b, 33)은 관리자가 보상체제를 보다 명료하게 만드는 행동을 하게 된다는 것을 의미한다. 그래서 관리자는 추종자에게 보다 간결하게 사업의 활동과 방향을 제시해 준다. 이러한 접근은 지도성이 작업집단, 특히 거시적인 조직환경 그 이상의 다른 요인들을 고려하기 때문에 앞에서 제시한 바 있는 상황적 접근과는 다르다. 물론 조직과 그 관리에 영향을 주는 더 많은 변인들을 고려하게 됨에 따라 이 이론은 보다 복잡해지고, 주어진 상황 속에서의 특정한 행동에 대한 이해에는 덜 적절하다.

요약하자면, 지도성 이론들이 공격을 받게 된 주된 이유는 각 이론들이 지도성을 제대로 설명하지 못했기 때문이다. 그러한 이론들은 본질적으로 회사를 관리하는 방법에 관한 것이었다. 지도성의 모형들은 실제로 조직적 지배권(organizational supremacy)을 높이기 위하여 설계된 관리적 관습들 (management rituals)에 관심을 갖고 있다. 또한 노동자나 노동자 집단으로 하여금 보다 효과적이고 효율적으로 생산에 임하도록 하는 문제를 일차적 관심사로 생각한다. 그리고 우리가 2세대 또는 3세대 이론이라고 부른 것들은 지도성을 조직 내의 관리와 같은 부류의 것으로 보며, 이로 인해 우리는 조직 외부의 상황에서 나타나는 다른 형태의 지도성을 무시하는 결과를 초래하는 경향이 있다. 그래서 지도성과 관리는 그 의미에 큰 차이가 없어 보이며, 지도성과 관리 중 어느 하나는 나머지 다른 하나에 의해 확인된다. 경로-목적이론, 복합적 영향모델, 교환이론 등이 가장 관심을 갖는 것은 조직 내에서 추종자들이 어떻게 관리자들의 지시에 따르며 또한 그들의 관점에 동의하게 되는가의 문제이다. 관리자들이 사용하는 접근법은 다르지만, 그들은 '관리자가 지도자'라는 관점에 대해서 확신을 갖고 있다.

4. 지도성의 정치적 모형

지도성의 관리적 모형은 지도성을 사업조직이나 군대의 상황에 국한시키지 않는, 보다 정치적인 지도성 이론에 의해서 보면 그 결점이 노출된다. 따라서 우리는 지도성을 특정한 사업의 절실한 요구에만 얽매이지 않는, 보다 추상적인 의미로 보고자 한다. 사실 정치적인 모델은 앞에서 고찰한 이론들에서는 발견되지 않은 관점인데, 이는 지도자들이 추종자들에게 압력을 가하듯이 추종자들 또한 지도자들에게 강한 압력을 가한다는 관점이다. 나아가 이러한 정치적 접근법은 지도성의 가장 역동적인 측면, 즉 정치의 측면을 잘 설명하고 있다. 지도성은 단순히 효과적인 관리만을 의미하지는 않는다. 오히려 지도성은 지도자들과 추종자들 모두에게 만족스런 정치적 과정을 실현하는 것이다.

셀즈닉(Selznick)이 쓴 『행정에서의 지도성』(Leadership in Administration, 1957)은 이러한 분야에 있어서 고전적인 작품이다. 셀즈닉은 지도자는 단순한 관리자가 아니라고 본다. 다시 말해, 지도자란 기관 내에서 '비판적' 결정(관례화된 결정과 대조되는)을 내리는 사람이다. 그리고 비판적 결정은 단순히 원하는 목적에 수단을 연계시키거나 인간관계적 활동의 형태를 통해 조화로운 팀을 만드는 것이 아니라, '목적을 정의'하는 것과 관련된다. 차라리 지도자라는 의미를 제공하는 활동에 참여한다. 즉 "기관의 지도자는……일차적으로 가치를 증진하고 보호하는 전문가이다"(Selznick, 1957, 28). 이러한 측면에서 셀즈닉은 지도성과 관련된 세 가지 명제를 제시하고 있다. ① 지도성은 사회적 상황 속에서 일어난다. ② 지도성은 직위를 점우한다거나 차지하고 결정을 내리는 일과 동일시되지는 않는다. ③ 그래서 지도성은 분배 가능한(dispensable) 것이다.

첫 번째 명제를 통해서 볼 때 지도성이란 사회적 상황 속에서 일어나는 상호작용을 포함한다는 것을 알 수 있다. 그렇지만 셀즈닉은 지도성을 '상황적인' 것으로 고려하지는 않는다. 그는 지도성의 본질이 사회적 상황에 따라 변화하는 것이 아니라고 생각하고 있다(1957, 23). 그런데 30년 정도가 지난 오늘날에도 우리는 또다시 이러한 결론을 내리고 있다. 다음으로 두 번째 명제를 통해서 지도성이 공적인 직위나 권위의 행사와 혼동되어서는 안 된다는 것을 알 수 있다. 불행하게도 우리는 습관적으로 책임을 갖는 사람들을 조직의 지도자라고 생각한다. 그러나 이와 같은 지도성에 대한 협의적 정의는 직위의 권위를 넓은 의미의 지도성이라는 개념과 혼동하는 것이다. 오히려 지도성은 어떤 특정한 조직상황의 외부에서 나타날 수도 있다. 셀즈닉의 세 번째 명제는 지도성이 항상 필요한 것은 아니라는 것을 말해 준다. 사실 조직 내의 많은 사회적 과정은 지도성을 요구하지도 않고 필요로 하지도 않는다. 커어와 제르미어(Kerr & Jermier, 1983)는 지도성의 '대체(substitutes)'라는 그들의 개념 속에서 셀즈닉의 아이디어에 찬성을 표시하고 있다. 예를 들어, 복잡한 직무에 파묻혀 지내는 전문직에 종사하는 사람들은 자신들이 직무의 요구를 내면화시켜 왔다는 사실 때문에 그들을 일깨워 줄 다른 어떤 사람을 필요로 하지 않는다. 셀즈닉의 명제들은 그 이후의 많은 지도성 연구의 기초를 이루고 있다. 사실 지도성 이론에 있어서 현재 강조되고 있는 부분들은 셀즈닉이 초기에 주장한 속성들을 어느 정도 따르고 있다.

참신한 사고를 제공하고 있는 번즈(Burns)는 우리가 갖고 있는 지도성에 대한 개념을 재정립시키기 위하여 많은 노력을 하였다. 그는 지도성을 '특별한 권력형태'로 보면서(1978, 12), 권력(power)을 가치 있는 목적성취를 위하여 자원을 활용하는 능력으로 보았다. 여기서 그는 권력을 기계적인 의미로 해석하지도 않고 강압적인 것으로 여기지도 않는다. 번즈가 말한 대로 "가장 강력한 영향력은 둘 이상의 사람들이 다른 사람과 관계하는 심층적인 인간관계로 구성된다"(1978, 11). 권력은 '지배하는(over)' 권력이 아니라 '봉사하는(to)' 권력이 되어야 할 것이다. 번즈는 지도성을 다음과 같이 정의하고 있다.

사람들에게 가해지는 지도성은 어떤 동기와 목적을 가진 개인들이 다른 사람들과 경쟁하고 갈등하면서 추종자들의 동기를 일깨우고, 인정하고, 만족시켜 주기 위하여 제도적, 정치적, 심리학적 그리고 여타의 자원을 활용하려고 할 경우에 나타난다(Burns, 1978, 18).

이러한 번즈의 정의에서 우리는 지도성과 관련하여 다음과 같은 측면을 알 수 있다. 첫째, 지도성은 대상으로서의 사람(people-as-objects)이 아니라 '사람 그 자체'를 위해서 실천된다. 둘째, 지도성은 목적, 비전, 가능성을 지향한다는 점에서 목적적이다. 셋째, 지도성은 정치적이다. 우리 모두가 가능성에 대한 비전을 갖지만 비전의 성취에 필요한 자원은 한정되어 있기 때문에, 지도성에는 경쟁과 갈등이 포함된다. 마지막으로, 지도성은 추종자 자신의 동기, 아이디어, 필요와 동떨어진 상태로 고립되어 존재하지는 않는다. 지도성은 추종자들의 "필요나 목적을 반드시 고려해야 한다"(1978, 19). 추종자들은 지도자들과 역동적으로 상호작용한다. 그래서 종종 추종자들이 지도자가 되고, 지도자가 추종자가 되기도 한다.

번즈는 두 가지 유형의 지도성, 즉 거래적(transactional) 지도성과 변형적(transformational) 지도성을 제안함으로써 지도성 연구에 중요한 기여를 한다. 거래적 지도성은 정치가가 지지를 얻기 위하여 유권자들에게 향응을 베풀 때 일어나는 '교환'과 같이 가치 있는 상품을 교환하는 것이다. 그래서 거래적 지도자는 지도성이 행사되는 대부분의 사회적 상황―즉, 소집단에서부터 국가적인 정치에 이르기까지―에서 나타난다. 이러한 유형의 지도자는 추종자들의 동기와 필요를 조사한 다음에 지도자의 필요는 물론 추종자의 필요에 적합한 프로그램을 설계한다. 거래적 지도성에 있어서 지도자는 추종자의 동기에 호소하고 여러 가지 방식으로 추종자들을 만족시키려고 노력한다. 그래서 거래적 지도자는 추종자들로 하여금 중요하다고 생각되는 특정한 개인적, 집단적, 국가적 목적에 도달할 수 있도록 해 준다.

그러나 변형적 지도자는 단순히 추종자들의 목적을 충족시키려고 시도하는 것이 아니라 그것을 변형시키려고 노력하거나 더 높은 수준으로 끌어올리려고 시도한다. 사실 지도자는 추종자들로 하여금 추종자 그리고 종종 지도자가 전혀 예상하지 않은 목적을 달성하도록 자극한다. 번즈의 말(1978, 455)을 빌린다면, 변형적 지도자는 "도덕적(moral)이지만 도덕가적(moralistic)인 것은 아니다. 지도자는 보다 높은 수준의 도덕성을 갖고 추종자를 대한다. 그리고 목적과 가치를 중시함으로써 지도자와 추종자 모두가 보다 원리적인(principled) 수준의 판단을 하게 된다. ……이러한 부류의 향상된 지도성의 상당 부분은 추종자들에게 단순히 재화를 약속하기보다는 그들로부터 무엇인가 끌어내기도 한다". 이러한 측면에서, 지도자의 과업은 본질적으로 '광범한 차원에서의 의식의 제고(提高)'라고 할 수 있다(1978, 43). 우리 모두는 책 속에서 정치 속에서 또는 우리의 일상적인 업무에서 이러한 부류의 지도성을 경험해 왔다. 이러한 경험을 통해서, 우리는 새로운 아이디어, 새로운 가치, 새로운 이상을 배운다. 사실 우리는 종종 이러한 종류의 지도성에 의해 압도되고 있으며, 이러한 지도성은 우리가 동일시되기를 원하고 우리 자신의 것으로 만들기를 희망하는 그러한 생소한 이상과 기대를 표현한다.

  턱커(Tucker, 1981)는 번즈의 연구에 대해서 비판을 제기하였는데, 그 비판은 번즈가 본질적으로 지도성과 권력행사(power wielding)를 구분하지 못하고 있다는 점에 대한 것이었다. 번즈는 스탈린이나 히틀러를 지도자가 아니라 권력행사자로 간주하였다. 그러나 턱커는 그들도 다른 사람들에 대해서 지도성을 행사하며 그래서 많은 추종자들을 갖고 있다고 보았다. 또한 턱커는 번즈가 지도자가 무엇을 하며 그들이 지도자로서 어떻게 기능하는가를 고려하지 못했다고 생각하였다. 턱커는 지도성을 정치로 보고 또 정치를 지도성으로 본다. 그의 견해에 의하면 정치는 지역적이든 국가적이든 간에 지역사회를 적극적으로 지도한다. 독재자들도 정치적 공동체의 방향을 지시하기 때문에 지도자가 될 수 있다. 턱커는 지도자들이 해야 하는 일을 다음과 같이 설명한다.

  첫째, 지도성은 진단적인 기능을 한다. 지도자들은 집단을 위해서 상황을 신뢰

할 만하게 정의하도록 하는 기대를 받는다. 둘째, 지도자들은 정의된 상황을 충
족시킬 수 있도록 집단행동이나 집단을 위한 행동의 절차를 규정(처방)해야만 한
다. 셋째, 지도성은 활성화하는(mobilizing) 기능을 한다. ……우리는 이러한
기능을 진단적 기능, 정책형성의 기능, 정책행위의 기능이라고 설명하고자 한다
(Tucker, 1981, 18~19).

턱커는 지도성의 일차적인 구성요소를 정책형성과 개발, 즉 집단을 위한
행동절차의 개발로 보고 있다. 이러한 접근은 번즈의 설명보다 다소 보수적
이다. 다시 말해, 이러한 접근은 지도성의 변형적 성격을 경시하고 나아가서
진단·형성·집행을 엄격하게 구분한다. 종종 이러한 단계들은 일정한 방식
으로 나타나지는 않는다. 즉, 적절한 진단에 앞서 정책형성이 일어나기도 하
며 정책집행이 정책형성을 변화시키기도 한다.

베니스(Bennis, 1983)는 지도성을 또 다른 방식으로 연구하였는데, 그는
지도성에 대한 전통적인 관리적 접근을 흥미롭게 재음미하고 있다. 베니스
(1984, 66)는 그가 연구한 지도자와 집행자들은 미래의 방향과 전망에 관
련된 비전, 비전을 공유하고 다른 사람들로 하여금 봉사하게 하는 능력인 의
사소통과 정리정돈, 비전을 유지하고 성취를 지향하는 활동을 하도록 하는
데 있어서의 지속성·일관성·초점, 개인이 일을 성취할 수 있는 조직의 창
조와 관련된 권력부여, 실수를 통해서 학습하는 조직적인 학습 등에 있어 우
수한 자질을 나타내고 있음을 발견하였다. 이러한 요인들이 조직으로 하여금
베니스가 명명하였던 '변형적 권력(transformative power)'을 발전시키도
록 하였다. 다음에 제시되는 '변형적 권력'의 의미에 대한 베니스의 요약은
지도성 연구에 대한 최근의 동향을 파악하게 해 줄 것이다.

요약하면, 지도성에 관련된 변형적 권력은 정교하게 만들어진 조직구조, 신중
하게 구성된 관리적 설계와 통제, 품위 있게 설명된 기획의 구성, 노련하게 명
료화된 지도성 전략들로부터 생겨나는 것이 아니다. 오히려 변형적 권력은 인
간의 의식을 고양하고, 의미를 형성하며, 권력의 원천이 되는 인간의 의지를 고

무하는 방식으로 타인의 영혼에 접근하는 지도자의 능력이다. 그러므로 변형적 지도성에 있어서 일차적으로 중요한 것은 비전, 목적, 신념 그리고 조직문화의 여러 가지 측면이다(Bennis, 1984, 70).

번즈와 턱커가 개인으로서의 지도자를 중시한 반면 셀즈닉과 베니스는 지도자를 기관이나 조직문화의 상황 속에서 보고 있다. 그렇지만 이들의 생각은 많은 공통적인 특징을 갖는다. 지도성은 집단에 대한 개인의 조작이라기보다는 지도자와 추종자 사이의 상호작용적 과정으로 간주된다. 상호작용적 과정 그 자체는 그것이 가치 있는 자원의 교환과 분배 그리고 적절한 또는 정당한 방식에 대한 정의를 다룬다는 점에서 본질에 있어서 정치적이다. 지도성의 상징적 성격이 강조되는데, 그러한 상징들은 비전과 권력을 제공해 준다.

지도성의 상징적 차원은 정치적 모형을 의미 있는 방식으로 발전시킬 것이다. 문화적 형식은 지도자를 기관 내에서 진(true)과 선(good)의 상징으로 간주할 것이다. 이러한 틀 속에서 지도자는 어느 정도의 거리를 두고서 대면적 상호작용에 참여하지 않고서도 다양한 메시지 체계, 압력의 이완, 적극적인 상상력으로 포장된 자신의 성취에 대한 공적 인정을 통해 조직 구성원들에게 특별한 의미를 전달한다. 지도자가 사용하는 상징적인 과정에는 또한 모험담, 신화, 이야기의 구성과 재구성, 의식의 제정, 의미와 인과관계를 지도성 행위의 탓으로 돌리는 보다 일반적인 영역의 발전이 포함된다. 페퍼(Pfeffer, 1983, 486)가 말한 대로 "지도자들은 사회적 사건들의 개인적 인과관계를 나타내는 상징으로서 기여한다". 이러한 입장의 지도자는 그 자신이 또 다른 무의미한 영역에 의미를 제공할 수 있기 때문에 그와 같은 역할을 차지하게 된다. 대의를 위해 불확실한 운명에도 불구하고 군대를 규합할 수 있는 장군과 같이 그러한 지도자는 필요를 따르는 사람(the necessary)이나 숭고한 정신을 가진 사람(the sacred) 모두에게 비전을 제공한다. 이러한 연구들은 지도성을 관리의 하위체계나 단순히 추종자들로 하여금 과업을 성취하도록 동기유발하는 과정으로 정의하려는 생각보다 상당히 앞선 것이라고 할 수 있다.

5. 지도성의 비판적 모형

정치적인 성향의 지도성 모형은 그 공식화(이론체계)에 있어서 우수하다 할지라도, 이 모형들은 지도성을 사회적 상황 속에서 수행되는 행위라기보다는 개인들에게 내재된 속성으로 보는 오류를 범한다. 이러한 모형들은 또한 지도성을 특정의 사회나 조직의 구조적-정치적, 경제적-측면으로부터 추상화된 임의적인 용어로 본다.

이러한 이론들은 종종 지도성은 권력의 직위에 있는 개인들로부터 발생하며, 지도자는 아이디어나 비전을 갖고 있으며, 그래서 지도자가 전달하는 이상은 추종자들을 몇 가지 방식으로 변화시킨다고 주장한다. 다시 말해 지도성은 개인에게 부속된(attached) 것이다. 번즈에게 있어서도 어느 정도 발견되고 있지만 보다 적절하게 말하면 개인들이 자신의 삶 속에서 수시로 지도자의 행동에 참여한다는 것이다. 그래서 그들은 지도자이지만, 때에 따라서는 추종자가 될 수도 있다. 그러므로 지도자와 추종자는 배타적인 범주에 속하는 것이 아니다. 즉, 지도자가 추종자로 되기도 하고 추종자가 지도자가 되기도 한다. 지도성은 공유된 문화에 기초하며 지위나 권력으로부터 생겨나는 것이 아니다. 그러나 현대 사회의 발전과 계층적인 조직형태의 발달로 인하여 지도성은 직위나 권력과 연합된다. 모든 사람들에게 개방되어 있고 광범한 토대를 갖고 있던 지도성이라는 개념이 이제는 한정된 범위 내에서 적용되고 있다. 우리는 현대 사회에 있어서 지도성이 지역사회나 집단행동 속에서 새로이 나타난 것이라기보다는 특정의 사회적 직위에 보다 긴밀하게 관련된 것으로 보고 있다. 로젠(Rosen)은 이 점에 대해서 다음과 같이 말하고 있다.

사회가 현재와 같이 복잡하게 된 하나의 중요한 계기는 단순한 체제 속에서는 인식할 수도 없었고 언급되지도 않았던 신분, 계급, 관료적 그리고 성적 성층화(性的 成層化) 체제의 발전이었다. 이러한 제도의 발달과 병행하여 지도성

체제의 발전이 아주 명료해진다. 즉, 지도성 체제는 점차 폐쇄적이고, 귀속적이며, 권력중심적으로 되었다(Rosen, 1983, 43).

그러므로 우리는 지도성이라는 개념이 비판적으로 평가될 필요가 있다고 생각한다. 우리는 번즈나 턱커가 제시한 지도성의 개념에 동의할 수도 있지만 그 개념이 어떻게 현존하는 사회체제와 관련지어 확인될 수 있으며, 정치적 접근이 완전히 평가하지 못하는 지도성의 측면이 무엇인가를 고려해야만 한다. 정치적 접근의 지도성이 중심적으로 관심을 갖는 변형적 권력에 관련된 아이디어와 비전은 현대적인 사회적 관계에서 지배적인 한 가지 중요한 차원을 경시한다. 즉, 누구의 비전인가 라는 문제를 소홀히 한다. 아마도 우리는 지도성의 비판적 모형을 개발함으로써 지도성이라는 아이디어를 희생시킬 수 있을 것이다.

지도성의 비판적 틀을 적용하는 것은 어떤 가치가 있는가? 그롭(Grob)은 비판적 정신의 의미를 다음과 같이 논의하고 있다.

> 비판적 정신을 모든 지도성의 토대로 지적함으로써, 내가 말하고자 하는 것은 자신의 삶을 고찰하려는 자발성이 없으면 어떠한 경우든 인간적 노력의 영역에서 지도자로 인정된 사람은 어쩔 수 없이 고착된 교리나 도그마 속에 굳어져 버린 목적으로서의 자신들의 목적과 동일시화된다는 것을 주장하려는 것이었다. 간단히 말해, 이러한 비판적 지성의 토대가 없는 장래의 지도자들은 그들 자신이 고정된 아이디어나 대의(大意)에 봉사하고 있음을 발견할 것이고, 나아가 자신들의 편익을 위해 권력을 사용하는 사람들임을 발견하게 될 것이다. 더 이상 비판적 과정이라는 샘을 그 중심에 두지 않는다면 지도성은 고갈되고 결국에는 정적인(static) 이상을 위한 권력행사로 바뀌게 될 것이다(Grob, 1984, 270).

여기서 이슈가 되는 아이디어는 지도성은 어떤 방식으로든 목적추구와 관련되지만 만일 그 목적 자체에 대한 지속적인 도전과 분석이 따르지 않으면 그러한 목적추구는 단지 정적인(static) 추구에 불과할 것이라는 점이다. 지도성은 비판적 반성과 분석을 요구한다. 다시 말해 지도성은 인간행동을 지도하고 반영하는 방식으로서의 과학은 아니다.

권력 그리고 권력의 결여는 의기양양한(uplifting) 것이 될 수도 있고 무능력의 원인이 될 수도 있다. 어떤 사람이 타인이나 상황에 대해서 권력의식(sense of power)을 가질 때 의기가 앙양하게 되며, 그렇지 못할 경우 무능력하게 되기도 한다. 칸터(Kanter, 1977)의 연구는 권력이 어떻게 해서 조직적인 성공과 지도성에 있어 중요한 요인이 되는가를 입증하고 있다. 그녀의 연구는 회사 내에서의 권력을 분석하고 현대의 관료적 조직이 권력을 어떻게 불평등하게 분배하는가를 보여주고 있다. 권력을 불평등하게 분배함으로써 관료적 조직은 권력감과 무력감(powerlessness)의 중심처가 된다고 본다. 또한 그녀는 남자 관리자를 선호하는 경향성은 바로 권력을 갖고 있는 관리자를 선호하기 때문이라고 주장하였다. 역사적으로 볼 때 조직 내에서 최고의 권력을 가진 사람은 바로 남성이었다. 권위의 토대를 상실하고 있는 무권력(powerless)의 관리자는 규칙을 강조하고 세밀하고 까다로운 감독에 치중한다. 반면에 권력이 있는 관리자는 동료, 부하, 조언자와 권력을 나눠 갖고, 그들을 순종시키기 위하여 엄격하고 확고한 규칙을 사용하기보다는 기업가 정신을 중시한다. 그녀는 다음과 같이 말하고 있다.

> 조직 속에서의 '권력'은……행동의 자율성이나 자유와 동의어이다. 권력을 가진 사람들은 더 많은 모험을 감행할 여지가 있으며, 다른 사람들에게 자신들의 자유를 제공할 수도 있다. 현대 조직의 관료적 장치들은 대개 실제로는 권력을 가진 사람들이 거의 없다는 것을 말해 준다. 권력은 대부분의 사람들이 자신들은 갖고 있지 못하다고 느끼는 희귀한 자원이다. 정치적 이익을 위한 싸움이 상대적인 권력의 정도를 구별해 준다 할지라도 조직은 모든 사람의 행동의 자유에 엄격한 한계를 설정해 놓는다. 권력이 많으면 많을수록 동시에 그들은 무력감을 더 심하게 경험한다(Kanter, 1977, 195).

권력은 지도성의 지배적인 관심사가 되어야 한다. 나름대로 규칙과 계서를 갖고 있는 현대 조직은 자율성과 행동의 자유를 제약하고 비전과 비판적 정신을 속박하는 기술적 성향을 계발하고 있다. 비전과 비판적 정신을 가진 지도자들은 권력을 공유할 수 있다. 비전과 비판적 지성을 소유함으로써 지도자들은 조직 내의 행위자(agent)들의 인간적 잠재력을 이끌어 내게 된다.

지도성은 또한 지도성이 발휘되는 구조에 대한 고찰과 탈신화화(demystification)와 관계된다. 사실 조직과 현대적 사회구조는 우리들에 의해 창조된다. 다시 말해 조직과 사회구조는 역사적으로 결정된 것이 아니다. 우리는 때때로 우리가 갖기를 원하는 조직의 유형을 통제할 수 있지만 종종 이러한 조직유형을 현실화하지는 못한다. 지도성의 한 측면은 다른 사람들에게 특정한 조직상황, 즉 특정한 조직형태는 우리들에 의해 만들어지고 변화될 수 있다는 것을 전달하는 것이다. 버거와 럭만(Berger & Luckmann, 1967, 134)은 이러한 점을 다음과 같이 훌륭하게 설명하고 있다. "추상적인 '무엇(what)?'으로부터 사회학적으로 구체적인 '누가 말하는가(Says who)?'에 이르기까지 역사적으로 유용한 실제에 관한 개념화에 대한 문제를 제기하는 것은 본질적인 문제이다". 탈신화화가 바로 그것이다. 우리가 사물이 존재하는 방식을 당연시하기 때문에, 그것들은 정상적인 변론적인 대화(discourse)와 논리를 초월한다는 의미에서 '신비적'이다. 즉, 그것들은 어떤 종류의 인간행동에 종속되지 않는 본질이 된다. 그렇지만 조직과 다른 인간적인 개념들은 우리 자신이 만든 것이다. 즉, 지도성은 우리에게 우리가 조직이나 인간적 구성개념들을 어떻게 변화시킬 수 있는가를 알려 준다.

이러한 인간고안적 구성개념들을 변화시키는 것은 피나는 노력을 필요로 한다. 광고산업, 정치산업 기타 다른 산업들은 우리에게 그들의 편향적인 비전이 현실세계를 반영하고 있다고 확신시키려고 시도한다. 그리고 우리는 젊게 되고, 책임을 갖고, 똑똑하고 예쁘게 되고, 산업적 용도에 적합한 사람이 되는 것이 중요하다는 메시지를 계속해서 받고 있다. 이러한 메시지는 종종 왜곡된 언어를 사용하며(Ramos, 1981), 그 언어는 우리로 하여금 메시지의 부적절성에도 불구하고 거기에 담겨진 편견을 수용하도록 설득하고 있다. 라모스(Ramos, 1981)는 '인지적 정치학(cognitive politics)'이라는 개념, 왜곡된 언어의 의식적·무의식적 사용, 사람들로 하여금 그러한 왜곡을 행하는 직접적·간접적 행위자를 보상해 주는 현실을 명확히 이해하도록 유도하는 의도 등을 논의하였다. 정부나 기업적 생활에서 이와 같은 사례들이 수없이 발견되고 있다. 에델만(Edelman, 1977)은 언어적 명명(labeling)이 근본적인 문제를 신화화하는 데 어떻게 기여하고 있는가에 대하여 토론한 바 있다. 예를 들어, 미국에 있어서 빈곤은 그 근본적인 원인이 경제에 있다. 그런데 우리는 이 문제를 공개적으로 다루려고 하기보다는 복잡한 일련의 명칭이나 프로그램을 만들게 했으며 그러한 명명이나 프로그램은 빈곤을 경제체제의 문제가 아니라 가난한 사람들의 문제로 보게 했다. 또한 우리는 가난에 관계하고 있는 사회연구기관, 상담기관, '빈곤퇴치운동' 등을 발전시켜 왔는데, 그것들은 우리의 관심을 빈곤의 근본적 원인으로부터 가난한 사람들이 어떻게 '취급될 수 있는가'에 초점을 두도록 바꾸어 놓았다. 에델만(1977, 27)이 말한 대로, "만일 경제제도가 실업, 저임금 노동, 저급노동, 부적합한 산업 수당과 부적합한 건강 프로그램이 없는 상태로 운영된다면 분명히 별 문제가 안 되는 빈곤일 것이다." 학교에서도 우리는 마찬가지 현상을 접하고 있다. 우리의 도움을 가장 필요로 하는 어린이들은 언어적으로 '일탈적'이라는 명칭(꼬리표)을 달고 있으며, 승자가 없는 악순환에 빠져들고 있다. 이것은 왜곡된 언어의 특징이며, 언어적 활동과 그 결과간의 관계는 위장되고 있다.

지도성은 언어적 구조의 탐색과 언어적 왜곡의 폭로와 관계된다. 이러한 의미에서, 우리는 지도성이 비판적 측면에서 교육적이어야 한다고 말할 수 있다. 즉, 지도성은 우리가 살고 있는 조건들에 주의를 기울여야 할 뿐만 아니라 그러한 조건들을 어떻게 변화시킬 것인가를 결정해야만 한다.

사회철학자인 페이(Brain Fay)는 사회과학자의 역할은 교육하는 것이라고 주장하였다(1975; 1977). 그는 자신의 교육적 모형을 제안하면서 인간 행동을 설명하고 예측하는 법칙을 개발할 것을 요구하는 전통적, 실증적 사회과학을 부정하였다. 그리고 그는 그러한 기술적 모형은 행위자가 자신의 삶을 구조화하거나 그러한 구조를 변화시키는 데 있어서 연출하는 역할을 설명하지 못하기 때문에 부족한 점이 있다고 생각하였다. 페이는 다음과 같이 말하고 있다.

> 이러한 교육적 착상에 따르면, 사회과학자가 해야 할 일은 특정한 목적달성을 위해 사회적 조건이 어떻게 조작되어야 하는지를 결정하는 정책과학자들에게 의사인과적(quasi-causal) 법칙에 관한 지식을 제공하는 것이 아니라, 사회적 행위자들을 계몽함으로써 그들 자신과 그들의 사회적 상황을 새로운 방식으로 인식하게 하고 그들이 억압적인 것으로 지각한 조건들을 변경시킬 수 있도록 하는 것이다. 바꾸어 말하면 사회과학자는 자신이 연구하고 있는 상황 속에 있는 행위자들의 '의식을 높이기 위해' 노력한다(Fay, 1975, 103).

페이는 사회과학자들에게 자신의 비평을 제시하면서 그러한 비평이 우리가 갖고 있는 지도성의 개념에도 적용될 수 있는 것이라고 주장하였다. 지도성은 사전에 설정된 목적을 성취하기 위하여 집단을 조작하는 것이 아니라 어떤 목적이 중요하고 어떤 조건이 도움이 되는가를 평가하도록 하기 위하여 개인들에게 권력을 부여하는 것이다. 지도성의 교육적 사용은 추종자들에게 권력을 부여하는 것이다. 여기서 지도자는 진실로 추종자들의 발전과 그들 스스로 지도자가 되고자 하는 추종자들의 잠재적 능력의 실현에 관심을 가져야 한다. 케간과 라헤이(Kegan & Lahey)는 지도성의 이러한 측면을 잘 설명하고 있다.

> 그러나 사람들이 자신들의 현실을 단지 굳게 믿음(confirmed)으로써 성장하는 것은 아니다. 그들은 현실에 도전하고 그러한 도전에 대해서 방어하기보다는 그러한 도전에 의해 지지를 받고 또 그것에 귀를 기울임으로써 성장한다. 우리는 지도성을 권위의 행사로 정의하였다. 그리고 참된 지도자라고 불릴 수 있는 사람은 세계에서 그리고 가족과 일터에서뿐만이 아니라 시민으로서 자신

의 주변에 있는 사람들의 발전을 촉진시키기 위하여 권위를 행사하는 사람이다
(Kegan & Lahey, 1984, 226).

언어적 왜곡을 폭로하고 추종자들에게 권력을 위임하며, 잠재력을 개발하
는 지도성의 비판적 모형은 주로 언어를 그 조건으로 하게 된다. 실제로 폰
디(Pondy, 1978, 95)는 지도성이 '언어게임'이고, 그러한 언어게임을 통하
여 '사물의 의미를 파악'할 수 있고, 그 의미를 잘 전달할 수 있는 행위자가
바로 지도자라고 하였다. 언어를 사용할 경우 지도자는 이중적인 과업, 즉
적극적 과업과 소극적 과업에 직면한다. 적극적 과업은 실제에서 사물의 의
미를 파악하고 그러한 의미를 전달하는 것이다. 행정가에게 있어서, 이것은
교육환경의 의미를 파악하고 그 목적의 의미를 발전시키는 것을 의미한다.
학교교육은 개인의 교육철학에 따라 변화될 수 있다. 그래서 행정가와 교사
의 관여(involvement)를 유도하고 결합시키지 못한다면, 의미파악은 무질
서하고 혼란한 것이 될 것이다. 지도성의 소극적 측면은 학교 내에서 방해가
되는 구조들에 대한 분석과 비판에 관련되어 있다. 예를 들어, 대부분의 학
교들은 계층적으로 배열되어 있으며, 그래서 특정의 구조가 주어진 것으로
취급된다. 계층적 배열은 연례평가, 공간의 배치, 시간의 배당과 같은 절차
에 의해서 강화된다. 지도자는 계층이 어떻게 왜곡되지 않는 의사소통을 방
해하며, '더 좋은 아이디어들'이 어떻게 공식적인 제약조건 때문에 차단되고,
(단순한 권력양도가 아닌 지도성에 필수적인) 민주적 참여가 어떻게 관료제
때문에 제약을 받게 되는가를 알려 준다. 그리고 지도성의 목적은 모든 주장
들이 그 반응자들의 계급이나 지위에 관계없이 고려될 수 있는 합리적 대화
(discourse)의 기준에 도달하도록 하는 것이다.

이것은 직위점유자(직위−권력)로서의 지도자와 피지도자 사이의 전통적
인 계층적 서열을 불식시킨다. 이것은 '교장' 또는 '장학관'으로 명명되는 계
층적 서열은 지도성과 아무런 관련이 없다는 것을 시사해 준다. 종종 직위점
유자는 단순히 조직목적들이 어느 정도 계획에 따라 성취될 수 있도록 보장

해 주는 조직관리자이지 이것이 지도성은 아니다. 앞에서 정의한 대로 지도성은 어느 곳에서도 발생할 수 있다. 지도성은 직무나 사람에게서 나타나는 성질의 것이 아니다. 오히려 그것은 서로에게 영향을 주는 개인들간의 상황이나 아이디어로부터 나온다. 그럼으로, 교장은 경우에 따라서 지도자가 되기도 하고 경우에 따라서는 추종자가 되어야 할 것이다. 마찬가지로 교사도 지도자가 될 수 있고 교장도 추종자가 될 수 있는 것이다. 지도성은 시간과 공간의 제약을 받는 행동이다. 즉, 그것은 타인들로 하여금 일할 수 있게 해주고, 나아가 그들이 능력자(enabler)가 되도록 도와주는 행동이다.

핵심적으로 말해, 지도성-사회적 사태 속에서 민주적, 합리적 참여의 추구-은 정치적이다. 지도성은 사람들을 교육하는 정치적 행동이다. 그러나 그것은 구조를 탈신화화하고 '전형적인' 조건들을 통찰하는 정치적 행동이다. 나아가 지도성은 의사결정에의 참여를 주장하는 정치적 행동이다. 지도성에는 지식과 행동, 즉 조직에 대한 지식과 왜곡되지 않은 의사소통을 위한 행동의 신중한 상호작용을 포함한다. 이러한 측면에서 우리 모두는 지도성을 행사할 수 있다.

자레즈닉(Zaleznik)은 지도성을 설명하면서 지도자들이 자신들의 활동 속에서 어떻게 해서 주어진 상황을 있는 그대로 수용하지 않게 되는가를 다음과 같이 논증하고 있다.

지도자들은 이중적 인성을 갖고 있는 경향이 있다. 즉, 그들은 자신들이 다른 사람들을 포함하는 자신의 환경과 분리되어 있다고 느낀다. 그들은 조직 속에서 일할 수 있지만 결코 조직에 소속되지는 않는다고 느낀다. '자신이 누구인가'에 대한 생각이 구성원 의식, 직무적 역할 그리고 정체성에 관한 여러 사회적 지표에 의존하지는 않는다. 어떤 개인들이 어째서 변화를 위한 기회를 추구하는가의 이유를 설명하는 몇 가지 이론적 기초들은 분리성(separateness)에 대한 이러한 아이디어로부터 나오는 것처럼 보일 것이다. 변화를 가져오는 방법들은 기술적이고 정치적이고 또는 이념적일 수 있지만 그 목적은 동일한 것이다. 즉, 그 목적은 인간적, 경제적, 정치적 관계성을 심오하게 변경시키는 것이다(Zaleznik, 1977, 133).

이것이 지도성의 핵심인 인간적 조건을 변화시키려는 연구와 시도이다. 지도성의 핵심은 추종자들에게 권력을 부여하기 위해 시도하는 정치적인 행동이며 용기 있는 행동이기도 하다. 우리가 설명하려고 시도한 바와 같이 지도성은 관리체제 내부에 존재하는 것도 아니고 관리망이나 공식적 체계 속에 존재하는 것도 아니다. 지도성은 조건을 인식하고 변화를 인식하는 것이다. 권력부여와 변형이란 두 가지 관심은 비판이론의 기저가 되는 (비판적) 정신과 같은 동일한 목적에 초점을 둔다. 우리로 하여금 이념의 포로가 되지 않도록 하고, 비전을 제공해 주는 권력부여는 구성원들 사이에 그릇된 차별을 설정하는 계층적 구조를 수정함으로써 권력을 공유하게 한다. 즉, 권력부여는 제약받지 않는 논의를 할 수 있게 해 준다. 그리고 변형은 현재의 성취를 능가하도록 하는 가능성을 우리에게 보여주는 메시지와 상징을 전달해 준다. 즉 그것은 비전, 그 중에서도 정의롭고 평등한 사회질서에 대한 비전을 제공해 준다. 따라서 지도성은 변형과 권력부여의 과정이라고 할 수 있다.

제9장
프락시스: 이론을 통한 행정수행

1. 서 언

이 책에서 우리는 행정행위의 한계를 재정의하려고 시도하였다. 우리는 의식적으로 행정이란 사회정의와 개인의 자유를 지향하는 비판적 모형을 중시해야 한다고 주장하였다. 이러한 입장이 반드시 '옳은' 것만은 아니다. 그러나 이러한 입장은 우리의 모든 생활방식과 가장 중요한 사회제도인 교육의 목적을 결정해 준다. 현재 통용되고 있는 많은 행정이론들은 통제에 관한 모형들이다. 따라서 그러한 행정은 행정을 가치 있는 학문으로 만들 수 있는 문제를 제기할 능력이 없다. 통제모형으로서의 행정이론 속에 내포된 가정들은 개개의 사람들이 기관은 어떻게 통치되어야 하는가에 관하여 합리적인 합의의 형성에 기여할 수 있는 능력을 가지고 있다고 생각하는 민주사회의 주요 전제와 일치하지 않는다. 문제가 되는 것은 통제 그 자체가 아니라 그러한 통제가 어디서 생겨나느냐 하는 것이다. 민주적 합의에 의한 통제는 물리적 강압, 기술적 우월성, 과학적 지식에 의한 통제와는 다르다. 이러한 노력을 통해서 우리는 학교행정에 관한 이론들을 고찰하는 다양한 방법들에 주의를 기울였다. 행정이론을 고찰하는 방법들을 간략하게 고찰한 다음, 행정이 학교교육 속에서 비판적 차이를 만들 수 있는 몇 가지 방법들을 고찰하고자 한다.

2. 행정의 과학적 연구

행정연구는 인간행동에 관한 '참된' 과학은 발견될 수 있다는 개념에 토대를 둔 과학적·관리적 관점들에 의해 상당한 영향을 받아 왔다. 테일러리즘으로부터 오늘날에도 중시되고 있는 여러 가지 접근법에 이르기까지 그것들의 내용은 거의 "만일 우리가 많은 노력을 통하여 연구하게 되면 결국에는 행정행동에 관한 타당한 법칙을 만들어 낼 수 있다"는 것이었다. 테일러의 과학적 관리에 대한 비전은 단지 역사적으로만 영향력이 있는 것은 아니었다. 조직을 관리하는 방법에 대한 그의 개념은 과거에도 그랬듯이 오늘날에도 많은 시사점을 주고 있다. 테일러리즘과 그것이 정보수집이나 관리기법에 두고 있는 초점은 부정확한 점이 있기는 하지만, 조직을 지배자와 피지배자로 나누어 보게 하는 하나의 관점 또는 인식의 방법을 제공해 준다.

과학적 관리의 강조점은 금세기에 들어 훨씬 더 세련되게 다듬어졌다. 그리고 그러한 운동은 조직연구와 교육행정의 이론화 운동에서 정점에 달한 행정연구의 다양한 기능주의적 접근을 유도하였다.

기능주의자들의 사고 중 몇 가지 요소들은 오늘날의 행정이론에서도 타당하기는 하지만 그러한 사고들에 대해 비판적 맥락을 적용하는 것이 필요하다. 기능주의자들의 틀을 통해 이루어진 학교교육에 대한 많은 연구들도 아주 독창적이고 쓸모가 있는 것이지만 그것들 또한 비판적 맥락을 필요로 한다. 그리고 이러한 맥락은 비판적 사회이론에 토대를 둘 것을 요구하며 문화의 생산·재생산에 대한 분석, 지도성과 변화에의 지향성 등을 필요로 한다. 비판적 행정은 그러한 대의(大意)에 도달하고 해방을 가져오는 기관의 구성에 대한 비전 있는 접근을 적용하기 위해서 교사와 학생들을 통해(더불어) 행정을 수행한다. 비판적 행정은 여러 가지 측면에서 정치적 행위와 관계가 있다. 코넬(Connell)과 그의 동료들은 이 점을 다음과 같이 지적하고 있다.

교육은 비록 여러 가지 다른 관심사들에 항상 집착할 위험이 있다고 할지라도 인간해방이라는 아이디어와 떼어 놓고 생각될 수 없다. 계급착취, 성적·인종적 억압, 만성적인 전쟁과 환경파괴의 위험으로 어려움에 빠져 있는 사회에서 교육만이 사람들로 하여금 그들 자신의 해방에 참여하게 할 수 있다. 학교가 할 일은 선전(propaganda)이 아니다. 오히려 학교가 할 일은 사람들로 하여금 위험스럽고 무질서한 세계를 개조하는 데 필요한 지식과 기술과 개념을 제공해 주는 것이다. 가장 기본적인 의미에서 교육의 과정과 해방의 과정은 동일하다. 이들의 과정은 인류의 집합적 예지와 자기통제라는 고통스런 성장의 측면들이다(Connell et al., 1982, 208).

행정가, 교사, 행정과 학교교육을 공부하는 학생들은 주어진 사회적 세계를 재생산하는 것이 아니라 오히려 그러한 세계에 의해 설정된 한계점을 제거하기 위해 노력해야 한다. 이러한 과업을 성취하기 위해서 이론은 실제적이어야 하며, 세계를 다루는 우리의 방법에 지식을 제공해야 하며, 우리가 처한 조건을 구조화하는 우리의 방법에 영향을 주어야만 한다. 행정가나 행정을 공부하는 학생들은 다른 사람과 함께 일하는 데 있어서 이론을 사용함으로써 타인과 관련된 자신들의 행동을 통해 이론을 이용할 수 있다. 그리고 이 말은 비판적 행정의 목적과 토대를 반영하고, 그럼으로써 지도성과 변화의 모형을 활용해야 한다는 것을 의미한다.

3. 교사와 관련된 행정수행

교수기예론(craft of teaching)은, 수업지식을 교사가 갖고 있는 자원과 분리시키고자 하는 경향성을 증대시키는 수업의 테일러화에 대해 회의적이었다. 교직에서 이러한 탈숙련화(deskilling)는 국지적 조건들의 태피스트리(tapestry)와 전혀 관련성을 갖지 않는 표준화된 교육과정의 개발, 교사의 전문적 지식을 경시하는 규정된 자격이나 교사의 자율성을 축소시키는 행동 지향적 목표, 그리고 전문직을 다소 과학화하기 위하여 설계된 수많은 다른 장치 등을 통해 나타나고 있다.

신중하게 교육적 역할을 수행하는 비판적 행정은 전문적 교사들에게 과업의 본질에 관하여 교육시키고 그들 스스로 교사들에게 권력을 부여함으로써 전문적 교사들로 하여금 탈숙련의 경향성으로부터 벗어날 수 있도록 도와줄 것이다. 권력부여(empowerment)는 여러 가지 방식으로 이루어진다. 한 가지 방법은 반성적인 임상장학을 실시함으로써 학교 내에서 비판적 탐구과정을 제도화할 수 있을 것이다. 임상장학을 통해서 교직원들은 비판적·반성적 능력을 발전시킬 수 있다. 스미스(Smyth, 1984, 426)가 말한 대로 "협동적 행위형태로서의 임상장학은 교사들로 하여금 자신들의 교수(teaching), 교수의 사회적 선행조건, 그리고 가능한 결과들에 대한 분석과 이론화의 반성적(reflexive) 과정에 적극적으로 참여하는 것이 무엇을 의미하는가에 관하여 보다 확고하게 개념화시킨 것이다."

많은 임상장학 모형들이 사회적으로나 정치적으로 다듬어지지 않았다고 할지라도, 이러한 모형들은 최소한 교사와 행정가들간에 반성적 대화를 위한 수단이 될 수 있다. 여기서 적용되고 있는 장학이란 통제가 아니라 비판적 대화(dialogue)라는 중요한 계약을 전제로 한다. 이러한 의미에서 볼 때 행정가들 자신도 장학을 받아야만 한다. 그러나 불행스럽게도 인본주의적으로 지향된 행정가들은 임상장학을 그것의 실행을 통해 수업개선을 가져오게 되는 단지 일단의 기법들이라고만 생각해 왔다. 그래서 그들은 딜레마를 해결하기 위해 설계된 행위 속에서 교사-행정가의 협력을 강조하려는 몇 가지 급진적 시사점들에 거의 주의를 기울이지 않았다. 그러나 임상장학의 기법이 설사 필요하다고 할지라도 그러한 기법들은 이차적인 초점에 불과한 것이다. 임상장학의 단계나 절차들은 일차적 관심사가 될 수 없으며, 이해하고 변화시키려는 노력만이 일차적 관심사가 된다.

'감독하다'라는 의미를 담고 있는 장학이라는 용어는 대개 특정한 역할을 수행하고 있는 사람이라기보다는 더 많은 권력을 가진 어떤 사람에 의하여 세밀하게 수업상황이 통제되는 경우에 사용되는 것 같다. 임상장학이란 장학자들을 부담스런 사람으로 보기보다는 협력자나 건설적 비판가가 되도록 함으로써 직무상황에서 생기는 권력의 편차를 교정하도록 하기 위한 것이다. 칸터(Kanter, 1977)의 연구는 이러한 임상장학적 방법이 갖고 있는 예지를 보여준다. 그녀는 "장학자들이 더 많은 권력을 가질수록 그들은 더 많은 권력을 다른 사람과 공유하고자 할 것이다"라고 결론을 내린 바 있다. 세밀한 장학은 흔히 "실질적인 보스는 누구인가"라는 물음에 대한 설명을 통해 그 자체를 표현하는 사적인 권력의 불확실성 때문에 생겨난 것이다. 그러나 권력공유의 원리에 기초한 장학은 단순히 조직을 운영하기 위한 보다 효과적인 하나의 방법이다. 장학, 행정 그리고 다른 조직적 역할들은 비판적 접근에 토대를 둔 아이디어의 개발과 이를 사용함으로써 보다 효과적일 수가 있다.

비판적 교육행정은 교사들과 행정가들을 그들을 사회적으로 가두어 놓는 선입견들로부터 해방시키고자 노력한다. 사실 이것은 바로 교육 그 자체의 개념과 동일하다. 버락(Berlak)은 학교행정가의 역할을 다음과 같이 설명한다.

> 학교행정가들은 자신들의 일차적 역할을 교육자로 본다. 그래서 그들은 대개 당연시되고 있는 지역사회와 교사의 편향(된 생각)에 대해 문제를 제기하고 그에 대한 대안을 탐색하는 데 도움을 준다. 달리 말해서 그들은 비판적 탐구를 격려한다. 이러한 관점을 취하는 학교행정가(학교의 장)들은 그들 자신을 교사들과 동등한 사람들 중의 하나로 여기며, 교사로서의 자신들의 경험으로부터 흘러나오는 자신들의 특별한 지도성의 책임, 비판적 탐구를 주도하거나 지속시키는 자신들의 (가정된) 능력 그리고 학교에 내재적인 교육프로그램의 조정과 일관성을 보장하기 위한 일반시민으로부터의 권한의 위임을 이해한다(A. & H. Berlak, 1982, 248).

이러한 방식으로 자신들의 책임을 인식하는 행정가들은 직원들과의 허심탄회한 대화(dialetics)에 참여한다. 그래서 수업에 내재된 딜레마들과 학교운영에 내재되어 있는 딜레마들을 서로 분리하여 기술한다. 현재의 방식이든 새로운 대안들이든 간에 모든 해결유형이 논의된다. 역사적 결정이나 전기 (傳記)가 중시된다. 새로운 수준의 도전이 갖는 딜레마와 이의 해결에 이를 수 있는 행위로서의 실천적 행위가 제시되고 수용된다. 이러한 일은 행정가들의 혁명적인 역할이다. 이 모형은 행정가들로 하여금 사회과학의 도그마를 적용하게 하기—가령 노동자들을 로봇으로 여겨 생산성을 극대화하는 지도성 '스타일'을 책택하는 것—보다는 함께 일하고 있는 사람들과 더불어 상황을 조용히 변형시키도록 도와준다. 이것은 권위적인 역할을 단념하고 지도성과 이것이 갖는 시사점을 진지하게 고려함으로써 성취될 수 있다. 지도자로서의 행정가는 모든 일을 이러한 상황 속에서 파악해야 한다. 그렇게 함으로써, 협력자들의 목적과 비전을 변형시킨다. 행정가들은 직원들을 관료적으로 다루는 조직을 창조하려는 지속적인 투쟁 속에서 중요한 문제에 직면하게 된다. 그렇지만 조직의 지도성은 의미 있는 체제를 창조함으로써 직원들의 태도를 변형시키고, 이를 통해서 문제를 변형시킬 수 있다.

4. 학생들과 관련된 행정수행

행정에 대한 비판적 접근은 사회에서 규정하고 있는 학교교육의 성격을 파악해야만 한다. 우리가 실천하고 있는 바로서의 형식적 교육은 지식체계의 명료화 그 이상의 것이다. 형식적 교육은 또한 우리가 종종 의식하지 못하는 사적 또는 사회적 의미를 만들어 낸다. 학교교육은 그것이 인간을 자유스럽게 하는 반면 속박하기도 한다. 다시 말해 학교교육은 사회와 문화를 생산하고 재생산하는 반면 해방과 저항의 수단이 되기도 한다. 또한 학교교육은 현재의 도덕적 질서의 정당성을 제공함으로써 헤게모니의 재창조에 도움을 준다.

변화와 모든 사람들을 위한 실제적 기회의 창조에 관심을 갖는 행정가들은 자신들이 소속하고 있는 학교를 비판적 이론이 요구하는 비판적, 경험적, 해석학적 차원을 수행하는 기회(체제)로서의 학교에 주의를 기울일 수 있다.

학교의 일상적 규칙성(regularities)에 대한 경험적 연구가 요구된다. 낙제율, 학급편성유형, 훈육유형, 수업과 교육과정의 내용, 사회체제의 본질들이 자세하게 검토되어야 하며, 나아가 그것들이 가지는 의미가 파악되어야 한다. 특정한 유형이 다양한 참여자, 즉 학생·교사·학부모, 기타 다른 사람들에 대해서 어떤 의미를 갖는가? 비판적인 견지에서 그러한 유형은 주어진 사회구조의 재생산에 어떻게 기여하는가? 이러한 접근은 기계적인 문제도 아니고 쉬운 문제도 아니다. 그러나 이러한 접근은 학교사회의 민감성(sensibility)을 일깨워 줄 것이다.

그렇지만 그러한 정보는 학생들을 통한 프락시스를 전개시키는 단지 하나의 출발점에 불과하다. 다음 단계로써 우리는 정치적 행동의 한계와 가능성을 발전시키기 위하여 학생들의 의식을 탐구해야 한다. 그리고 이를 위해서 우리는 지역사회를 이해하고 환경 그 자체가 학생들의 무력감을 어떻게 영속화시키는가를 알아야 한다. 항상 그런 것은 아니지만 지역사회에서 학교는 지배를 받거나 핍박 받는 개인이나 집단에게 피난처가 되기도 한다.

교육자로서의 행정가는 그것이 사회적 안정과 관계되든 아니면 사회적 억압과 관계되든 간에, 학생들의 상황을 둘러싼 역사적 환경을 학생들과 함께 탐구하려고 시도한다. 모든 집단은 사회가 그 특징으로 갖고 있는 구체적인 관계를 해결해 가면서 접하는 딜레마와 모순점들을 알고, 또한 인종과 성(性)을 포함한 각각의 집단이 갖는 고유한 특징이 전체 집단에 대해서 상이한 사회적 반응과 기회를 나타낸다는 것을 알 필요가 있다.

이러한 과정은 주로 학생들이 역사적인 지식을 갖고 사회학적으로 인식을 하도록 하는 방법을 통해서 학교와 학생들을 정치화한다(politicize). 이러한 교육이론은 민주주의라는 미덕과 억압이라는 악덕은 실제적 분석을 통해서 가장 잘 분석될 수 있다고 믿었던 듀이에게로 소급하여 올라간다. 이러한 과정은 종종 학생·교사·행정가들에게는 갈등과 위협을 의미한다. 다시 말해, 사회가 특정 집단에 부과하는 한계를 인식하게 되면서, 그러한 한계를 없애고자 하는 방침은 보다 더 강조되고 기존의 권력구조는 보다 더 제한적인 성격을 갖게 된다. 그리고 지도성은 위험과 갈등을 수용하고, 그럼으로써 창조적 에너지를 유용한 사회적 형태로 바꾸어 준다.

역사적으로 정치지도자들은 번번이 우리로 하여금 더 좋은 환경을 위하여 희생할 것을 요구하여 왔고, 우리가 소중히 여기는 몇 가지 이상들을 충족시키고 보호하기 위한 갈등에 참여하기를 요구하였다. 학교행정가에 대해 서술하고 있는 책들은 지도성의 이러한 측면에 대한 논의를 도외시하였다. 다시 말해 행정가들은 단순히 관료(bureaucrat)로 기술되고 있다. 그러나 많은 행정가들은 정말로 희생을 요구하고, 변형을 시키며, 권력을 부여하려고 한다. 그들은 위험을 감수하고 갈등을 다룬다. 행정은 이러한 유형의 행정가들에 대한 더 많은 이야기를 필요로 한다. 그리고 그러한 행정가들은 우리에게 전문직으로서 비판적 성격의 문제를 제기하기 위해 우리가 필요로 하는 신뢰감을 제공해 줄 것이며, 그 위험에도 불구하고 비판적 성격을 통해 교육조직은 보다 적합한 것으로 만들어질 것이다.

5. 지역사회와 관련된 행정수행

학교교육이 지역적인 기능을 한다는 것은 오랫동안의 신비적인 전통이다. 그러나 지역의 교육위원회와 행정가들은 대개 지역의 요구보다는 주나 연방의 요구에 보다 민감하게 반응한다. 지역사회의 문제를 다루는 것은 비판적 사회이론을 보상적이고 극적으로 적용하는 것이라고 할 수 있으며, 비판이론의 교육적 잠재력을 설명해 주는 예가 될 지역협의회, 사친회, 교사단체, 자문회를 통해서 참여하고 있는 학부모들은 충실한 통찰력과 변화에 관련된 자료를 제공해 준다. 그러나 종종 이러한 자료들이 무시되며, 그 결과 가정과 학교를 분리시킨다. 비판적 행정은 지역사회의 가치를 구현하는 동시에 변형시키는 역할을 수행할 수 있다. 학교는 그 안에 많은 지역사회를 포함하고 있다. 그리고 각각의 지역사회는 사회변화를 위한 실천에 필요한 기회(정

보)를 제공해 준다. 학교는 보다 넓은 사회의 모순을 축소된 형태로 해결해
내는 터전으로 작용할 수 있다. 반면, 학교는 노동계급과 지배계급간의 구분
을 고착화하며, 성적인 역할분화에 기여하고, 나아가 교육과정의 어떤 부분
들(직업적 준비 대 학문적 준비)을 비지성적인 것으로 만든다—지역사회는
이러한 문제들을 다루어야 한다. 그러한 관심사는 지역사회의 의식을 제고시
켜주며, 개개 학생들에게 가해지던 중도탈락의 책임을 학생—학교 관계의 상
황으로 이행시킨다. 실제로 비판적 행정이론의 토대는 합의의 개발과 권력관
계성의 공유에 있다. 이것은 확실히 학교조직의 구조 내에 지역사회를 포함
시켜야 한다는 것을 의미한다. 종종 학교문제는 지역사회만의 문제로 생각되
기도 한다. 다시 말해 학교의 실패는 학교구조와는 전혀 관련이 없고 지역사
회의 어떤 특징에 의한 것으로 여겨진다. 학교체제의 문제는 지역사회 내의
전체 학교의 문제로 다루어지기보다는 다른 영역의 문제로 생각된다. 예를
들어, 학교에서의 규율문제는 학교문제 그 자체도 아니며 단순히 혼란한 지
역사회 속에 있는 ‘불량아’의 문제만도 아니다. 사실 이것은 교육기관이라는
구체적이고 안전한 세계 내에서 아주 광범위한 영역의 인간적 이슈들을 해결
하려고 시도하는 가운데 파생되는 학교의 문제인 동시에 지역사회의 문제다.
　비판적 행정이론은 행정가들에게 생산적이고 참여적인 노력을 통해서 지
역사회의 문제를 다루는 방법을 제공해 준다. 또한 비판이론은 현재 행정실
제의 많은 부분을 지역사회(의 투입)와는 무관하게 만드는 지역사회와 학교
와의 갭을 연결시켜 주려고 시도한다. 이러한 사실은 행정가와 교사가 좋은
의도를 갖는 그 이상의 것, 즉 조직을 재구조화할 것을 요구한다.

6. 문화와 관련된 행정수행

　학생, 직원, 지역사회와 관련된 문제를 다룬다는 것은 문화의 문제를 다룬
다는 의미이다. 예를 들어, 버링갬(Burlingame, 1984, 298)은 “문화적 관

점은 사회 내 대부분의 사람들로 하여금 학교를 중요한 종족의 이야기를 가르치는 강력한 대행자로 보게 할 것이다"라고 하였다. 이러한 전망에서 볼 때, 학교는 성취의 신화를 말해 주는 여러 가지 이야기들을 전달하는 장소이다. 그렇지만 이러한 이야기들은 때때로 갈등을 일으키고 어느 정도는 말하는 사람의 기교에 따라 달라진다. 그래서 학교문화는 '경쟁적 이야기들의 작품집'으로 생각될 수 있으며(Burlingame, 1984, 305), 그래서 행정가는 화자(話者)이면서 동시에 청취자가 되는 이중적 역할을 하게 된다. 그러한 이야기들이 과거를 재창조할 뿐만 아니라 미래를 열어 주기 때문에, 이러한 역할은 직원, 학생, 지역사회에 대하여 비판적인 성격을 갖는다. 그렇지만 그러한 이야기를 말하는 일은 학교문화와 정책에 대한 비판적 분석에 기초하는 관점이 필요하다. 흔히 학교문화라는 개념은 단지 소수의 사람들에게 이익을 주는 특정한 이념을 수용하도록 다른 사람들을 설득하기 위해 확립된 지배적 관점을 의미한다. 이러한 관점은 문화를 가치나 규범을 표현하는 실체성(substantiality)으로 보기보다는 우리를 위한 도구로써의 수단성(instrumentality)으로 한정시킨다. 문화를 다루는 것은 몇 가지 방식으로 정립된 '주어진' 가치와 규범을 다루는 것이다. 우리가 갖고 있는 규범과 가치는 언어의 보편적 속성, 특히 진리·자유·정의에 토대를 둘 수도 있지만, 종종 그것들은 차별(대우)하고 억압하는 방법으로 사용되기도 한다. 진리라는 이름으로 장려되고 있는 아이디어들이 잘못된 결과를 가져올 수도 있다. 학교문화는 사물을 고찰하는 한 가지 특정의 방법이 여타의 다른 관점을 정당하게 표현하는 것을 억제하지 못하도록 하기 위해 빈번하게 변증법적 분석을 다루어야 한다.

학교문화는 공통적인 관습·신화·의식 등에 토대를 두고 있지만, 문화는 이러한 보다 표면적인 측면을 초월해서 표면적 요소를 통해 표현되는 것으로서의 공통적 가치를 통해서 공유된다. 그러면 이러한 가치는 무엇을 획득하고자 시도해야만 하는가? 기본가치들, 즉 진리·정의·민주주의·자유 등은 우리가 일상적으로 사용하는 표현과 관련이 있으나 그러한 요소들이 우리의 조직에서는 종종 무시되고 있다. 문화 속에서 이러한 가치들은 단순히

주어지는 것이 아니라, 투쟁, 갈등, 모험을 통해서 계속적으로 성취되는 것
이다. 그러한 가치를 자극하는 학교문화는 투쟁, 갈등, 모험도 자극한다.

7. 조직과 관련된 행정수행

미국의 기업이 조직의 민주화와 노동자의 참여에 점점 더 많은 관심을 보
이고 있을 때 학교교육의 조직은 1800년대 이래로 본질적으로 변화하지 않
고 그대로 있었다. 현재의 사회는 반드시 학교를 조직하는 자체의 방법을 재
고하여야 한다. 오늘날의 학교조직은 초기의 기업조직의 구조와 유사하게 되
어 있다. 그러나 학교의 목적은 기업의 목적과는 근본적으로 다르다.

화이트와 브라시(Whyte & Blasi, 1982, 137)는 우리 사회에서 조직화
하는 데 필요한 가능한 세 가지 모형, 즉 ① 권위적 모형, ② 협상적 모형,
③ 공동체적 민주주의 모형을 구분하였다. 권위적 모형(authoritarian
model)은 우리가 지금까지 테일러리즘이나 관료적 구조라 여겨 온 부류의
조직구조를 반영한다. 이 모형은 행정에 의한 상의하달식 접근을 의미하는
데, 이 모형에서 노동자는 의사결정능력이 전혀 없는 존재로 인정된다. 노동
자는 작업에 대한 통제를 할 수 없다. 다시 말해 그들은 단지 관리의 명세표
에 따라 일할 뿐이다. 두 번째 모형인 협상적 모형(bargaining model)에
서 볼 때 노동자들은 권위적 모형의 억압에 대항하면서 자신들의 이익을 보
장하기 위해 노동자 단체를 만든다. 조합결성 그리고 노동자와 관리자간의
내재적 갈등은 기본적으로 교육구 내에서 발견되는 조직의 현실을 반영하는
협상적 모형의 특징이기도 하다. 단체교섭의 협약들은 학교인사들의 사적,
대인적 관계성을 구조화한다. 따라서 문서화된 협약은 조직의 경영 행위를
결정하며, 종종은 방어적인 분위기가 우세하게 된다. 이러한 협상적 모형이
권위적인 모형에 비해 진보적인 것이라고 할지라도 그것은 조직의 침체를
초래하게 된다. 노동조합은 이기적인 것으로 점차 자체의 존재를 정당화하기

위한 이득의 추구만을 목적으로 하게 될 것이다. 그래서 행정은 저항을 받고 권위의 상실이란 아픔을 맞게 될 것이며 지나친 요구를 감당해야 할 것이다.

이러한 두 가지 모형은 특히 교육분야에서 사람들로 하여금 상대방에 대해서 반대를 일삼는 조직 체제를 만들고, 나아가 권력을 가진 사람과 그것을 쟁취하려는 두 가지 부류의 사람들을 만들어 낼 것이다. 그래서 통제를 위한 통제가 일차적인 문제가 되고 조직의 교육적 성격은 이차적인 문제가 된다. 역사적으로 그랬던 것처럼 교수는 행정과 같은 외적인 힘의 요구에 따라 수행되는 기술이 된다. 그리고 행정은 교사들의 역할을 표준화하기 위해 설계된 기술로 여겨진다. 이러한 자기패배적 행동은 교수와 행정을 교육적 목적으로부터 분리시켜 버린다. 그리고 결국에 교수와 행정은 무대위의 배우와 같이 미리 마련된 대본에 따라 역할을 연출하는 것으로 끝난다. 그러므로 이같이 구속적인 상황으로부터 벗어나는 것은 새로운 형태의 조직을 필요로 한다.

세 번째로 제안된 모형은 공동체적 민주주의 모형(community democracy model)이다. 기업 속에서 이러한 모형은 종종 노동자의 주인의식을 강조하는 데, 여기서 노동자 협의회와 노동자 자신들은 관리적 결정을 하는 데 있어 투입과 통제권을 갖는다. 그러나 이것은 모든 사람들이 회사를 운영한다는 의미에서의 공동관리(joint management)가 아니라, 그보다는 위임관리(delegated management)를 말한다. 이. 모형은 모든 사람들이 다른 사람들과 동등하게 능력이 있고 동기유발되어 있는 것이 아니기 때문에, 결정이 이루어져야만 하고 권위가 행사되어야 한다는 것을 인정한다. 그렇지만 회사가 앞으로 성장하기 위한 정책지시와 수단이란 의미에서 모든 사람들은 어느 정도의 발언권을 갖는다. 예를 들어, 노동자 협의회에서 선출된 대의원들은 관리적 지침을 통제하고 감독하는 이사회에 참여할 수 있을 것이다.

이러한 모형을 교육분야에 적용시켜 보기로 한다. 교사들을 의사결정에 투입시키고(참여하고) 수업뿐만이 아니라 조직에 대해서도 통제를 하도록 허용된다면, 교사들은 무엇을 할 것인가? 만약에 다양한 구성체들, 즉 교사, 소수집단, 다른 지역사회 구성원, 행정가들이 선출된 부유한 계층의 소수의 대의원들을 대신해서 교육위원회에 참여하도록 허용된다면 그들은 어떻게 참여하고 또 어떤 결정을 내릴 수 있는가? 교사들이 학교를 공동으로 운영한다면, 그러한 제한된 상황에서 행정은 그들의 필요를 어떻게 채워 주어야 하는가? 급진적 성향을 갖는 학교체제에 대한 이와 같은 관점은 여러 곳에서 성공적으로 시도되고 있다. 그리고 이러한 성공에 비추어 볼 때 관료적이고 계서에 의해 구조화된 학교운영방식은 단지 여러 대안들 중의 하나에 불과한 것이다. 나아가 만일 우리가 우리의 지도성 역할과 민주사회의 가치를 보다 진지하게 다룬다면, 이러한 몇 가지 참여적 형태들은 최소한 어떤 기회를 제공해 줄 것이다.

시리안니(Sirianni, 1984)는 우리 사회는 복합적 조직형태를 필요로 한다고 말한다. 대개의 경우에 관료적 구조가 필요할 수도 있지만, 관료제가 반드시 보편적 해결책이 되는 것은 아니다. 특히 학교에 있어서는 더욱 그렇다. 본질적으로 우리의 교육체제는 국가적 공교육제도이다. 말하자면, 미국 와이오밍(Wyoming)의 어떤 학교는 다른 지역에 있는 학교와 유사한 구조를 갖는다. 그러한 학교들은 지역의 필요나 요구에 전혀 반응하지 못한다. 해방은 교육에서의 가치개념이다. 마찬가지로 수업과 조직의 다원주의 또한 중시되어야 한다. 조직 구조의 다원성을 통해 비판적 행정가들과 마찬가지로 우리는 학교 내에서의 민주주의를 실현하는 다양한 방식을 실험해 볼 수가 있다. 시리안니(Sirianni)는 자신의 소논문에서 다음과 같은 결론을 내린다.

구조적 또는 조직적인 설계를 통해서는 사람들이 자기 자신들의 목적에 맞게 구조를 어떻게 활용하고 수정할 수 있을 것인지를 전혀 예측하지도 못하고 결정할 수도 없다. 그러나 우리는 단 하나만의 이상을 추구하려는 욕심을 포기해야만 민주주의와 평등을 조직하는 문제를 지속적으로 자세히 생각할 수 있다. 대신에 우리는 사회적 관계에 대한 생각을 계발하는 데 있어서 포괄적이면서 동시에 체계적인 관점을 계발해야 한다. 그러나 그러한 관점은 우리의 조직 속에 살고 있는 사람이나 그들이 그 조직에 대해서 바라는 열망만큼이나 다원적이어야 한다(Sirianni, 1984, 500~501).

이러한 형태의 조직을 만드는 것은 결코 쉬운 일이 아니다. 오히려 이것은 행정가로서 우리가 자발적으로 대화와 의사소통을 원하며, 우리의 통제하에 있는 그러한 기관들의 재구조화를 가져오는 원인이 되는 정치적 행동에 주의를 기울일 것을 요구한다. 또한 그것은 행정이 사물을 인식하는 대안적인 방법들을 수용할 수 있을 것인지 아니면 단지 관리적 역할만을 지향해야 하는가의 여부에 관련된, 즉 행정은 무엇에 관심을 가져야 하는가에 관한 재개념화를 필요로 한다. 우리가 갖고 있는 낙관적인 행정이론은 교육분야에서 현재의 행정가들이나 미래의 행정가들이 기본적으로는 민주사회의 가치를 고려하지만, 그러한 가치들이 종종 실제로 상당히 경시되고 있다고 생각한다. 행정가들이 주어진 체제의 제약조건 속에서 그러한 가치실현의 방식을 찾고 있지만 그러한 체제 그 자체는 주어진 것이 결코 아니다. 학교를 조직하는 다양한 방식들에 대한 실험은 단지 한 학교에서 이러한 새로운 아이디어를 시도하는 하나의 교육구에서 비롯될 수 있다. 우리에 의해서 또 우리를 통해서만 그러한 체제는 건설된다. 구체적으로 체제는 다양한 형태의 지도성에 의해서만 변화될 수 있는 것이다.

8. 요 약

학생, 교사, 지역사회, 문화, 조직을 다루는 일은 기본적으로 권력의 공유, 지도성, 변화유도에 중심을 둔 프락시스이다. 이 책에서 제시한 내용은 교육분야에 종사하는 행정가가 정의와 공평성, 그리고 반드시 대중적인 결정은 아니지만 현명한 결정에 관심을 갖고 있다고 가정함으로써, 이러한 형태의 프락시스를 촉진시키기 위해 계획된 것이다.

이러한 목적을 위해서 우리는 비판적 모형의 기초와 문화의 생산과 재생산의 문제, 조직·지도성·변화라는 이슈에 대하여 실증적 모형에서 비판적 모형에 이르는 다양한 행정모형을 고찰해 왔다.

앞서 논의한 대로 행정은 도덕적 비판적 모형을 통해서 정보를 얻을 수 있다. 문학적 모형에 비추어서 만일 우리가 학교를 과학적 서술과 정의를 필요로 하는 사회구조라기보다는 문서화된 텍스트로 본다면, 우리는 행정을 더 잘 이해할 수 있을 것이다. 문서화되어 있는 텍스트는 지속적인 변형의 과정을 거친다. 즉 그것은 지역특성, 환경, 문화에 따라 변한다. 그 형태가 보편적이지만 그 내용이 개별적인 소설과 같이 학교는 많은 대화를 통해 만들어진 '주어진' 목적을 갖는다.

그러나 비판받지 않은 소설은 불완전하다. 문학적 비판은 역사의 흐름을 문학적 사건들의 구조로 바꾸어 준다. 즉, 그것은 특정한 문헌을 그 대상물(counterparts)과 비교하고 대조하게 하며, 역사·행동·인물에 대한 인식을 형성시킨다. 마찬가지로 비판적인 행정은 주어진 상황을 가능한 것과 요구되는 것과 비교하고 대조하게 한다. 문학적 모형은 행정과 조직의 역사를 문서화되고 있는 다양한 텍스트들로 보게 한다. 그리고 여기에는 지도성과 변화에 대한 다양한 특징이 포함된다.

모든 텍스트에는 역사적 인식의 측면이 있다. 오늘날의 역사적 상황에서 우리는 학교들이 각각의 세대를 대상으로 과거와 미래에 대한 비전을 만들어 내는 재생산적·생산적 방식을 인식할 수 있고 또 인식할 필요가 있다. 과거에 대한 비전은 계급과 성(性)관계를 재생산하며, 미래에 대한 비전은 혁신적 교육실제를 통해서 역사적 관계를 변형시킨다. 그래서 지도성을 그 틀로 채택하려는 비판적 고찰은 비전을 바꾸게 하고, 새로운 세대를 위해서 보다 공평한 미래를 가능하게 해 준다.

행정은 실제를 변화시킨다는 점에서 수단적 성격을 갖지만, 그러한 변화가 있기 위해서는 세밀하고 힘든 연구·관여·지도성 실제가 있어야 한다. 나아가 그러한 변화가 있기 위해서는 정치적 행동이 수반되어야 하고 신뢰하는 동시에 비판적으로 반성하는 정신의 틀을 갖추어야 한다. 그리고 이를 위해 학교지도자는 반성, 이해, 교육을 통해서 비판적 이론을 활용해야 한다.

참 고 문 헌

Alderfer, C. P. 1982. "Problems of Changing White Males' Behavior and Beliefs Concerning Race Relations." In *Change in Organizations*, edited by P. Goodman et al., 122~65. San Francisco: Jossey-Bass.

Alderfer, C. P., and K. K. Smith. 1982. "Studying Intergroup Relations Embedded in Organizat ions." Administrative Science Quarterly 27: 35~65.

Aldrich, H. E. 1979. *Organizations and Environments*. Englewood Cliffs, N. J.: Prentice-Hall.

Allison, D. J. 1983. "Toward an Improved Understanding of the Organizational Nature of Schools." *Educational Administration Quarterly* 19(4): 7~34.

Andrews, K. R. 1968. "Introduction" In *The Functions of the Executive*, by C. Barnard. Cambridge, Mass.: Harvard University Press.

Anyon, J. 1981. "Elementary Schooling and Distinctions of Social Class." *Interchange* 12(2-3): 118~32.

Apel, K. O. 1967. *Analytic Philosophy of Language and the Geisteswissenschaften*, Dordrecht, Holland: D. Reidel.

Argyris, C. 1973. "Some Limits of Rational Man Organization Theory." *Public Administration Review* 33: 253~67.

Argyris, C. 1982. "How Learning and Reasoning Processes Affect Organizational Change." In *Change in Organizations*, edited by Goodman et al., 47~86. San Francisco: Jossey-Bass.

Argyris, C., and D. Schön. 1978. *Organizational Learning: A Theory of Action Perspective. Reading*, Mass.: Addison-Wesley.

Astley, W. G., and A. H. Van de Ven. 1983. "Central Perspectives and Debates in Organization Theory." *Administrative Science Quarterly* 28: 245~73.

Bacharach, S. B., and E. J. Lawler. 1980. *Power and Politics in Organizations.* San Francisco: Jossey-Bass.

Bacharach, S. B., and S. M. Mitchell. 1981. "Toward a Dialogue in the Middle Range." *Educational Administration Quarterly* 17(3): 1~14.

Baldridge, J. V., and T. Deal, eds. 1983. *The Dynamics of Organizational Change in Education. Berkeley:* McCutchan.

Barnard, C. [1938] 1968. *The Functions of the Executive.* Cambridge, Mass.: Harvard University Press.

Bass, B. 1981. *Stodgill's Handbook of Leadership.* New York: The Free Press.

Bates, R. 1983. *Educational Administration and the Management of Knowledge.* ESA Monograph 841. Victoria, Australia: Deakin University Press.

Bellone, C. J., ed. 1980. *Organization Theory and the New Public Administration.* Boston: Allyn and Bacon.

Benjamin, R. 1982. "The Historical Nature of Social-Scientific Knowledge: The Case of Comparative Political Inquiry." In *Strategies of Political Inquiry,* edited by E. Ostrom, 69~98. Beverly Hills, Calif.: Sage.

Bennis, W. G. 1959. "Leadership Theory and Administrative Behavior: The Problem of Authority." *Administrative Science Quarterly* 4: 259~301.

Bennis, W. G. 1983. *The Chief.* New York: William Morrow.

Bennis, W. G. 1984. "Transformative Power and Leadership." In *Leadership and Organizational Culture,* edited by T. J. Sergiovanni and J. E. Corbally. Urbana, Ill.: University of Illinois Press.

Benson, J. K. 1977a. "Organizations: A Dialectical View." *Administrative*

Science Quarterly 22: 1~21.

Benson, J. K. 1977b. "Innovation and Crisis in Organizational Analysis." In *Organizational Analysis: Critique and Innovation*, edited by J. K. Benson. Beverly Hills, Calif.: Sage.

Benson, J. K. 1983. "Paradigm and Praxis in Organizational Analysis." In *Research in Organizational Behavior*, edited by L. L. Cummings and B. M. Staw, Vol. 6, 33~56. Greenwich, Conn.: JAI Press.

Berger, P., and T. Luckmann. 1967. *The Social Construction of Reality: A Treatise in the sociology of Knowledge*. Garden City, N. Y.: Doubleday Anchor.

Berlak, A., and H. Berlak. 1981. *Dilemmas of Schooling: Teaching and Social Change*. New York: Methuen.

Berman, P., and M. W. McLaughlin. 1978. *Federal Programs Supporting Educational Change*. Vol. 8, *Implementing and Sustaining Innovation*. Santa Monica, Calif.: Rand Corporation.

Bernstein, R. J. 1976. *The Restructuring of Social and Political Theory*. New York: Harcourt, Brace and Jovanovich.

Bidwell, C. E. 1965. "The School as a Formal Organization." In *Handbook of Organizations*, edited by J. March, 974~1022. Chicago: Rand McNally.

Blake, R. R., and J. S. Mouton. 1964. *The Managerial Grid*. Houston, Tex.: Gulf Publishing Co.

Bobbitt, F. 1924. *How to Make a Curriculum*. Boston: Houghton-Mifflin.

Bolman, L. G., and T. E. Deal. 1984. *Modern Approaches to Understanding and Managing Organizations*. San Francisco: Jossey-Bass.

Bourdieu, P., 1979. *Algeria 19ᴦ: The Disenchantment of the World, the Sense of Honour, the Kabyle House or the world Reversed*. Cambridge, England: Cambridge University Press.

Bourdieu, P., and J. C. Passeron. 1977. *Reproduction in Education, Society, and Culture*. Beverly Hills, Calif.: Sange.

Bourdieu, P., L. Boltanski, and M. de Saint Martin. 1978. "Changes in Social Structure and Changes in the Demand for Education." In *Contemporary Europe: Social Structures and Culture Patterns*, edited by S. Giner and M. S. Archer. London: Routledge & Kegan Paul.

Bowles, S., and H. Gintis. 1976. *Schooling in Capitalist America*. New York: Basic Books.

Boyd, W. L., and R. L. Crowson. 1981. "The Changing Conception and Practice of Public School Administration." In *Review of Research in Education*, edited by D. Berliner, 9: 311~73. Washington, D. C.: American Educational Research Association.

Braverman, H. 1974. *Labor and Monopoly Capital*. New York: Monthly Review Books.

Brown, R. H. 1978. "Bureaucracy as Praxis: Toward a Political Phenomenology of Formal Organizations." *Administrative Science Quarterly* 23: 365~82.

Burlingame, M. 1984. "Practical Implications of the Cultural Perspective." In *Leadership and Organizational Culture*, edited by T. J. Sergiovanni and J. E. Corbally. Urbana, Ill.: University of Illinois Press.

Burns, J. 1978. *Leadership*. New York: Harper and Row.

Burns, T., and G. M. Stalker. 1961. *The Management of Innovation*. London: Tavistock.

Burrell, G., and G. Morgan. 1979. *Sociological Paradigms and Organisation Analysis*. Exeter, N. H.: Heinemann.

Callahan, R. 1962. *Education and the Cult of Efficiency*. Chicago: University of Chicago Press.

Carey, A. 1967. "The Hawthorne Studies: A Radical Criticism." *Amercican Sociological Review* 32(3): 403~16.

Carlson, R. 1965. "Barriers to Change in Public Schools." In *Change*

Processes in the Public Schools, edited by R. Carlson et al. Eugene, Ore.: University of Oregon, Center for the Advanced Study of Educational Administration.

Chandler, A. D. 1977. *The Visible Hand: The Managerial Revolution in American Business.* Cambridge, Mass.: Harvard University Press, Belknap Press.

Child, J. 1972. "Organizational Structure, Environment, and Performance: The Role of Strategic Choice." *Sociology* 6: 1~22.

Clegg, S. 1981. "Organization and Control." *Administrative Science Quarterly* 26: 545~62.

Clegg, S., and D. Dunkerly. 1977. *Critical Issues in Organisations.* London: Routledge & Kegan Paul.

Cohen, D. and B. Rosenberg. 1977. "Functions and Fantasies: Understanding Schools in Capitalist America." *History of Education Quarterly* 17(2): 113~37.

Cohen, M. D., and J. G. March. 1974. *Leadership and Ambiguity: The American College President.* New York: McGraw-Hill.

Cole, R. 1982. "Diffusion of Participatory Work Structures in Japan, Sweden, and the United States." In *Change in Organizations,* edited by P. Goodman et al., 166~225. San Francisco: Jossey-Bass.

Connell, R. W., D. J. Ashenden, S. Kessler, and G. W. Dowsett. 1982. *Making the Difference: Schools, Families, and Social Division.* Sydney: George Allen & Unwin.

Cubberley, E. 1916. *Public School Administration.* Boston: Hough-ton-Mifflin.

Culbertson, J. 1983. "Theory in Educational Administration: Echoes from Critical Thinkers." *Educational Researcher* 12(10): 15~22.

Deal, T. E., and A. Kennedy. 1982. *Corporate Cultures: The Rites and Rituals of Corporate Life,* Reading, Mass.: Addison-Wesley.

Deal, T. E., and M. S. Wiske. 1983. "Planning, Plotting and Playing in

Education's Era of Decline." In *The Dynamics of Organizational Change in Education*, edited by J. V. Baldridge and T. E. Deal, 451~72. Berkeley: McCutchan.

Deetz, S. A., and A. Kersten. 1983. "Critical Models of Interpretive Research." In *Communication and Organizations: An Interpretive Ap-proach*, edited by L. L. Putnam and M. E. Pacanowsky. Berverly Hills, Calif.: Sage.

Dubin, R. 1979. "Metaphors of Leadership: An Overview." In *Crosscurrents in Leadership*, edited by J. G. Hunt and L. L. Larson, 225~38. Carbondale, Ill.: Southern Illinois University Press.

Edelman, M. 1977. *Political Language: Words That Succeed and Policies That Fail*. New York: Academic Press.

Eggleston, J. 1977. *The Sociology of the School Curriculum*. London: Routledge & Kegan Paul.

Ericson, D. P., and F. S. Ellett, Jr. 1982. "Interpretation, Understanding, and Educational Research." *Teachers College Record* 84(4): 497~513.

Erikson, D. 1979. "Research on Educational Administration: The State of the Art." *Educational Researcher* 8: 9~14.

Etzioni, A. 1964. *Modern Organizations*. Englewood Cliffs, N. J.: Prentice-Hall.

Farrar, E., J. DeSanctis, and D. Cohen. 1980. "The Lawn Party: The Evolution of Federal Programs in Local Settings." *Teachers College Record* 82(1): 77~ﾠ.

Fay, B. 1975. *Social Theory and Political Practice*. London: George Allen & Unwin.

Fay, B. 1977. "How People Change Themselves: The Relationship Between Critical Theory and I to Andience." In *Political Theory and Praxis: New Perspectives*, edited by T. Ball. Minneapolis: University of Minnesota Press.

Festinger, L. 1957. *A Theory of Cognitive Dissonance.* Evanston, Ill.: Row, Peterson.

Feyerabend, P. 1978. *Against Method: An Outline of An Anarchistic Theory of Knowledge.* Wiltshire, England: Verso Press.

Fiedler, F. 1967. *A Theory of Leadership Effectiveness.* New York: McGraw-Hill.

Fiedler, F., M. M. Chemers, and L. Maher. 1976. *Improving Leadership Effectiveness: The Leader Match Concept.* New york: John wiley.

Field, R. H. G. 1979. "A Critique of the Vroom-Yetton Contingency Model of Leadership Behavior." *Academy of Management Review* 4: 249~57.

Freire, P. 1970. *Pedagogy of the Oppressed.* New York: Continuum.

Fromm, E. 1961. "Afterword." In 1984, by G. Orwell, 259~Υ. New York: New American Library.

Frye, N. 1973. *The Critical Path.* Bloomington, Ind.: Indiana University Press.

Fullan, M., M. Miles, and G. Taylor. 1980. "Organization Development in Schools: The State of the Art." *Review of Educational Research* 50(1): 121~84.

Giddens, A. 1973. *The Class Structure of the Advanced Societies.* New York: Harper and Row.

Giddens, A. 1976. *New Rules of Sociological Method: A Positive Critique of Interpretive Sociologies.* New York: Basic Books.

Giddens, A. 1979. *Central Problems in social Theory: Action, Structure, and Contradicitions in Social Analysis.* Berkeley and Los Angeles: University of California Press.

Giroux, H. 1981. "Hegemony, Resistance, and the Paradox of Educational Reform." *Interchange* 12(2~3): 3~26.

Giroux, H. 1983. *Critical Theory and Educational Practice.* ESA Monograph 841. Victoria, Australia: Deakin University Press.

Goffman, E. 1959. *The Presentation of Self in Everyday Life.* New York: Doubleday Anchor.

Goodman, P. et al. 1982. *Change in Organizations.* San Francisco: Jossey-Bass.

Gordon, L. 1984. "Paul Willis-Education, Cultural Production and Social Reproduction." *British Journal of Sociology of Education* 5(2): 105~16.

Graen, G., and J. F. Cashman. 1975. "A Role Making Model of Leadership in Formal Organizations: A Developmental Approach." In *Leadership Frontiers,* edited by J. G. Hunt and L. L. Larson. Kent, Ohio: Kent State University Press.

Gramsci, A. 1971. *Selections from Prison Notebooks.* Edited and translated by Q. Hoare and G. Smith. New York: International Publishers.

Greenfield, T. B. 1982. "Against Group Mind: An Anarchistic Theory of Organization." *McGill Journal of Education,* 17(1): 3~11.

Greenfield, T. B. 1983. "Environment as Subjective Reality." Paper presented at the Annual Meeting of the American Educational Research Association, Montreal.

Greenfield, T. B. 1984. "Theories of Educational Organization: A Critical Perspective." Manuscript prepared for the *International Encyclopedia of Education: Research and Studies.* Ontario: Ontario Institute for Studies in Education.

Greenfield, T. B. 1985. "Theories of Educational Organization: A Critical Perspective." *International Encyclopedia of Education: Research and Studies.* Oxford: Pergamon Press.

Griffiths, D. E. 1979. "Intellectual Turmoil in Educational Administration." *Educational Administration Quarterly* 15(3): 43~65.

Griffiths, D. E. 1983. "Evolution in Research and Theory: A Study of Prominent Researchers." *Educational Administration Quarterly* 19(3): 201~21.

Grob, L. 1984. "Leadership: The Socratic Model." In *leadership: Multidisciplinary Perspectives*, edited by B. Kellerman, 263~80. Englewood Cliffs, N. J.: Prentice-Hall.

Gronn, P. 1983. "Accomplishing the Doing of School Administration: Talk as the Work." *Administrative Quarterly* 28.

Gronn, P. 1984. "'I Have a Solution……': Administrative Power in a School Meeting." *Educational Administration Quarterly* 20(2): 65~92.

Gulick, L., and L. Urwick, eds. 1937. *Papers on the Science of Administration*. New York: Institute for Public Administration, Columbia University.

Haan, N. 1983. "An Interactional Morality of Everyday Life." In *Social Science as Moral Inquiry*, edited by N. Haan, R. N. Bellah, P. Rabinow, and W. M. Sullivan, 218~50. New York: Columbia University Press.

Habermas, J. 1970. *Towards a Rational Society*. Translated by J. J. Shapiro. Boston: Beacon Press.

Habermas, J. 1971. *Knowledge and Human Interests*. Translated by J. J. Shapiro. Boston: Beacon Press.

Habermas, J. 1975. *Legitimation Crisis*. Translated by T. McCarthy. Boston: Beacon Press.

Habermas, J. 1979. *Communication and the Evolution of Society*. Translated by T. McCarthy. Boston: Beacon Press.

Habermas, J. 1984. *The Theory of Communicative Action: Reason and the Rationalization of Society*. Vol. 1, translated by T. McCarthy. Boston: Beacon Press.

Halpin, A. W. 1966. *Theory and Research in Administration*. New York: The Macmillan Company.

Halpin, A. W. 1970. "Administrative Theory: The Fumbled Torch." In *Issues in American Education*, edited by A. M. Kroll. New York Oxford.

Hanson, M. 1984. "Explorations of Mixed Metaphors in Educational Administration Research." *Issues in Education* 2(3): 167~85.

Harker, R. K. 1984. "On Reproduction, Habitus, and Education." *British Journal of Sociology of Education* 5(2): 117~28.

Havelock, R. G. 1973. *The Change Agent's Guide to Innovation in Education.* Englewood Cliffs, N. J.: Educational Technology Publications.

Held, D. 1980. *Introduction to Critical Theory.* Berkeley and Los Angeles: University of California Press.

Hersey, P., and K. H. Blanchard. 1972. *Management of Organizational Behavior.* 2d ed. Englewood Cliffs, N. J.: Prentice-Hall.

Hirschman, A. O. 1983. "Morality and the Social Sciences: A Durable Tension." In *Social Science as Moral Inquiry,* edited by N. Haan, R. N. Bellah, P. Rabinow, and W. M. Sullivan, 21~32. New York: Columbia University Press.

Hodgkinson, C. 1978. *Towards a Philosophy of Administration.* Oxford: Basil Blackwell.

Hodgkinson, C. 1983. *The Philosophy of Leadership.* Oxford: Basil Blackwell.

Horkheimer, M. [1947] 1974. *Eclipse of Reason.* Reprint. New York: Seabury Press.

Horkheimer, M., and T. W. Adorno. 1972. *Dialectic of Enlightenment.* New York: Seabury Press.

Hosking, D., and C. A. Schriesheim. 1978. "Review of *Improving Leadership Effectiveness: The Leader Match Concept,* by F. Fiedler, M. M. Chemers, and L. Maher." *Administrative Science Quarterly* 23: 496~505.

House, R. J. 1971. "A Path-Goal Theory of Leader Effectiveness." *Administrative Science Quarterly* 16: 321~38.

Hoy, W. K., and C. G. Miskel. 1982. *Educational Administration: Theo-*

ry, Research, and Practice. 2d ed. New York: Random House.

Hunt, G. 1984a. "Organizational Leadership: The Contingency Paradigm and Its Challenges." In *Leadership: Multidisciplinary Perspectives,* edited by B. Kellerman, 113~38. Englewood Cliffs, N. J.: Prentice-Hall.

Hunt, G. 1984b. *Leadership and Management Behavior.* Module No. 13~2536. Chicago: Science Research Associates.

Hymes, D. 1974. *Reinventing Anthropology.* New York: Random House Vintage Books.

Jago, A. G. 1982. "Leadership: Perspectives in Theory and Research." *Management Science* 28: 315~36.

Kanter, R. 1977. *Men and Women of the Corporation.* New York: Basic Books.

Katz, D., and R. L. Kahn. 1966. *The Social Psychology of Organizations.* New York: John wiley.

Kegan, R., and L. L. Lahey. 1984 "Adult Leadership and Adult Development: A Constructionist View." In *Leadership: Multidisciplinary Perspectives,* edited by B. Kellerman, 199~230. Englewood Cliffs, N. J.: Prentice-Hall.

Kerr, S., and J. M. Jermier. 1983. "Substitutes for Leadership: Their Meaning and Measurement." In *Leadership and Social Change,* edited by W. R. Lassey and M. Sashkin, 59~73. 3d ed. San Diego: University Associates.

Knezevich, S. J. 1984. *Administration of Public Education: A Sourcebook for the Leadership and Management of Educational Institutions.* 4th ed. New York: Harper and Row.

Kuhn, T. 1970. *The Structure of Scientific Revolutions.* 2d ed. Chicago: The University of Chicago Press.

Labov, W. 1970. "The Logic of Nonstandard English." In *Language and Poverty,* edited by. F. Williams. Chicago: Markham.

Lawrence, P. R., and J. W. Lorsch. 1967. *Organization and Environment.* Cambridge, Mass.: Harvard University Press.

Lenhardt, G. 1980. *On Legal Authority, Crisis of Legitimacy and Schooling in the Writings of Max Weber,* translated by R. Meyer. Institute for Research on Educational Finance and Governance Program Report No. 80-B19. Stanford, Calif.: Stanford University.

Lewin, F. 1951. *Field Theory in Social Science,* New York: Harper.

Lippitt, G. L. 1982. *Organizational Renewl: A Holistic Approach to Organization Development.* 2d ed. Englewood Cliffs, N. J.: Prentice-Hall.

McCall, W., Jr. 1976, "Leadership Research: Choosing Gods and Devils on the Run." *Journal of Occupational Psychology* 49: 139~5.

McCarthy, T. 1978. *The Critical Theory of Jurgen Habermas.* Cambridge, Mass.: The MIT Press.

McCarthy, T. 1984. "Translator's Introduction." In *The Theory of Communicative Action: Reason and the Rationalization of Society,* by J. Habermas. Vol. 1. Boston: Beacon Press.

McGregor, D. 19Y. *The Human side of Enterprise.* New York: McGraw-Hill.

March, J. G., and H. A. Simon. 1958. *Organizations.* New York: John Wiley.

March, J. G., and J. P. Olsen. 1976. *Ambiguity and Choice in Organizations.* Bergen, Norway: Universitetsforlaget.

Marx. K. 1970. A *Contribution to the Critique of Political Economy.* Moscow, USSR: Progress Publishers.

Meyer, J. W., and B. Rowan. 1977. "Institutionalized Organizations: Formal Structure as Myth and Ceremony." *American Journal of Sociology* 83: 440~63.

Meyer, J. W., and B. Rowan. 1978. "The Structure of Educational Organizations." In *Organizations and Environments,* edited by M.

Meyer et al. San Francisco: Jossey-Bass.

Miner, J. B. 1975. "The Uncertain Future of the Leadership Concept: An Overview." In *Leadership Frontiers*, edited by J. G. Hunt and L. L. Larson. Kent, Ohio: Kent State University Press.

Moon, J. D. 1982. "Interpretation, Theory and Human Emancipation." In *Strategies of Political Inquiry*, edited by E. Ostrom, 149~78. Beverly Hills, Calif.: Sage.

Morgan, G. 1980. "Paradigms, Metaphors, and Puzzle Solving in Organization Theory." *Administrative Science Quarterly* 25: 15~22.

National Education Association. 1933. *Educational Leadership: Progress and Possibilities*. Eleventh Yearbook. Washington, D. C.: National Education Association.

Oakes, J., and K. Sirotnik. 1983. "An Immodest Proposal: From Critical Theory to Critical Practice for School Renewal." Paper presented at the annual meeting of the American Educational Research Association, Montreal, Canada.

Ogbu, J. 1978. *Minority Education and Caste: The American System in Cross-Cultural Perspective*. New York: Academic Press.

Ogbu, J. 1981. "School Ethnography: A Multilevel Approach." *Anthropology and Education Quarterly* 12(1): 3~29.

Ogbu, J. 1982. "Cultural Discontinuities and Schooling." *Anthropology and Education Quarterly* 13(4): 290~307.

Ouchi, W. G. 1981. *Theory Z: How American Business Can Meet the Japanese Challenge*. Reading, Mass.: Addison-Wesley.

Owens, R. 1981. *Organizational Behavior in Education*. 2d ed. Englewood Cliffs, N. J.: Prentice-Hall.

Papaginaniss, G. J., R. N. Bickel, and R. H. Fuller. 1983. "The Social Creation of School Dropouts: Accomplishing the Reproduction of an Underclass." *Youth & Society* 14(3): 363~92.

Paul, E. F. 1979. *Moral Revolution and Economic Science*. Westport, Conn.: Greenwood Press.

Perrow, C. 1979. *Complex Organizations: A Critical Essay.* 2d ed. Glen-view, Ill.: Scott-Foresman.

Peters, T. J., and R. H. Waterman. *In Search of Excellence.* New York: Harper & Row.

Pfeffer, J. 1983. "The Ambiguity of Leadership." In *Perspectives on Behavior in Organizations,* edited by J. R. Hackman, E. E. Lawler, and L. W. Porter, 486~92. New York: McGraw-Hill.

Pfeffer, J., and G. R. Salancik. 1983. "Organization Design.: The Case for a Coalitional Model of Organizations." In *Perspectives on Behavior in Organizations,* edited by J. R. Hackman, E. E. Lawler, and L. W. Porter, 102~11. New york: McGraw-Hill.

Pondy, L. R. 1978. "Leadership Is a Language Game." In *Leadership: where Else Can We Go?* edited by M. W. McCall and M. M. Lombardi. Durham, N. C.: Duke University Press.

Popkewitz, T. 1982. "Motion as Education Change: The Misuse and Irrelevancy of Two Research Paradigms." Paper Presented at the annual meeting of the American Educational Research Association, New York, N. Y.

Popkewitz, T., and B. Tabachnik, eds. 1981. *The Study of Schooling: Field Based Methodologies in Educational Research and Evaluation.* New York: Praeger.

Ramos, A. G. 1981. *The New Science of Organizations: A Reconceptualization of the Wealth of Nations.* Toronto: University of Toronto Press.

Ranson, S., B. Hinings, and R. Greenwood. "The Structuring of Organizational Structures." *Administrative Science Quarterly* 25: 1~17.

Rosen, D. M. 1984. "Leadership in world Cultures." In *Leadership: Multidisciplinary Perspectives,* edited by B. Kellerman, 39~62. Englewood Cliffs, N. J.: Prentice-Hall.

Sarason, S. B. 1982. *The Culture of the School and the Problem of Change*. 2d ed. Boston: Allyn and Bacon.

Schein, E. H. 1969. "The Mechanisms of Change." In *The Planning of Change*, edited by W. Bennis, K. Benne, and R. Chin. 2d ed. New York: Holt, Rinehart & Winston.

Schmuck, R. A.. P. J. Runkel, J. H. Arends, and R. I. Arends. 1977. *The Second Handbook of Organization Development in Schools*. Eugene, Ore.: University of Oregon, Center for Educational Policy and Management.

Schoryer, T. 1973. *The Critique of Domination*. New York: Gecrge Brazillier.

Scott, W. R. 1978. "Theoretical Perspectives." In *Environments and Organizations*, edited by M. W. Meyer et al., 21~28. San Francisco: Jossey-Bass.

Selznick, P. 1957. *Leadership in Administration*. New York: Harper & Row.

Sergiovanni, T. J. 1984. "Developing a Relevant Theory of Administration." In *Leadership and Organizational Culture: New Perspectives on Administrative Theory and Practice*, edited by T. J. Sergiovanni and J. E. Corbally, 275~92. Urbana, Ill.: University of Illinois Press.

Sewart, J. 1980. "Jurgen Habermas's Reconstruction of Critical Theory." In *Current Perspectives in Social History*, vol. 1, 323~56. Greenwich, Conn.: JAI Press.

Sharp, R. 1980. *Knowledge, Ideology and the Politics of Schooling: Towards a Marxist Analysis of Education*. London: Routledge & Kegan Paul.

Silver, P. 1983. *Educational Administration: Theoretical Perspectives on Practice and Research*. New York: Harper and Row.

Simon, H. [1947] 1965. *Administrative Behavior: A Study of the Deci-*

sion-Making Processes in Administrative Organization. 2d ed. New York: The Free Press.

Sirianni, C. 1984. "Participation, Opportunity, and Equality: Toward a Pluralist Organizational Model." In *Critical Studies in Organization and Bureaucracy,* edited by F. Fisher and C. Sirianni, 482~503. Philadelphia: Temple University Press.

Sirotnik, K. 1983. "What You See Is What You Get-Consistency, Persistency and Mediocrity in Classrooms." *Harvard Educational Review* 53(1).

Sirotnik, K., and J. Oakes, eds. 1986. *Critical Perspectives on the Organization and Improvement of Schooling.* Boston: Kluwer Nijhoff.

Smyth, J. 1984. "Toward a 'Critical Consciousness' in the Instructional Supervision of Experienced Teachers." *Curriculum Inquiry* 14(4): 425~36.

Soltis, J. F. 1984. "On the Nature of Educational Research." *Educational Researcher* 13(10): 5~10.

Stodgill, R. M. 1948. "Personal Factors Associated with Leadership: A Survey of the Literature." *Journal of Psychology* 25: 35~71.

Stodgill, R. M. 1974. *Handbook of Leadership: A survey of Theory and Research.* New York: The Free Press.

Strike, K. A. 1982. *Educational Policy and the Just Society.* Urbana, Ill.: University of Illinois Press.

Taylor, F. W. 1947. *Scientific Management.* New York: Harper Bros.

Thompson, J. 1967. *Organizations in Action.* New York: McGraw-Hill.

Tucker, R. C. 1981. *Politics as Leadership.* Columbia, Mo.: University of Missouri Press.

Turner, B. A. 1972. *Exploring the Industrial Subculture.* New York: Herder and Herder.

Tyack, D. B. 1974. *The One Best System: A History of American Urban Education.* Cambridge, Mass.: Harvard University Press.

Von Bertalanffy, L. 1950. "The Theory of Open Systems in Physics and Biology." *Science* 3.

Vroom, V., and P. W. Yetton. 1973. *Leadership and Decision Making.* New York: John Miley.

Waller, W. 1932. *The Sociology of Teaching.* New York: Wiley.

Watkins, P. 1985. *Agency and Structure: Dialectics in the Administration of Education.* ESA Monograph 844. Victoria, Australia: Deakin University Press.

Weber, M. 1947. *The Theory of Social and Economic Organization.* New York: Oxford University Press.

Weick, K. 1976. "Educational Organizations as Loosely Coupled Systems." *Administrative Science Quarterly* 21(1): 1~19.

Weick, K. 1979. *The Social Psychology of Organizing.* 2d end. Reading, Mass.: Addison-Wesley.

Weiner, S. 1976. "Participation, Deadlines, and Choice." In *The Dynamics of Organizational Change in Education,* edited by J. V. Baldridge and T Deal, 278~305. Berkeley: McCutchan.

Whyte, W. F., and J. R. Blasi. 1982. "Worker Ownership, Participation, and Control: Toward a Theoretical Model." *Policy Sciences,* no. 14: 137~63. Reprinted in *Critical Studies in Organization and Bureaucracy,* edited by F. Fischer and C. Sirianni, 377~405. Philadelphia: Temple University Press.

Willis, P. E. 1977. *Learning to Labour: How Working Class Kids Get Working Class Jobs.* Hampshire, England: Gower Press.

Zald, M. 1970. "Political Economy: A Framework for Comparative Analysis." In *Power in Organizaitons,* edited by M. Zald, 221~61. Nashville Tenn.: Vanderbilt University Press.

Zaleznik, A. 1977. "Managers and Leaders: Are They Different?" *Harvard Business Review* 55(3): 67~68.

찾 아 보 기

<인 명>

⟨내　용⟩

●저 자 소 개●

주삼환(朱三煥)

●약력●

서울교육대학 교육학과 졸업
서울대학교 교육대학원 교육행정 전공(교육학석사)
미국 미네소타 대학교 대학원 교육행정 전공(철학박사)
前 서울 시내 초등학교 교사 약 15년
　　한국교육학회 회원, 한국교육행정학회 회장(1999)
　　미국 오하이오 주립대학교 객원교수(2003~2004)
現 충남대학교 인문대학 교육학과 교수

●저서 및 역서●

『올바른 교육행정을 지향하여』(한국학술정보(주),
　2005)
『우리의 교육, 몸으로 가르치자』(한국학술정보(주),
　2005)
『사회과학이론 입문』(공역, 한국학술정보(주),
　2005)
『한국교육행정강론』(한국학술정보(주), 2005)
『질의 교육과 교육행정』(한국학술정보(주), 2005)
『교양 인간관계론』(역, 한국학술정보(주), 2005)
『위기의 한국교육』(한국학술정보(주), 2005)
『수업분석과 수업연구』(공저, 한국학술정보
　(주), 2005)
『전환적 장학과 학교경영』(한국학술정보(주),
　2005)
『교육행정철학』(역, 한국학술정보(주), 2005)
『미국교육행정』(역, 한국학술정보(주), 2005)
『입문 비교교육학』(역, 한국학술정보(주), 2005)
『허즈버그의 직무동기이론』(역, 한국학술정보
　(주), 2005)
『임상장학』(역, 한국학술정보(주), 2005)

『교육행정사상의 변화』(한국학술정보(주), 2005)
『장학:장학자와 교사의 상호관계성』(역, 한
　국학술정보(주), 2005)
『새로운 세기의 교장과 장학』(성원사, 1992)
『교육행정논단』(성원사, 1992)
『교육행정 및 교육경영』
　(공저, 학지사, 2003, 개정판)
『교육의 질 향상을 위한 장학의 이론과 기법』
　(학지사, 2003)
『미국의 교장』(학지사, 2005)
『교육이 바로 서야』(원미사, 2002)
『역사적 전환시대의 한국교육』
　(동문사, 2001)
『전환기의 교육행정』(성원사, 1996)
『학교경영과 교내장학』(학지사, 1996)
『교육행정 및 교육경영』
　(공저, 삼광출판사, 1995)
『장학론』(공저, 한국교육행정학회, 1995)
『장학론』(공저, 한국방송통신대학, 1991)
『장학·교장론: 교육의 질 관리』

　　(성원사, 1990)
『지도자의 철학』(공역, 법문사 1989)
『인간자원장학론』(공역, 배영사, 1987)
『장학론: 선택적 장학체제』
　　(역, 문음사, 1986)
『교육행정연구』(성원사, 1985)
『장학론』(공역, 학문사, 1984)
『교육정책의 새로운 방향』
　　(역, 교육과학사, 1983)
『교육학개론』(공저, 정민사, 1983)
『장학론』(갑을출판사, 1982)
『신장학론』(역, 교육출판사, 1979)

대안적 교육행정학

• 초판 인쇄	2005년 1월 2일
• 초판 발행	2005년 1월 2일
• 지 은 이	William Foster
• 옮 긴 이	주삼환 외 5人
• 펴 낸 이	채종준
• 펴 낸 곳	한국학술정보㈜
	경기도 파주시 교하읍 문발리 526-2
	파주출판문화정보산업단지
	전화 031) 908-3181(대표) · 팩스 031) 908-3189
	홈페이지 http://www.kstudy.com
	e-mail(e-Book사업부) ebook@kstudy.com
• 등 록	제일산-115호(2000. 6. 19)
• 가 격	18,000원

ISBN   89-534-4174-9 93370 (Paper Book)
            89-534-4175-7 98370 (e-Book)